山东省社科规划项目
"'一带一路'倡议下山东省农业对外投资的优势
研究成果（项目批注号：18CJJJ19）

"一带一路"倡议下
山东省农业对外合作研究

曾昭鹏　曹原／著

九州出版社
JIUZHOUPRESS

图书在版编目（CIP）数据

"一带一路"倡议下山东省农业对外合作研究 / 曾昭鹏，曹原著. -- 北京：九州出版社，2023.7（2024.1重印）
ISBN 978-7-5225-2046-9

Ⅰ. ①一… Ⅱ. ①曾… ②曹… Ⅲ. ①农业技术－对外合作－研究－山东 Ⅳ. ①F321.4

中国国家版本馆CIP数据核字(2023)第148397号

"一带一路"倡议下山东省农业对外合作研究

作　　者	曾昭鹏　曹原　著
责任编辑	石增银
出版发行	九州出版社
地　　址	北京市西城区阜外大街甲 35 号（100037）
发行电话	(010) 68992190/3/5/6
网　　址	www.jiuzhoupress.com
印　　刷	永清县晔盛亚胶印有限公司
开　　本	720 毫米 ×1020 毫米　16 开
印　　张	13.25
字　　数	210 千字
版　　次	2023 年 7 月第 1 版
印　　次	2024 年 1 月第 2 次印刷
书　　号	ISBN 978-7-5225-2046-9
定　　价	78.00 元

目　录

第一章　"一带一路"背景下山东省农业对外合作的意义 ……… 1

一、保障我国和区域粮食安全和农产品供给 ……………… 1

二、缓解山东省农业发展资源环境制约 ………………… 4

三、促进山东省农业产业转型升级 …………………… 5

四、提升山东农业国际竞争力 ………………………… 8

五、助力实现乡村振兴 ………………………………… 9

六、为构建人类命运共同体贡献山东方案与山东智慧 …… 11

第二章　山东省农业对外合作的宏观环境基础 ……………… 13

一、山东省农业发展的基础条件 …………………… 13

二、山东省农业发展的成就 ………………………… 22

三、山东省丰富的农业文化遗产资源 ……………… 39

第三章　"一带一路"背景下山东省农业对外投资研究 ………… 73

一、山东省农业对外直接投资的态势分析 ………… 73

二、山东省对外农业投资的重点国家及其投资环境 …… 84

三、山东省农业对外投资存在的主要困难和风险 …… 109

四、山东省农业对外投资的策略建议 ……………… 117

第四章 "一带一路"背景下山东省农业对外贸易研究 ………… 128

 一、山东省农产品对外贸易的历史成就 ………… 128

 二、山东省农产品对外贸易的特点——以 2018 年的数据为例 ……… 131

 三、山东省农产品出口市场结构及特征分析 ………… 133

 四、山东出口型农业的趋势特点及发展对策 ………… 148

 五、山东省农产品进口市场结构及特征分析 ………… 154

 六、山东省农产品进口发展对策 ………… 167

第五章 山东省农业对外投资典型案例研究 ………… 170

 一、中国山东国际经济技术合作公司：海外产业园区建设 ………… 170

 二、锦昉棉业科技有限公司 ………… 176

 三、山东五征集团——五征东非（乌干达）农业发展有限公司 ……… 179

 四、山东冠丰种业科技有限公司 ………… 182

 五、青岛瑞昌棉业有限公司 ………… 185

 六、山东中垦美晶米业有限公司 ………… 189

 七、如意集团：整合全球资源 ………… 193

 八、张裕集团：全球布局仍在路上 ………… 194

 九、山东俚岛海洋科技股份有限公司—斐济—中国渔业综合产业园 … 199

 十、山东百佳食品有限公司 ………… 202

参考文献 ………… 204

第一章 "一带一路"背景下山东省农业对外合作的意义

"一带一路"倡议是以习近平同志为核心的党中央主动应对全球形势变化、统筹国内国际两个大局作出的重大战略决策。农业交流和农产品贸易自古以来就是丝绸之路的主要合作内容。新时期,农业发展仍然是"一带一路"沿线国家国民经济发展的重要基础,农业国际合作成为沿线国家共建利益共同体和命运共同体的最佳结合点之一。山东农业发展全国领先,最具有"走出去"的实力。"一带一路"沿线国家拥有丰富的农业资源,但农业生产效率较低。山东农业"走出去"可以统筹利用国际国内两个市场、两种资源,对保障全球粮食安全,提高全人类的福祉,推进山东省农业产业结构的转型升级,助力乡村振兴都具有重要意义。

一、保障我国和区域粮食安全和农产品供给

(一)保障我国的粮食安全需要立足国内,适度进口

长期以来,我国人口总量一直高居世界第一位,加之我国水土光温资源的匹配不尽合理,使得我国适合耕种的土地面积比较少,导致我国粮食供需一直处于紧平衡甚至是粮食短缺的状态。改革开放以来,农村联产承包责任制极大地调动了广大农民种粮的积极性,我国粮食总产在 20 世纪 80 年代迅速发展,跨越总产 3 亿吨和 4 亿吨两大台阶,90 年代至本世纪初粮食生产有所反复,但总体趋势是产量不断上升的。特别是 2015 年以来我国粮食生产稳定在 6.5 亿吨以上,很大程度上改变了我国粮食供应绝对短缺的局面,较好地解决了全国人民的吃饭问题,这也就是我们经常津津乐道的

我国以世界上 7% 的耕地养活了全球 20% 的人口。然而，从需求端看，我国总人口将在较长时期稳定在 14 亿人左右，随着我国经济的高速发展，粮食需求的结构和数量也在不断变化。从今后的发展趋势来看，人均口粮消费稳中有降，但是饲料用粮、油料作物消费持续增加；加之农业生产成本不断攀升，农业生产比较效益不断下降，粮食稳定增产的压力不断增大，粮食供需矛盾有不断加剧之势。

为了保障粮食安全，党的十八大以来，我国提出了"确保谷物自给、口粮绝对安全"的新粮食安全观，确立了以我为主、立足国内、确保产能、适度进口、科技支撑的国家粮食安全战略，走出了一条中国特色的粮食安全的路子。口粮主要是指小麦和水稻，这两种粮食作物由于实行政府保护价收购，产量有保障，自给率在 90% 以上，但是我国大豆、食糖、食用油、奶制品、牛羊肉的供需缺口将长期存在，利用国际市场适度进口将成为我国粮食供给的常态。以大豆为例，三十年前我国大豆产销基本平衡，随着工业化的发展，我国人民的食物结构发生了巨大变化，肉类（在我国主要是猪肉，我国消费了世界上 60% 以上的猪肉）消费急剧增加，食用油和养殖用豆粕的需求飞速增长。2021 年，我国大豆产量只有 1640 万吨，而国内大豆消费量却超过 1 亿吨，80% 以上的大豆依赖进口，每年需要花费数百亿美元的外汇，大豆进口来源的 80% 主要集中在美国和巴西等少数几个国家，很容易受制于别人。尽管我国最近两年启动了"大豆振兴计划"，通过大豆种植补贴等多种方式鼓励扩大种植面积，但是要实现大比例的大豆进口替代显然是不现实的，因为 1 亿吨大豆需要 5 亿亩的种植面积，现在我国大豆进口量占到国际市场大豆贸易总量的 60%。当然大豆供给是我国粮食安全中的一个极端案例，一个薄弱环节，其他粮食品种如大麦、高粱也基本上都是净进口状态，只不过没有大豆进口数量大。由此可见，保障国际农产品的稳定供给事关我国人民的生活质量，我们应当加强中外农业领域的合作，主动拓宽多元进口渠道，以免被别人卡脖子，努力构建持续稳定、多元主体、科学有效的国际农产品供给体系，保障我国的粮食安全和食品供给。

（二）保障山东省区域粮食安全需要加强国际合作

1988 年以来，为了保障农产品的供应，我国政府相继实施了"菜篮子市长负责制"和"米袋子省长负责制"。省长在保护本省耕地、调动农民种植粮食的积极性、稳定粮食价格、粮食安全储备等方面负有全面的责任，很显然省级政府被赋予了保障本省粮食安全的重大责任；市级政府被赋予了在保障蔬菜供应、水产品供应和肉蛋奶供应方面的责任。实践证明，"米袋子省长负责制"和"菜篮子市场负责制"都是卓有成效的。耐人寻味的是，两项政策实施二十多年以后，2014 年修订的《粮食流通管理条例》更是将"粮食安全党政同责"第一次在行政法规中得以明确规定，2015 年国务院办公厅国办发〔2015〕80 号文印发新的《粮食安全省长责任制考核办法》，2017 年国务院办公厅印发了新的《国务院办公厅关于印发"菜篮子"市长负责制考核办法的通知》（国办发〔2017〕1 号）文件。也就是说省级党委政府在保障区域粮食安全的重要性方面是在不断被强化的。这也符合我国的基本国情，我国的大部分省份的人口就相当于国外的一个中等国家，甚至每一个省都有一个相对独立的自然地理单元，立足本省实际，每个省的粮食安全问题搞好了，全国的粮食安全就没有问题了。

习近平总书记在山东视察时指出，农业大省的责任首先是维护国家粮食安全。山东省作为农业大省和粮食生产大省，粮食总产量一直稳居全国前三位，粮食总产量和人均粮食产量都比较高。改革开放以来，山东省粮食总产量从 1978 年的 2288 万吨增加到 2021 年的 5500 万吨，年人均粮食产量从 1978 年的 319 公斤，增长到 2021 年的 541 公斤，人均粮食产量长期稳定在 400 公斤以上，粮食安全度比较高。长期以来山东一直是我国的粮食调出省，特别是小麦的总产量和调出量都比较大，为保障全国的粮食安全做出了重大贡献。但是，山东省粮食安全也存在着许多"不安全"的因素，主要表现在耕地面积和粮食种植面积有不断减少的趋势。近年来山东省粮食总产量在全国的位次已经从 1980 年代的全国第一第二，下降到第三位，被黑龙江、河南等省份超过。随着农业产业结构的调整，蔬菜、园艺等高附加值的种植面积不断扩大，粮食种植面积往往得不到保障。山东省粮食生产的结构也不能很好地满足需求，主要表现在小麦、玉米、水稻等主粮作物由于单产高、品种更新快、经济效益高，越来越成为农民种植的首选，而大豆、高粱等杂粮作物，由于产量低，生产比较效益低，导致种植面积不断减少。和全国的情况一样，山东的日照港、青岛港、烟台港也是每年进口数以千万吨的大豆，被用作油料和饲料，其他杂粮作物也是比较短缺，不能满足人民生活以及酿酒等工业的需要，每年都有较大数量的进口。随着我省国民经济的不断发展，人民生活水平的不断提高，人们的食物结构还会进一步优化，饲料粮等的消费还会进一步增加，就发达国家的经验来看，山东省 2021 年人均粮食产量达到 541 公斤，也仅仅是较低水平的粮食安全标准，所以不论是粮食总量还是粮食品类，山东省粮食生产现状都不能很好地满足市场的需要。立足口粮自给，适当进口，仍然是山东省粮食安全的必然选择。

二、缓解山东省农业发展资源环境制约

山东省是中华文明的发祥地之一，土地垦殖历史悠久，人口稠密，人均耕地少，人地矛盾突出。改革开放以来，工业化和城镇化的快速发展也占用了大量的优质耕地，使得耕地面积不断减少。2021 年 12 月 16 日山东省政府公布的山东省第三次国土调查结果显示，截至 2019 年 12 月底，山东省耕地面积为 9692.8 万亩，比 2009 年第二次国土普查减少 1809.63 万亩，耕地减少的总量在全国各省份位列第二。平均每年减少 180 万亩，这其中除了建设用地占用耕地之外，部分是由于农业结构的调整，农民从比较效益出发，把耕地变为园地或者林地，这部分农用地要恢复为耕地，大部分都要借助于一定的工程措施才能恢复，并且还要花费一定的费用。山东省人均耕地面积已经不足 1 亩，只有全国平均水平的三分之二，更只有世界人均耕地的五分之一（全球人均耕地 4.8 亩）。为了在有限的耕地上实现粮食的高产，必然出现化肥农药的大量使用，致使耕地的土壤环境和土壤生态不断恶化，严重影响农业的可持续发展。而根据联合国粮农组织的测算，除中国之外，全球其他地区尚有 20 亿公顷的潜在可耕地可供开发，是我国耕地面积的 16.8 倍，是山东省耕地面积的 300 倍，这些可耕地三分之二分布于"一带一路"沿线国家。因此推动山东农业走出去，充分利用国内国外两种资源、两个市场，积极开展多种形式的农业合作，充分挖掘境外农业的增产潜力，对保障我国与合作国的粮食安全，促进双方的经济发展和友好往来，都具有非常重要的意义。

水资源短缺，也是制约山东农业发展的主要因素之一。山东省多年年均水资源总量为308亿立方米，年人均水资源只有300立方米，大大低于国际上公认的年人均1000立方米的严重缺水区的标准，属于年人均低于500立方米的极度缺水区。山东省耕地亩均水资源300立方米，由于缺乏足够的水资源，全省一半的耕地只能采取雨养旱作的方式进行农业生产，大大制约了耕地增产潜力的发挥，遇到干旱少雨年份，常常导致粮食大幅度减产。山东省农业用水常年占用水总量的60%左右，随着城镇化和工业化的发展，城乡居民生活用水和工业用水呈现刚性增长趋势，导致水资源利用中各种矛盾的出现，阻碍整体社会生产率的提高。从某种意义上讲，大豆等农产品的进口，也是水土资源的进口，可以使国内的农田生态系统得到更好的休养生息，从而提高耕地的质量，实现藏粮于地，这是一种更高层次的粮食安全观。

三、促进山东省农业产业转型升级

改革开放以来，山东省农业生产得到了长足的发展，积极参与国际农业的交流与合作，大大促进了山东省农业产业结构的调整。但是山东省农业现代化的进程中仍然存在诸如农业产业结构不尽合理，局部产能过剩，农业产业科技含量不高，农业生产的效率和效益偏低等问题。随着"一带一路"倡议的推进，对我省农业产业结构调整和转型升级势必产生积极的影响。"一带一路"沿线国家，既有亚非拉等众多的发展中国家，又有欧洲的发达国家，这些国家与我国农业大都有着很好的互补性，合作空间广阔，为山东省农业产业的供给侧结构性改革、农业领域科技创新、农业技术交流等都带来新的市场和机遇。

（一）推进山东省农业供给侧结构性改革，化解局部产能过剩

山东省作为中国农业产值的大省，农业产业化发展过程中不可避免出现产业结构供需方面的矛盾，比如农机制造、蔬菜水果种植等都存在某种

程度的产能过剩的问题。

以农机制造为例,山东省是中国制造业产值第一大省,也是山东省农机装备制造第一大省,农机制造涵盖 7 大门类、3500 多个品种,拥有雷沃重工、五征、时风等知名品牌,山东省农机装备产值独占全国的四分之一。但是也存在行业发展的不平衡、不充分的问题,具体表现在普适性中低端产品产能过剩,企业创新能力不强,同质化竞争现象比较突出,高端大马力复合作业农机装备和经济作物农业机械不能很好地满足需求,农机机具的可靠性、智能化水平有待进一步提升等问题。农机行业通过"走出去、引进来"的方式可以很好地化解产能过剩、产业升级等结构性矛盾。比如山东省的中小型拖拉机、粮食收割机等的生产,在国内竞争非常激烈,行业整体已经产能过剩,市场空间已经不大,但是和国外尤其和发达国家的农业机械相比,我国的农业机械具有适应性广、价格低、性价比高的优势,非常适合广大发展中国家的需求,同等的机型,我国的农机价格只有发达国家的一半甚至更低。所以我国的中小型拖拉机、谷物联合收割机一直受到南亚、东南亚、非洲、中亚地区的欢迎。2021 年 12 月,山东雷沃重工一次性发往非洲苏丹国 800 台价值 3000 万美元的谷物联合收割机,创造了我国建国以来单笔金额最大的收获机械出口订单的纪录;借助于企业完善的售后服务体系,雷沃重工已经形成了覆盖刚果、南非、阿尔及利亚、苏丹、马里等三十多个国家和地区的农机出口市场,累计出口农机产品超过 1.5 万台,并且实现了从农机出口到提供现代农业整体解决方案的全产业链的合作,实现互利互惠的双赢合作模式。

(二)推动农业科技进步,提高农业劳动生产率

科学技术是第一生产力,但是科学技术的发展不能故步自封,更不能闭门造车,必须加强国际合作,通过向先进国家学习,站在巨人的肩膀上,才能取得好的效果。改革开放以来,山东省农业科技取得了长足发展,不论是农作物品种的创新,还是农业机械化信息化的发展,很多领域都走在了全国甚至是世界的前列,截至 2021 年底,山东省农业科技进步贡献率达到 65.81%,比全国平均水平高将近 5 个百分点;良种对粮食增产的贡献率达到 47%,比全国平均水平高 2 个百分点;种业对山东省蔬菜产业的发展

更是起到了最核心的作用。农业科技进步为山东省粮食增产、农民增收、区域乃至全国的蔬菜供应都起到了决定性的作用。

从某种意义上讲,山东省农业科技发展的历史也是一部中外农业科技交流的历史。以种业发展为例,种子被称为农业产业发展的芯片,袁隆平院士曾经说过一粒种子可以改变整个世界。山东省的李登海被称为中国杂交玉米第一人,中国紧凑型杂交玉米之父,与袁隆平院士并称为"南袁北李"。李登海培育的杂交玉米品种,单产屡屡破全国纪录,夏玉米亩产超过1400公斤,可以实现一亩地养活4.5个人。李登海培育的玉米新品种先后获得国家科技进步奖一等奖、国家星火奖一等奖等数十项奖励,在全国累计推广面积超过14亿亩,增加社会经济效益1400多亿元。李登海育种最初的核心种质资源其实是来自于国外。1974年,青岛农业大学的刘恩训教授送给李登海20粒来自美国的优良玉米自交系基本材料"XL80",才开启李登海在杂交玉米育种的辉煌之路。小麦育种方面,山东省也是走在了全国的最前列,其中山东农业大学李晴祺教授团队培育的冬小麦矮秆、多抗新种质"矮孟牛"于1997年获得国家技术发明一等奖,以"矮孟牛"为父母代培育出了众多的国家级小麦新品种,就是这个"矮孟牛",它的抗病和高产的基因居然是来自德国的育种材料"牛朱特"。

再以蔬菜产业为例,山东蔬菜现在可谓名扬四海,号称"供养大半个中国",蔬菜年产量接近一亿吨,蔬菜贸易辐射全国以及几十个国家和地区。然而改革开放以来山东省蔬菜产业发展的历史不论是蔬菜育种还是温室大棚的创新都经历了"引进—消化吸收—赶超"的过程。在20世纪80年代,山东省的蔬菜育种以大白菜、萝卜等常规品种占优势,而温室种植反季节蔬菜品种黄瓜、番茄、菜椒等高端品种比较少,尤其是品质和产量和国外发达国家的荷兰、以色列等国的蔬菜品种差距极大。当时山东的蔬菜大棚蔬菜品种几乎是清一色的洋种子,而且种子价格很贵,有"一克种子一克金"的说法,当时洋种子的价格可以达到二三百元一克,着实比当时的黄金价格还要高,这给广大菜农带来了极大的经济负担。就是在这样的背景下,山东的农业科技工作者开始大量引进国外的蔬菜种质资源,先后与30多个国家加强了科技交流。山东农科院、中国农科院和寿光市政府等通过联合攻关，积极培育蔬菜新品种，到 2021 年已经达到替代进口 70% 以上，国产蔬菜种子已经开始主导市场。为加快蔬菜种业创新，寿光蔬菜种业集团还投资建设了蔬菜种质资源保护中心和山东省最大的茄果类品种种质资源库，收集珍贵、稀有、濒危、特有种质资源近 3 万份。通过整合荷兰瓦赫宁根大学等国内外农业高校、科研院所和种业龙头等优质资源，探索出了一条集种子研发、良种繁育和市场推广于一体的新模式，为实现国家种业振兴提供"全链条"助力。

四、提升山东农业国际竞争力

农业国际竞争力是指在相同的市场条件下，一国或地区的农业相对于他国或地区的更高生产率，向国际市场提供更多符合消费者或购买者需求的产品，并持续地获得盈利的能力。基于山东省的资源禀赋和经济社会发展现状，由于人口稠密、人均耕地面积小、农业生产集约化程度比较低等因素，山东省在资源密集型农业产品比如小麦玉米等粮食作物的生产方面，和美国等的大农场经营模式相比，生产效率低、生产成本高，没有比较优势，多年来，国际市场粮食价格大多数时间都低于国内市场价格，就能够很好地说明我国在谷物生产领域产业竞争力不强。而像蔬菜、水果这些劳动密集型产品，山东省由于光热水条件配合好，处于北纬 30-35 度全球蔬菜水果生产的黄金地带，再加上人力资源丰富，产业发展历史悠久，在国际市场上具有较强的竞争力，山东蔬菜最高年产量突破一亿吨，常年稳定在 9000 万吨左右，是中国最大的菜园子，也是世界上最大的菜园子之一。2021 年，山东省农产品出口 1238.4 亿元，占全国农产品出口总值的 22.7%，在全国各省市位居第 1 位，连续 23 年蝉联冠军，其中出口水产品 285.9 亿元，出口蔬菜及食用菌 276 亿元，出口干鲜瓜果及坚果 107 亿元，三者合计占出口总值的 54%。水产品、蔬菜和瓜果的对外贸易在山东省常年表现为顺差，是山东省在国际市场上最有竞争力的农产品。而在进口农产品中，进口数量和金额最多的是粮食、肉类、棉花等，并且常年表现为逆差。

潍坊蔬菜、烟台苹果、金乡大蒜、章丘大葱、莱芜大姜、潍县萝卜、胶州大白菜早就已经是名扬海内外的知名果蔬品牌，在国际市场上颇有竞争力。日本＋韩国、东盟、欧盟是山东省农产品出口前三位的市场，近年来俄罗斯、中亚国家也开始大量从山东进口优质农产品。在山东省农产品出口的细分市场中，既有日本、欧盟的高端市场，也有东盟、中亚、俄罗斯等中低端市场，使得我们在农业生产和出口过程中有足够的腾挪空间。农产品的出口尤其是日本和欧盟，贸易壁垒都很高，尤其在农残检测等方面近乎苛刻，就需要我们在农业生产过程中严格强化农业产业化、标准化管理，严格控制化肥农药的使用范围与使用方法，全面提高我省蔬菜产业的技术水平和整体质量。

五、助力实现乡村振兴

（一）助推农业产业化发展

乡村振兴战略是新时代"三农"工作的总抓手，我国人民日益增长的美好生活需要和不平衡不充分的发展之间的矛盾在乡村最为突出，我国仍处于并将长期处于社会主义初级阶段的特征很大程度上表现于乡村。全面建成小康社会和全面建设社会主义现代化强国，最艰巨最繁重的任务在农村，最广泛最深厚的基础在农村，最大的潜力和后劲也在农村。实施乡村振兴战略，是解决新时代我国社会主要矛盾、实现"两个一百年"奋斗目标和中华民族伟大复兴中国梦的必然要求，具有重大现实意义和深远历史意义。

"一带一路"是我国应对国际形势，全面对外开放的总战略，是促进全球共同发展、实现共同繁荣的合作共赢之路。建立健全农产品贸易政策体系，实施特色优势农产品出口提升行动，扩大高附加值农产品出口，积极参与全球粮农治理，加强与"一带一路"沿线国家合作，积极支持有条件的农业企业走出去，这些都是是乡村振兴战略农业对外开放的重要内容。

山东省农业对外开放和产业化发展一直走在全国的前列，习近平总书记先后两次指出："改革开放以来，山东创造了不少农村改革发展经验，贸工农一体化，农业产业化经营就出自诸城、潍坊，形成了'诸城模式''潍坊模式''寿光模式'"。这既是对山东农业农村工作的充分肯定、高度褒奖，更是对山东实施乡村振兴战略的激励和鞭策。

安丘模式，是山东省农业标准化管理提高农产品质量，实现大规模出口的典型。早在 2007 年，安丘市在全国率先实施了出口食品农产品质量安全区域化管理，被国家质检总局确定为"安丘模式"在全国推广。近年来，安丘市在全域推行农产品加工"一个标准，两个市场同质同标同线"管理，实行最严厉的食用农产品"合格证＋二维码"追溯制度，连续七年被评为全国出口食品农产品质量安全典型示范区，为全市农业的高质量发展打下了坚实基础。为提升安丘农品竞争力，安丘深入实施"品牌强农"战略和农业品牌提升行动，已发展"三品一标"农产品 510 个、国家地理标志产品 8 个，优质农产品基地品牌价值达到 216 亿元。拥有出口实绩的农产品企业 176 家，蔬菜年出口 80 万吨，出口额近 60 亿元，出口额占潍坊的六成、山东省的七分之一，农产品出口连续 14 年增长，安丘依托丰富的农产品资源和农业产业优势，引导企业统筹用好国际国内两个市场、两种资源，跨境电商赋能出口，把安丘优质农产品推向全球餐桌，荣获世界"菜篮子"美誉。

农业产业化发展大大提高了安丘市农民人均收入，2021 年，安丘市农村居民人均可支配收入达到 22626 元，比山东省农村居民人均可支配收入 20794 元、全国农村居民人均可支配收入 18931 元都要高，呈现出产业兴旺、农民富裕的和谐景象。

（二）促进农业文化交流，强化农村文化建设

古丝绸之路不单单是一条贸易之路，财富之路，更是一条文化之路，是东西方文明的交流与融合之路。中国的丝绸、茶叶、瓷器这些商品本身就蕴含着丰富的文化元素，当然同时还包括中国的栽桑养蚕、纺织技术、农业灌溉技术向西方的传播。西域的香料、水果、蔬菜等大量传入中国，也大大丰富和改善了我国人民的食物结构和饮食文化。时至今日，农业文化的交流与传播仍然是"一带一路"文化传播的重要内容。

山东省农耕文化历史优秀，农业文化遗产积淀深厚，是我国的农业文化遗产大省。北魏杰出农学家贾思勰所著《齐民要术》，被誉为中国古代的农业百科全书，便是我国古代农业文化遗产的集大成者。目前山东省已经有德州夏津黄河故道古桑树群被列入全球农业文化遗产名录，枣庄古枣林、

乐陵枣林复合系统、章丘大葱栽培系统、岱岳汶阳田农作系统、莱阳古梨树群系统、峄城石榴种植系统先后被列入中国重要农业文化遗产。没有被列入世界级和国家重要农业文化遗产的鲜活农业生产系统更是群星灿烂，仅仅在沂蒙山区，就有苍山大蒜、蒙山板栗、费县山楂等农业种植系统具备纳入国家级农业文化遗产的可能。

山东省众多鲜活的农业遗产种植系统，具有重要的经济价值、文化价值、生态价值、科学价值、观光价值等。农业遗产生态系统是经过千百年的自然进化、人工选择，符合当地生态条件的高效率的农业生态系统，这些农业生态系统首先能够为人们提供高质量的农产品，大都形成了知名品牌，在国外市场也是备受青睐，农业遗产还具有维护生物多样性、生态科学研究、发展旅游业等多种价值。可能的情况下，农业遗产系统还可以移植到国外，在"一带一路"沿线国家生根发芽，这便是农业文化遗产的异地保护。如此通过农产品、旅游、科学研究等多种方式的文化传播，可以使山东省原生态的农业文化遗产得到更好的传承和弘扬，同时也强化了乡村文化振兴。

六、为构建人类命运共同体贡献山东方案与山东智慧

农业交流和农产品贸易自古以来就是丝绸之路的主旋律，新时期，农业对外合作仍然是"一带一路"的对外合作的重要内容。"一带一路"东部是古老的文明古国，有着几千年的农耕文明和世界上最大的农业生产基地；西部是以西欧国家为代表的发达国家，农业技术和农业生产水平很高。"一带一路"沿线的广大亚洲和非洲国家，大多经济发展水平比较落后，农业发展水平低，农业是其国民经济的重要组成部分，是世界上食物短缺最为严重的地区，有着对解决饥饿和贫困问题的强烈愿望和诉求。另一方面，这些经济欠发达的国家水土资源丰富，人口众多，农业生产成本比较低，和我国在农业领域的合作有着天然的互补性，因此农业合作成为"一带一路"沿线国家共建利益共同体和命运共同体的最佳结合点之一。

山东作为农业大省，积极配合中央关于"一带一路"农业对外合作的有关指示精神，在对外农业合作过程中，不论是农业对外技术合作，农产

品对外贸易，还是农业对外投资都取得了不菲的成就。作为近 20 年来农业出口稳居全国第一的排头兵，山东省通过出口蔬菜、海产品等农产品，对改善世界人民的食物结构方面做出了很大贡献。在农业对外投资方面，截至 2019 年底，山东省共有 59 家企业在境外投资设立了 80 个农业企业，企业国内注册资本总额达到 177.97 亿元，80 家境外企业注册资本为 8.19 亿美元，境内企业的资产总额 5819.81 亿元，境外企业的资产总额达到 18.50 亿美元。这些企业遍布世界各地，从事农林牧渔等不同行业。山东援建非洲的苏丹—中国农业合作开发区，从中国引进了上百种的玉米、花生、棉花、水稻、油葵、芝麻等农作物品种，筛选出符合当地土壤气候的多种农作物，大大提高了当地的农业生产水平，仅棉花种植推广就接近 1000 万亩，取得了良好的经济效益和社会效益。也有山东的企业通过冷链物流把山东的蔬菜通过中欧班列出口到莫斯科，解决了俄罗斯人的吃菜问题。更有一些企业和个人怀揣高超的种菜技术，把山东人的种菜技术推广到俄罗斯、中亚、非洲等国家。2018 年山东青岛的海水稻研究中心袁隆平团队，在中国各地盐碱地试验推广的基础上把中国的海水稻推广到了国外，在中亚迪拜的沙漠里，单产超过 4.539 吨 / 公顷，使得沙漠变粮田，下一步还继续向沙特阿拉伯、撒哈拉沙漠地区示范推广。

山东农业和农业工作者在为保障全球粮食安全，改善世界各国人民的食物结构，构建农业领域的人类命运共同体贡献了"山东智慧"，提供了"山东方案"。

第二章　山东省农业对外合作的宏观环境基础

一、山东省农业发展的基础条件

（一）自然条件较好

1. 以平原、丘陵为主的土地资源

山东省土地总面积 15.71 万平方千米，约占全国土地总面积的 1.63%，居全国第 19 位，是我国个省区中面积中等偏下的省份。山东省地形平原面积占一半以上，平原、洼地面积合计占山东省总面积的近三分之二，山地丘陵面积占山东省总面积的三分之一强。平原主要分布在鲁西南、鲁西和鲁北地区，三者连成一片，是黄淮海大平原的一部分，山地丘陵主要分布在鲁中南和胶东半岛地区，鲁中南地区的泰山山地和沂蒙山山地之间分布着比较宽阔的山间谷地和山间盆地，也属于平原分布的地区，比较著名的山间平原有泰莱平原，著名的汶阳田即分布于此，此外还有山东省南部的临郯苍平原属于蒙山山前平原；胶东半岛西部有面积比较大的胶莱平原。此外鲁中南山地和胶东丘陵的周围也广布着山前平原，这些平原有的和大平原地形连成一片，有的则独立分布，山前平原多地下水丰富，地面有一定坡度，排水良好，灌溉方便，历来是山东省农业的高产地区。山前平原外侧的黄海海大平原，地势坦荡，土层深厚，耕作方便，有一定的盐碱和旱涝灾害，经过多年的改良，尤其是建国后的农田基本建设和黄淮海低产田的综合治理改造，现已经发展成为山东省的粮食蔬菜的主产区，著名的寿光、莘县等蔬菜基地，我国江北的第一个吨粮市德州等都位于黄淮海大平原。滨海地区特别是黄河三角洲地区，由于受世界上泥沙最大的河流黄

河河口的淤积，地势低平，分布着大量的盐碱荒地，近年来，青岛农业大学、山东省农业科学院等农业科研人员在改良盐碱地方面做出了不菲的成绩，黄河三角洲盐碱地是山东省最重要的农业后备资源之一。鲁中南山地和胶东丘陵等山区，经过劳动人民多年的开垦，成了我国最大的温带水果产区。

2. 光热资源丰富，水资源不足

山东省属于典型的温带季风气候区，夏季盛行东南风，气候比较炎热，降水集中在夏季；冬季受蒙古高压的影响，盛行西北风，降水较少，寒冷干燥，春季多风沙、干旱少雨，有"春雨贵如油"的说法，极端年份，春季的农业用水甚至人畜用水都有点紧张；秋季降水亦较少，多呈现秋高气爽的天气景象，有利于农作物的糖分积累与作物收获。

山东热量资源比较丰富，温度比较适宜农作物生长。年平均气温一般在11~14℃之间，由南向北逐步递减，胶东半岛因受海洋的影响，也属于山东省热量资源比较少的地区，鲁西北、鲁西南平原地区年平均气温大多13℃以上，胶东地区、黄河三角洲平原年平均气温多在12℃以下。冬季气温南部高于北部，沿海则高于内陆。全省最冷月一般是一月份，平均气温为–1～–4℃，极端最低气温一半在–12～–20℃之间，泰山和德州等地出现过零下27℃的极端气温，属于个别现象，极寒天气往往会给冬季蔬菜生产和小麦等大田作物造成不利影响。夏季气温大部分地区七月份最高，平均气温在24~27℃之间，鲁西南和鲁南地区可以达到27℃以上，胶东半岛沿海地区则是8月份最高，呈现海洋性特征，胶东半岛8月份平均气温在24℃以下，虽然对农作物生长有一定影响，但确实全国不可多得的夏季海滨避暑胜地，适合发展海滨旅游。山东省夏季气温比较高适合农作物生长，但是极端高温天气也会对耐热的农作物如玉米、水稻等作物的授粉造成不利影响，从而影响产量。2005年6月11日滨州邹平出现过43℃的最高气温，1966年菏泽曹县出现过43.7℃的极端最高气温的纪录。山东年温差及日温差均比较大，气温的年较差以胶东半岛最小，在26℃以下，向内陆逐渐增大，内陆地区的大多数地区气温年较差可以达到29℃以上，黄河口一带冬夏气温相差悬殊，年较差最大可以达到32℃以上。山东省各地气温的日较差也是沿海地区小，呈现海洋性特征，内陆地区大，呈现大陆性特征，胶东半岛沿海地区气温日较差一般在 7~10℃，其余各地都在 10℃以上，鲁北地区气温日较差最高达 12℃以上。山东省各地无霜期一般为 180~220天，鲁南和鲁西南等地气温无霜期比较长，一般在 200~220 天；鲁中南山地、鲁北地区和胶东半岛地区无霜期比较短，一般在 180~190 天左右，全省日平均气温 ≥5℃以上的时期比无霜期长 10~20 天。日平均气温 >10℃的持续期全省年平均在 200 天左右，地区差异依然是内陆地区的鲁南、鲁西南最长，可达 210 天，胶东半岛和鲁中南山地地区最短，一般在 180 天左右。全省活动积温一般在 3800~4600℃，以鲁西南最高，半岛东部最低，半岛地区东部由于积温比较低，从热量资源条件看，全省各地基本上都可以满足一年两作的需要，但是在个别地区，特别是胶东半岛沿海地区，实行小麦玉米一年两熟，积温略感不足，应当选用早熟品种或者进行间作套种才可以进行，一定程度上限制了农作物的生产布局，像需要积温比较高的作物棉花在胶东沿海地区种植也收到一定的限制。广大的内陆地区，都能很好地满足小麦 - 玉米或者小麦 - 水稻等一年两作的需要，加上夏秋季节良好的光照条件，再辅以良好的水利灌溉设施，山东省大多数地区都能够实现亩产吨粮甚至更高产量的条件，现在山东省德州市已经实现了我国第一个整建制吨粮市建设，部分区域正在向着建设吨半粮田的目标迈进，这一切都与山东省光热条件比较好有很大关系。山东光照资源比较充足，无论光照时数和光照强度，都能满足一般作物生长发育的需要。全省的光照时数、日照百分率和太阳总辐射量总体分布趋势是北部地区略多于南部地区，内陆地区比沿海地区要多，平原地区比山区要多。夏季虽然有云的遮挡，但是夏季白昼时间长，全省绝大多数地区每天的光照时间都可以达到 7小时左右，其中 5 月份光照时间最长，全省平均每天的光照时间可以达到 8 ～ 9 小时，非常有利于农作物的生长，充分利用 5 ～ 6 月份的太阳辐射资源，应该尽量多地使农田覆盖农作物，增加小麦、油菜、土豆等大春作物，同时利用间作套种，增加田间作物的绿色叶面积，增加总的光合作用，实现农作物的高产。

山东省降水总体不够丰富，全省各地年平均降水量一般在 550 ～ 950

毫米之间，总的分布趋势是东南多、西北少，沿海多、内陆少；山区多、平原少；鲁东南的日照、临沂，胶东半岛的部分地区，多年平均降水量可以超过800～900毫米。鲁西北和黄河三角洲一带，多年平均降水量一般在600毫米以下，总体上，黄河两岸是山东省降水比较少的地区，好在黄河的客水资源很好地弥补了这一缺陷，才有了沃野千里的高产田。从时间分布上，山东省降水量一年之中主要分布在夏季，一般而言六七八三个月的降水量要占到全年降水量的三分之二左右，雨热同期，此时也正是农作物生长旺盛，正需要大量水分的时候，对农作物的生长发育和产量形成极为有利。但是夏季多暴雨，也往往容易形成田间渍害、发生涝灾。春季则由于降水偏少，经常会出现春旱，甚至山区会出现人畜饮水困难。秋季降水量一般占全年降水量的15%-20%，除了个别年份，一般不会出现大的旱情，而且有利于秋季作物的成熟和收获；冬季降水也非常稀少，一般只有全年降水量的3%-5%，但由于冬季大田作物生长停止，干旱现象并不严重。除了年内降雨的分布不均，山东省降水量的年际变化也非常之大，呈现出典型的季风气候特征，一般情况下，山东省降水的年际变率在20%左右，但极端年份的降水差异却是非常之大，年降水量最多为1272.7毫米（1911年），最少仅308.2毫米（1981年），两者相差四倍多，降水量年际变化大，意味着不同年份之间严重旱涝不均，严重影响农业生产，有时候一年之中，旱涝灾害交替出现，往往会造成农作物的大量减产，旱涝灾害成为山东省发生次数最多、影响范围最广、危害程度最大的自然灾害。除了旱涝灾害之外，山东省还经常发生寒潮、倒春寒、霜冻、冰雹、暴雪等灾害性天气，不仅给大田作物，也会给设施农业的生产造成不同程度的危害。

根据山东1956～2000年实测资料分析，全省多年平均年降水量为679.5毫米，一般在550毫米～950毫米之间，多年平均水资源总量为303.07亿立方米，其中地表水资源量为198.3亿立方米，多年平均地下水资源量为165.4亿立方米（地表水、地下水重复计算量59.8亿立方米）。黄河水是山东主要可以利用的客水资源，每年进入山东水量（黄河高村站1951—2007年资料）为359.5亿立方米，按国务院办公厅批复的黄河分水方案，一般来水年份山东可引用黄河水70亿立方米。长江水是南水北调东线工程建成后山东省可以利用的另一主要客水资源,每年可为山东省调引长江水 13.53 亿立方米,可有效缓解山东省水资源短缺矛盾,构筑起南北贯通、东西互济的现代骨干水网,实现长江水、黄河水、淮河水和山东当地水的联合调度、优化配置,对山东省经济社会可持续发展具有战略意义。但总体而言,山东省仍然属于极度缺水的地区,水资源总量不足;人均、亩均占有量少;水资源地区分布不均匀;年际年内变化剧烈;地表水和地下水联系密切等。全省水资源总量仅占全国水资源总量的 1.09%,人均水资源占有量大约 300 立方米,仅为全国人均占有量的 14.9%(小于 1/6),为世界人均占有量的 4.0%(1/25),位居全国各省(市、自治区)倒数第 3 位,远远小于国际公认的维持一个地区经济社会发展所必需的 1000 立方米的临界值,属于人均占有量小于 500 立方米的严重缺水地区。由于降水量的年际变化很大,丰水年地表水产水量可以达到枯水年的 10 倍,这样就出现了降水多的年份河流往往泛滥成灾,农田遭受严重涝灾,而枯水年工农业生产又面临严重缺水;降水的年内季节分布极为不均又导致汛期水量供过于求,相当一部分地表径流流入海洋,而在春季农作物播种期等季节又深感用水不足,因此水利工程建设对山东省农业的发展是至关重要的。建国以后山东省在党中央国务院的领导下,大力进行农田基本建设与兴修水利,修建了大量的水库塘坝等蓄水资源,对调节水资源的年际平衡和季节平衡都起到了很大的作用。截至 2021 年底,全省共有注册登记水库 5705座,总库容 180.0 亿立方米,其中大型水库 37 座、中型水库 217 座、小型水库 5451 座;全省共注册登记水闸 3447 座,共有五级及以上堤防工程 2.19万公里。但总体而言山东省农业乃至整个国民经济严重缺水的局面仍然是客观存在的,资源性缺水仍然是山东省农业发展必须面对的一个重要课题。

山东省地处沿海,典型的温带季风季候,加之地形变化比较丰富,生物种类比较繁多,多种因素导致山东省土壤类型较多,全省自动向西有规律的分布着棕色森林土与褐土。在胶东半岛的丘陵地区和鲁中南山地地区,土壤的垂直地带性分布比较明显,自上而下分别出现山地草甸土、岭沙土、棕色森林土、黄土等土壤类型的分布。在鲁西北平原,由于地形地势的原因,有潮土的分布。在黄河沿岸、鲁西北平原、鲁西南平原、滨海地带则大量分布着盐碱土。山东省垦殖历史悠久，人类活动强度大，人类劳动生产对自然的改造强度也大，各类自然土壤经过劳动人民的长期改造和利用，已经逐渐熟化为农业土壤，大部分耕作区耕作层明显，自然土壤仅仅存在于极少数地区。从耕作土壤的母质来看，棕色森林土、褐土、黄土等土壤的酸碱度适中、土壤自然肥力比较高、土壤结构利用作物根系生长，又加上这些土壤大多分布于胶东半岛及鲁中山地的山前平原及河谷平原，水资源相对比较丰富，农业灌溉条件比较好，成为山东省农业生产的高产地区，著名的汶阳田即出现在泰山山前的河谷平原上。而广大黄淮海平原的低洼地带，黄河两岸的黄泛区，滨海地带的盐渍土分布地带，由于土壤含盐量比较高，地下水位比较高，土壤肥力比较低，严重缺磷钾肥，明显缺锌，导致农作物产量比较低。经过中科院山东禹城试验站等有关部门的共同努力，加之国家黄淮海平原中低产田的改造，广大的黄淮海中低产田大部分已经转变为高产稳产田，成为山东省粮食产量最多、农业生产潜力最大的地区。

山东省海岸线长度达到三千多公里，占全国海岸线总长度的六分之一，仅次于广东省海岸线的长度，山东沿海浅海、滩涂面积广布，上百条河流在山东沿岸入海，其中有着世界上含沙量最大的黄河，每年有超过 10 亿吨的泥沙从山东流入海洋，大量的泥沙入海带来丰富的营养盐类，为沿岸的水生浮游生物的生长带来了极其丰富的营养物质，山东沿海的浮游植物十分丰富，浮游动物超过 300 毫克/立方米，大量的浮游生物和营养盐类又为浅海中的鱼虾贝类和海藻生物的生长提供了丰富的饵料和营养盐类。山东沿海黄海东部的黑潮分支北上与山东沿岸的沿岸洋流的南下相汇集，又为鱼虾贝类和藻类植物的生长提供了极好的温度等气候条件，因此在山东省沿海形成了大量的适宜捕捞和养殖的海域，莱州湾、烟台、威海、石岛、青岛沿海都是全国著名的渔场，总面积达到 17 万平方公里，比山东省的陆域面积还要大。山东沿海因生产众多著名的名贵海产和经济鱼虾贝类和海藻资源而著称，山东广阔的浅海、滩涂盛产众多名贵海产和经济鱼、虾、贝、藻类，海洋渔业的产量和产值常居全国第一第二位。此外，山东省淡水养殖也是全国领先，山东省有着南四湖、东平湖等全国比较大的淡水湖泊，又有着几千座大中小型水库可星罗棋布的塘坝，以及面积广大的低洼盐碱地资源，这些都为山东省淡水养殖提供了十分优越的条件，虽然作为北方地区，山东省却是一个淡水养殖大省，2020年山东淡水养殖产量超过100万吨，其中南美白对虾的养殖面积居全国第一位，产量稳定在18万吨以上。

（二）交通区位条件优越

山东省位于北纬34°25′~38°23′，东经114°36′~122°43′之间，属于中纬度地区。山东省与河北、河南、安徽、江苏四省毗邻，地处我国沿海地区南北交通要冲，京沪铁路、京沪高铁、正在修建的京沪二高铁和京杭大运河纵贯南北，山东省是连接京津沪和长三角两大经济区的中间地带，同时也是东北地区和内蒙古地区人流物流南下的必经之地之一，是联系我国东北地区与南方地区和西北地区的重要战略要地。省内交通方面客货混用的胶济铁路、兖石铁路、蓝烟铁路、德石铁路、菏新铁路、邯济铁路已经构成了比较密的省内铁路网，同时又将河北、河南、山西等省与山东省沿海的港口联系起来，山东的众多沿海港口成为亚欧大陆桥的东部桥头堡。近年来山东省加快高速铁路建设，相继建成济青高铁、石济客专、鲁南高铁、潍莱高铁，转移了普速铁路客流，提高了区域普速铁路的货运能力；加快普速铁路建设，建成青连铁路、黄大铁路等干线普速铁路和邯济胶济铁路联络线工程，实施张东铁路和大莱龙铁路扩能改造工程，全面建成"四横四纵"货运铁路网。截至2021年底，全省铁路运营里程达到7270公里，其中高速铁路2319公里，普速铁路4951公里；建成电气化铁路6020公里、复线铁路4596公里，铁路电气化率、复线率分别达到82.8%、63.2%。2021年全省铁路货物周转量达到1667.59亿吨公里，同比增长7.2%。

作为全国首个交通强国省域示范区，十年来山东省综合立体交通网建设实现跨越发展。全省高速铁路运营里程，公路通车里程与公路密度均居全国第3位，实现"县县通高速"。2021年，全省综合交通客运量达到3.2亿人，货运量达到34.3亿吨，公路货运量居全国第1位。2022年，山东港口货物吞吐量突破16亿吨，跃居全国沿海省份第1位。

山东优越的地理位置和发达的交通运输业，是山东省农业现代化及农业对外合作交流的基石。

（三）人力资源丰富

1. 全国人口第二大省为农业生产提供了充足的劳动力

第七次全国人口普查主要数据显示，截至 2020 年 11 月 1 日，山东省共有常住人口 101527453 人。山东省总人口数量仅次于广东省 126012510 人，居全国第二位。常住人口中居住在城镇的人口为 6401.4 万人，占总人口的 63.05%，居住在乡村的人口 3751.3 万人，占 36.95%，山东省常住人口一直呈现稳定增长趋势，人口外流不多，总体呈现净流入的态势。山东农业长期以来是属于人力密集型产业，尽管经过几十年的发展，到 2020 年，山东主要农作物耕种收的机械化率已经达到 88.5%，但是占有山东农业产值近三分之二的林果业、畜牧业、渔业、农产品初加工业、设施农业等机械化程度还比较低，分别只有 33.8%、44.1%、32.9%、36.1%、37.3%，也就是说由于劳动工序繁杂等因素的影响，山东省农业领域特别是山东农业比较优势比较大的蔬菜、水果、畜牧、渔业等领域还具有很强的人力劳动依赖，山东人口几十年来一直不断增长，超过一亿人，为农业生产的发展提供了充足的劳动力。

2. 农业科技力量雄厚

山东省作为全国唯一拥有两个省属农业大学的省份，农业科研力量非常强大，山东农业大学、山东省农业科学院、青岛农业大学等高校和科研单位，围绕山东乃至黄淮海农业区农业发展所需要的粮食作物、蔬菜与水果等经济作物品种、畜禽品种、农产品加工、植物保护、农业生物技术、农业机械、作物栽培、盐碱地改良利用等方面做了大量的研究工作，取得了许多国内领先乃至世界领先的农业科技成果，多项成果获得国家科技进步奖、国家发明奖、国家自然科学奖等国家大奖，这里面有每年推广千万亩的济麦 17、济麦 22、鲁原 502、山农 20 等一众小麦优良品种，其中济麦 22 连续九年成为中国种植面积最大的小麦品种，累计推广面积超过 3 亿亩。山东农业科学院的大豆品种齐黄 34 以亩产 353.45 公斤创造了全国夏大豆高产纪录，并在全国推广玉米大豆复合种植中得到广泛应用。此外，山东花生育种栽培、玉米育种栽培、耐盐碱作物品种的培育、果蔬育种栽培、蔬菜育种栽培乃至海水稻育种栽培与推广等方面也走在了全国的前列。

山东各地方的农业科研和民间的农业科研同样取得了不菲的成就。以寿光为例，寿光蔬菜集团依托寿光蔬菜产业的发展需求，联合中国农业大学、山东省农业科学院、山东农业大学、荷兰瓦赫宁根大学等单位，开展联合攻关，培育市场需要的高端蔬菜品种，一举打破了山东温室蔬菜洋种子一统天下的局面，并替代进口蔬菜种植 70% 以上，取得了良好的经济效益和社会效益。山东登海种业集团更是民间农业科技的优秀代表，李登海被称为中国杂交玉米之父，培育了一系列紧凑型玉米杂交种，其中掖单 13 玉米品种的选育和推广获得国家科技进步一等奖。

2021 年，我国的农业科技进步贡献率达到 61%，山东省农业科技进步贡献率 65.8%，山东省比全国高将近 5 个百分点。

中国海洋大学是我国海洋科技的高地，汇集了全国三分之一以上的海洋科学的两院院士，山东省以一省之力托起了中国海洋科技的半壁江山，与之对应的是山东省海洋产业产值占到全省国民生产总值的 20%，山东海洋产业产值占到全国海洋产值的 20%，山东海洋渔业产量和产值以及出口值长期位列全国第一，山东成了全国人民的海鲜库，水产品出口也常常位居山东农产品出口的第一位，发达的海洋科技使得海产品成为山东最具有竞争力的出口产品之一。

（四）制造业对农业发展的支撑力量强大

中国是世界上唯一拥有 41 个工业大类的工业部门齐全的国家，山东则是我国唯一拥有 41 个工业大类的省，制造业是山东省的优势产业，目前山东的水泥、化肥、轮胎、氧化铝、纱、改装汽车、拖拉机、啤酒、葡萄酒等行业产量均居全国第一。医药、化工、建材 3 个行业主营业务收入全国第一。在 41 个工业大类中，山东有 9 项位居全国第一，超过了广东的 8 项，并且有 31 项位于全国前 5 名。山东省工业总产值仅次于江苏和广东，位居全国第三位。

制造业大省遇上了农业第一大省，山东省自然而然地成为了我国农业装备制造业第一大省，2020 年，山东省农机行业经营收入 650 亿元，约占全国的 25%，稳居全国第一。涌现出雷沃重工、山东时风、山东五征、青岛洪珠等一批大型农业机械装备制造企业。目前山东在粮食作物生产全程一体化机械、蔬菜种植与收获机械、果园管理机械、温室机械等总体水平都处于全国前列，农业机械化在山东省的农业产业结构调整和新旧动能转换中发挥着主导作用，大大支撑了全省农业科技集成应用与生态建设的发展，对保障全省的粮食产量的稳步提高起着关键的支撑作用。同时，也在推动农业经营机制体制创新和解放农村劳动力方面发挥着重要的基础作用，也是全省装备制造业振兴的主力军。

二、山东省农业发展的成就

山东是传统的农业大省，农耕文明历史悠久，物种资源丰富，气候条件优越，是全国三大粮食主产省之一。改革开放以来，山东农业发生了翻天覆地的变化。2020年，全省农林牧渔业总产值突破一万亿元，成为我国第一个农业总产值过万亿元的省份，连续多年位居全国第一，农产品加工值约占全国的1/6。山东农业总产值、农产品加工业产值、农产品出口额、肉蛋总产量、渔业总产量、蔬菜总产量等常年居于全国首位。水果总产量常年居全国第一第二位，近几年水果产量被广西超过，粮食总产量常年居全国第三位。人均粮食产量、蔬菜产量、肉蛋产量、水果产量均高于全国平均水平，是我国的农产品输出大省，是全国不可或缺的菜篮子、果盘子以及最大的海鲜供应者。山东农业用占全国1%的淡水和6%的耕地，生产了占全国8%的粮食、10%的肉蛋奶、11%的水果、12%的蔬菜、13%的水产品。2021年农产品出口1238.4亿元，占全国农产品出口总值的22.7%。2022年，全省农产品出口额达到1394亿元，连续24年领跑全国，继续雄踞全国首位。山东农业为全国贡献了农业产业化经营、农业国际化、科教兴农等山东经验，素有"全国农业看山东"之说。

（一）农林牧渔业经济总量稳定增长，突破万亿元新台阶

改革开放以来山东省农牧渔业总体实现稳步增长，同时注重发展高产优质高效农业，积极转变农业增长方式，努力做到产量与质量同步提高，一直向着农业高质量发展的方向稳步发展，全省农业实力稳步提高，农林牧渔业总产值稳步增长，2015年山东成为全国首个农林牧渔业增加值突破

5000 亿大关的省份；2020 年，全省农林牧渔业总产值达到 10190.6 亿元，成为我国第一个农业总产值过万亿元的省份；2021 年在高基数起点上继续保持快速增长，达到 11468 亿元，占全国 7.9%，总量继续位居全国第一，同比增长 8.6%。农林牧渔业增加值总量比位居第二位的河南省高近 1 千亿元，领先程度接近山西省农业规模，农业第一大省地位得到巩固。

（二）种植业产能稳步提升，优势延续

山东省在保障粮食安全的基础上，非常注重蔬菜、水果等经济作物的发展，并使之成为山东省在全国乃至全球的优势产业，改革开放以来总体呈现粮食产量持续增加、经济作物优势不断强化，农业综合生产能力不断提高的趋势。

1. 粮食产量稳步提高，生产条件不断改善

改革开放以前，山东由于人稠地狭、农业生产水平不高，人均粮食产量极低，曾经是一个长期缺粮的省份，一直到 1973 年，山东省粮食供应需要依靠外省调入。

改革开放之后，农村联产承包责任制极大地调动了广大农民的积极性，山东粮食产量在 1980-1990 年代连上几个台阶，粮食总产量从建国初期的 870 万吨，接连实现跨越式发展。1984 年突破 3000 万吨，1993 年突破 4000 万吨。2004 年全面推开粮食直补，确定最低保护价，农民种粮积极性极大提高。到 2014 年粮食总产首次突破 5000 万吨。2018 年，全省粮食总产量达到 5319.5 万吨，连续 5 年稳定在 5000 万吨以上。2021 年山东省粮食产量再上新台阶，达到 5500.75 万吨，首次突破 1100 亿斤，2022 年山东全年粮食总产 5504.38 万吨，比上年增加 8.62 亿斤，增长 0.78%，粮食总产再创历史新高，连续 9 年稳定在千亿斤以上，连续两年稳定在 1100 亿斤以上。2022 年度全国 31 个省（区、市）中，有 23 个实现粮食增产，其中 6 个增产超过 8 亿斤，山东增产量排在全国第四位，占全国总增产量的 11.6%，为维护国家粮食安全贡献了山东力量。2022 年山东省人均粮食产量达到 541 公斤，高于全国人均 486 公斤的平均水平，一举解决了亿人大省的吃饭问题，还有剩余粮食外调其他省份。从近五年粮食流通情况看，山东累计销往省外粮食达 1095.4 亿斤，全省粮食商品率 70% 以上，年购销总量居全

国前列。可以说，在"端牢中国饭碗"这件事上，"山东粮"是主力军。

农业生产条件明显改善。坚持藏粮于地，严守耕地保护红线，坚决遏制耕地"非农化"、防止"非粮化"。大力开展永久基本农田保护区和产粮大县开展高标农田建设，2019-2021年山东省累计建成高标准农田1758万亩，超额完成国家下达的建设任务。截至2021年底，山东累计建成高标准农田近7000万亩，发展高效节水灌溉近5000万亩。以提升粮食产能为目标，山东在全国率先开展高标准农田建设整县推进创建示范，按照"高标准农田+"建设模式，统筹整合各级各类涉农项目在示范县域内实施，推动农业农村资源要素向高标准农田核心区集聚，着力打造粮食生产核心区。

不断拓展农业生产空间。根据习近平总书记在东营考察调研时的指示精神，开展盐碱地综合利用，深刻理解土地开发对保障国家粮食安全、端牢中国饭碗具有重要战略意义。山东在守住耕地红线的同时，更是胆大心细地向盐碱地要粮。在山东省东营市，越来越多的盐碱地通过节水控盐、改良培肥、生态保育等措施，实现了土壤条件的"质变"。中度盐碱地变为轻度盐碱地，中低产田变成了中高产田，实现了粮食产量与农民收益的双增长。为挖掘盐碱地综合利用潜力，2022年东营市在盐碱地上扩种了10万亩大豆，大豆玉米带状复合种植达到34万亩。

粮食高产创建工作卓有成效。2013年开始，山东省在全国率先开展粮食高产创建工作，共建设高产创建示范方600多个，面积达到2000余万亩，高产示范创建示范方内小麦、玉米两季合计亩产全部达到1100公斤以上。山东省德州市成为全国首个"亩产过吨粮、总产过百亿"地级市、整建制粮食高产创建试点市、全国粮食生产先进市。2021年以来，德州市进一步挖掘粮食生产的潜力，以系统集成改革破解粮食增产瓶颈，在全国率先整建制开展"吨半粮"生产能力建设，探索构建保障粮食安全长效机制。

图2-1 山东省近十年粮食产量

数据来源：山东省统计年鉴

2.经济作物优势延续

（1）蔬菜产业迅速发展

粮食生产得到发展，粮食供给得到保障之后，山东省开始逐步调整优化农业产业结构，调减粮食作物的种植面积，增加经济效益比较高的蔬菜、瓜果、烤烟、棉花等的种植面积，其中烤烟、棉花两样经济作物，在山东省出现了一个种植面积增长又逐步减少的趋势，主要是我国总体农业产业结构优化调整的原因所致，我国棉花近几十年来逐步向生态条件更适合种植的新疆地区转移，新疆棉花产量由改革开放前不足全国总产量的10%，提高到2022年的539.1万吨，占全国棉花总产量的90%，东部地区棉花种植已经彻底没有优势。烤烟也是逐步向生态条件更适合的云南贵州等省份集中。山东经济作物最为亮眼的是蔬菜和水果。

蔬菜产业可以说是山东最具优势的种植业，也是最近三十年得以快速发展的产业，改革开放以前，山东商品化的蔬菜种植仅限于城市周边，就地生产就地供应，规模很小。一直到1990年的时候，山东省蔬菜种植面积也只有 542 万亩，仅占农作物播种总面积的 3.3%。产量为 1401 万吨，居于农产品产量的第三位，主要满足省内的蔬菜需求。就是在 20 世纪 80 年代末 90 年代初，山东寿光、莘县等地开始有意识的布局蔬菜种植，在这一时期便打井、挖渠、建起了日光大棚。这样快人一步的勇敢尝试让这些地区在随后农产品贸易的风口来临后，得以抢占先机。

从 1980 年代开始，山东寿光开始引进温室大棚蔬菜种植，瞄准冬季北方蔬菜短缺的市场需要，大力发展冬季蔬菜种植，经过几十年的发展，寿光逐步发展成为我国最大的蔬菜生产中心、流通中心、信息中心、科研中心，从无到有，把蔬菜产业打造成千亿级的农业产业集群而备受关注。与此同时，由于山东自然条件的优越性，地处北纬 35 度蔬菜黄金生产地带，全省的其他地区蔬菜产业发展也是异军突起，寿光号称山东的"北菜园"，起初主要供应胜利油田、济南等城市，后来逐步扩展到京津乃至全国。

兰陵号称山东的"南菜园"，由于距离长三角比较近，每年一百多万亩的蔬菜主要供应上海、杭州、苏州、无锡等大城市，兰陵蔬菜一度占到上海市蔬菜供应的三分之二左右，上海有"一天不见鲁 Q（临沂的车牌号），吃菜就犯愁"的说法，是不无道理的。由于我国长江流域不论是冬天还是夏天都不太适合蔬菜种植，夏天高温多雨，冬天阴冷潮湿，对蔬菜种植都有很大的限制因素，可以预见：山东省蔬菜产业对于长江流域具有长期的竞争优势，甚至对于全球也都有长期的竞争优势。

山东西部的莘县，地处黄河沿岸冲积平原，又紧邻京津，逐步发展成为山东的"西菜园"，20 多年来，莘县蔬菜大棚从无到有、由弱到强，逐渐形成了七大规模种植片区。截至 2019 年底，莘县共有耕地面积 141.6 万亩，蔬菜种植面积 102 万亩。无论是播种面积还是产量，均稳居全国县域之首，成为名副其实的"中国蔬菜第一县"。莘县蔬菜产业发展走的是错位竞争的路子，和寿光动不动一个大棚投入几十万上百万，主要生产高端蔬菜不同，莘县至今冷棚蔬菜乃至露地蔬菜种植都占有相当的比重，比如露地种植的洋葱、香菜都有相当的面积，而且莘县在菜粮轮作，提高复种指数，提高土地利用率方面几乎能够达到极致。举个例子，莘县蔬菜种植，绝大多数也是一家一户种植，小农生产，一年可以收获两季粮食一季蔬菜或者一季粮食两季蔬菜，夏季种植玉米，玉米还没有成熟，在9月初在玉米地套种香菜，香菜生长期比较短，只有两个月，在小雪之前收获一季香菜，香菜收获之后，再种植一季洋葱或者播种冬小麦，不要小看多收获的这一季香菜，在2021年香菜行情好的时候每亩地可以卖到一万多元，比种好几年的小麦玉米收入都多，而且更为可贵的是，香菜的种植成本极低，就是种子（可以自己留种）和化肥的一些费用，一亩地三五百元就够了，这个投入产出比还是非常高的。从1994年开始，莘县燕店镇开始种植香瓜，莘县香瓜种植面积达16万亩，产量84万吨，收入32亿元，成为全国最大的香瓜生产基地、国家级农业标准化示范区。各类香瓜产品远销全国30多个省市，出口东南亚及欧洲多个国家，是当之无愧的"中国香瓜之乡"。莘县香瓜也多次被中国绿色食品发展中心认定为"绿色食品A级产品"，并成功注册农产品地理标志商标，成为莘县高端精致农业的一张靓丽的名片。莘县香瓜在北京新发地瓜类市场能够占到三分之二的市场份额，越来越多的批发商就认莘县的牌子。目前，莘县果蔬占北京交易规模最大的专业农产品批发市场——北京新发地批发市场份额的1/6，并销往全国多个省市。

　　到2000年的时候，山东省蔬菜种植面积增长到2683万亩，占农作物播种总面积的15.5%，产量也增加到7257万吨，成为全省产量最大的农产品。1990~2000年是山东蔬菜种植的野蛮生长时期，蔬菜的年均播种面积增加17.3%，产量年均增长17.9%。这一时期，山东蔬菜产量的迅速扩张，主要依靠种植规模增加。蔬菜种植的劳动生产率的进步并不明显。但是靠增加种植规模能实现产量增长却难以达到理想的经济收益。

　　2001年山东农业进入了另一个全新的阶段。一方面土地是有限的，城市又在平原地带不断扩张。山东作为农业大省，需要分担保障粮食安全的压力。所以蔬菜的种植面积进入了一个瓶颈期，增速有所放缓。另一方面，中国在这一年加入了世贸组织，商品能以极低的关税进入成员国市场，极大改善了中国的外贸环境。这对于商品化蔬菜种植业已成规模的山东来说，是一个巨大的机会。同时也意味着，必须品牌化、规范化，接受国际市场更为严苛的标准。

　　进入新千年后，中国的工业生产有了长足进步，工业化、城市化加速，人口依旧在不断膨胀。这又带来了日益旺盛的农产品需求。中国周边的日本、韩国人口稠密、经济发达但是地形崎岖，适合耕作的土地并不多，需要进口大量农产品。山东的蔬菜产区此时便有机会快速开拓国内外市场。随着大棚、农机、化肥、良种的逐渐普及，山东的农业生产效率大大提升，做到了全年生产四季供应。2001-2012 年之间，受土地面积的限制，蔬菜的种植面积仅仅增加了 26 万亩，但是产量却提高了 2129 万吨。在此期间，山东的蔬菜种植业异军突起，从 1990 年占种植业产值比重的 10.8%，提升到 2012 年的占 32.7%。2012 年以后，山东蔬菜的种植面积见顶，部分年份甚至出现了萎缩，但是其单位产量不断提高。如果对比 2012 年以来各省农产品的单位产量，会发现山东蔬菜单产明显较高，而且增长较快。其实山东的热量条件并不占优势，传统上只能实现一年两熟。所以山东单产提升主要依靠的是不断增加农业的资金投入，提升科技水平，逐渐实现农业生产的集约化。

安丘市地处山东省潍坊市南部的安丘市，是除"中国设施蔬菜之乡"寿光市以外的又一个蔬菜生产大县，年产蔬菜近 200 万吨，其中出口 40 万吨、出口额近 30 亿元，有世界"菜篮子"的美誉。

从 2007 年开始，安丘市开始实施严格的出口农产品食品安全区域化管理，严格农药等的出售与管理，标准化管理农业生产的各个环节，取得了良好的成效，其经验做法得到了山东省政府和国家质检总局的肯定并在全省和全国加以推广，到了 2016 年，安丘市已经率先在全国建立起最严格的食用农产品产地安全管理制度。

为打造符合发达国家进口标准的农产品，安丘市先后制定并实施了一系列有关区域化农产品质量管理体系的国家标准、地方标准和农业标准，参照美国、日本、欧盟等发达国家的食品安全标准与农业操作规范，制定了生姜、大葱等 30 多个出口农产品生产技术操作规程和 200 多个生产标准，创新形成了农产品质量安全标准化生产、规范化管控、社会化服务、品牌化运营、融合化发展的"五化模式"，将"安丘标准"打造成"国际标准"。全市有 130 余家农产品加工企业通过了通过 SC 认证，HACCP 认证、日本JAS 认证、英国 BRC 认证、德国 IFS 认证等国际认证，规模以上农产品加工企业达到400多家，备案出口蔬菜加工企业接近200家，其中销售收入过亿元的企业有20多家，农产品加工业年产值居全国同类县市前列，产品出口80多个国家和地区。大蒜、生姜产品出口量分别占日本市场的三分之一和四分之一以上。每年往国内大中城市内销出口级农产品近150万吨，全市有出口实绩的180多家农产品加工企业实现蔬菜出口80万吨、出口额近60亿元，占潍坊市的70%、全省的20%以上。十多年来，安丘市农产品出口连续11年增长，远销美、日、韩、欧盟等80多个国家和地区，安丘市一个县级市的蔬菜出口量独占全国蔬菜出口总量的7%，并且出口农产品抽检合格率100%，成为中国蔬菜出口第一县，"洋菜园"名副其实。

山东的"北菜园"、"南菜园"、"西菜园"、"洋菜园"只是山东蔬菜典型的代表，是一种形象的说法，其实山东一百多个县市区，几乎随便拎出一个来，都有其蔬菜特产或者优势蔬菜品种，随便举几个例子，胶州大白菜、滕州土豆、曹县芦笋、金乡大蒜、陈集山药、章丘大葱、潍县萝卜、莱芜大姜、邹城食用菌、沂南黄瓜、费县西红柿等等，每一个都是地理标志产品，每一个都具有全省、全国乃至全球的影响力。

山东蔬菜发展到今天，已经不仅仅是一个蔬菜的供应者，而且是一个蔬菜生产的技术输出者，在山东蔬菜走向世界的同时，山东种菜人也走遍了全国、走遍了世界，时至今日，大江南北、长城内外、天山脚下、青藏高原、俄罗斯、中亚、非洲等到处都有山东种菜人的身影，勤劳的山东人民怀揣种菜技术和蔬菜品种，在世界各处默默地耕耘、默默地奉献、默默地丰富着世界人民的餐桌、默默地改善着世界人民的食物结构。

山东已经形成了几大著名蔬菜产区。2019年，拥有寿光的潍坊生产了1220万吨；拥有莘县的聊城，蔬菜产量为828万吨；菏泽，蔬菜产量为815万吨；临沂765万吨；济宁692万吨。

山东全省蔬菜播种面积稳定在2200万亩左右，设施蔬菜年播种面积1400万亩左右，约占全国的1/4，有61个县被认定为"全国蔬菜重点发展区域设施蔬菜基地县"；蔬菜年产量稳定在8000万吨以上，每年出口约300万吨。

图2-2 山东省和全国蔬菜单产对比

数据来源：引自"农小蜂智库"网站

图2-3 山东省蔬菜种植面积和产量在全国的比重

数据来源：引自"农小蜂智库"网站

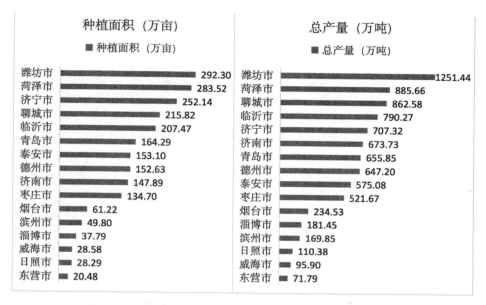

图 2-4 山东省各地市蔬菜种植面积和产量（2020 年）

数据来源：引自"农小蜂智库"网站

（2）水果产业优势明显

山东位于暖温带半湿润季风气候区，光照充足，昼夜温差大，四季分明。植物可以充分地进行光合作用，很利于水果的生长和糖分积累。所以山东的水果大多是口味清甜的温带水果。山东特产水果有：烟台苹果、莱阳梨、肥城桃、费县山楂、蒙阴蜜桃、乐陵小枣、沾化冬枣、威海无花果、胶东樱桃、枣庄石榴等。2021 年全省果园面积 915.83 万亩，产量 1913.92万吨，仅次于广西，居全国第二位。

"全国苹果看山东，山东苹果看烟台"。拥有 150 多年历史的烟台苹果，以"果形端正、色泽艳丽、果肉甜脆、香气浓郁"享誉国内外，区域品牌价值达到 150 多亿元，连续 13 年蝉联中国果业第一品牌。经过长时间的历史积淀，烟台苹果产业已经发展成为山东省两个千亿级农业产业集群之一。

（三）林牧渔业转型明显，发展提速

山东省林牧渔业围绕加快生态林业建设、标准规模化牧业建设和现代化渔业建设，以绿色发展促进产业的转型升级与效益提升，取得了明显成效。

1. 生态林业建设提速

围绕绿色山东建设目标，加快推进全省荒山荒滩绿化、主要交通道路两侧的绿色通道建设、农田防护林体系建设，林木覆盖率不断提高，2020年全省省林木绿化率达到27%，比2012年提高6.32个百分点。截至2020年底，全省共有自然保护区78处，总面积1464.72万亩。济阳区、蒙阴县、东港区、惠民县被生态环境部命名为第四批国家生态文明建设示范市县，莱西市、峡山区、威海市华夏城被命名为"绿水青山就是金山银山"实践创新基地。鲁中南山地丘陵、鲁东低山丘陵、黄河三角洲、黄河沿线、大运河沿线、近岸海域生态修复重点区和鲁西南采煤塌陷地治理重点区七大生态修复重点区域列入省生态修复中长期规划。

2. 规模牧业发展提速

山东牢固树立大食物观，坚定扛牢大省责任，努力保障重要畜产品供应，肉蛋奶总产量多年来稳定在1500万吨，在现有消费水平下可满足1.5亿人消费需求。2021年，全省肉蛋奶产量达到1559万吨，畜牧业总产值2904亿元，创历史新高。

山东省不断加大畜牧业投入，扩大标准化规模化养殖，落实多项政策补贴，不断提高养殖户积极性，畜牧业生产得到长足发展。为提升畜牧生产水平，山东省构建了财政、金融、用地、环保等"一揽子"政策体系，健全政银担合作扶持机制，"十三五"以来累计落实省级以上财政资金102.3亿元，年均增长超过5%，引导支持畜禽养殖标准化、规模化、智能化发展。截至2020年底，全省畜禽规模养殖比重达到85.5%，比全国平均水平高15个百分点，创建国家级畜禽养殖标准化示范场492家，位居全国第一位。建立完善生猪产能逆周期调控机制，保持能繁母猪存栏285万头、规模猪场1.17万家的产能水平。畜禽屠宰、饲料、兽药、畜牧装备等配套产业全面发展，规模效益保持领先，畜牧一二三产业总规模超过万亿元。

全省畜产品不仅能够有效满足本省消费需求，还有近1/3外调，主要供应京津沪浙等市场，成为重要的畜牧业主产省份，为全国稳产保供大局贡献山东力量。

3. 现代渔业发展提速

近二十年，山东省大力发展远洋渔业，积极推进近海渔业资源的修复与增殖，加强淡水养殖的设施改造与升级，整体提高渔业生产能力，现代渔业得以快速发展，2020 年全省水产品总产量（不含远洋渔业产量）790.2 万吨，居全国首位，是建国初期的 70 多倍。其中，海水产品产量 679.5 万吨，淡水产品产量 110.7 万吨。

（四）农村改革不断深化，活力倍增

山东省在不断加大农业投入的基础上，认真贯彻城乡统筹发展战略，科学精准发放各项农业补贴，不断深化农村各项改革，农业发展活力得以明显增强。2020 年，全省一般公共预算安排农林水支出 1001 亿元，比上年预算增加 66 亿元，增长 7.06%。比 2012 年增加 328 亿元，增长 48.6%，年均增长 7.5%。

在调动地方政府抓粮积极性方面，一是持续安排资金对完成粮食播种任务的市给予奖励，真金白银实行正向激励。二是将粮食生产任务细化分解到市，层层压实责任，以目标倒推成绩，如山东建立了稳定发展粮食生产厅级领导帮包联系机制，关键农时赴各地督促指导粮食生产工作；各地党政主要负责同志把粮食生产列为"一把手"工程，将工作部署开到田间地头。

在调动农民种粮积极性方面，山东落实耕地地力保护补贴，农业生产救灾支持资金，种粮农民一次性补贴资金等每年合计都在 100 亿元以上，对落实稳产增产关键技术措施、缓解农资涨价影响、保护和调动农民种粮积极性等发挥了重要作用。除此之外，山东从 2018 年开始试点新型职业农民职称制度，目前新型职业农民职称评定工作已在山东全面展开。以最先试点的东营为例，"田秀才"、"土专家"正式成为新型职业农民，除了能拿到 3000~8000 元不等的一次性补助外，还可以优先享受多种国家技术资金扶持，优先享受国家规定的信贷、税收等方面的优惠政策，优先应聘到外地传授技术，开展有偿服务活动等，在调动农民种粮积极性的同时提升他们的获得感，也为山东乡村振兴提供强有力的人才支撑。

（五）农业科技支撑加强

1. 农业科技创新力度继续加大，农业技术推广体系进一步完善，加快职业农民培训，进一步增强农业科技支撑力度，全省机械化水平不断提高，农业生产增效明显。

山东省坚持创新驱动、科技引领，深入贯彻落实习近平总书记"为农业插上科技的翅膀"重要指示精神，加快推动农业科技创新和成果转化应用。通过持续加强农业科技创新力度，完善农业技术推广体系，加快职业农民培训，提高农业机械化水平等措施，进一步增强农业科技支撑力度。

坚持藏粮于技，山东出台种业振兴行动实施方案，开展农业育种技术攻关，狠抓良种和关键技术推广。种子是农业的"芯片"，是促进粮食增产的关键内因，要在有限耕地上多产粮、产好粮，种子是关键。山东省已经连续28年支持实施农业良种工程，2020年全省主要农作物良种覆盖率达到98%以上，良种对粮食增产的贡献率达到47%，粮食作物关键技术推广普及率达到80%以上，为稳定提升粮食产能、保障重要农产品供给奠定了坚实基础。

农业现代化，种子是基础。近年来，山东省持续深入实施农业良种工程，一大批具有知识产权的优质农作物品种的选育取得突破性进展，通过国家级和省级的农作物品种审定并加以推广，对保障国家和区域的粮食安全、促进农业增产和农民增收做出了重要贡献。山东省农科院实施"给农业插上科技的翅膀"腾飞行动、全国首个省级农业科技创新工程，开展包括主要农作物、畜禽、林木、蔬菜以及特色经济作物等方面的育种，"十三五"以来育成新品种500多个。"济麦22"曾创造我国冬小麦高产纪录，连续9年种植面积位居全国第一，至今已累计推广3.3亿亩，全国利用其为亲本育成的审定品种100多个，为全国小麦增产及新品种培育立下了功劳。"济麦44"是山东省农科院继"济麦22"之后，自主培育的超强筋小麦新品种，2022年以亩产801.72公斤的成绩刷新全国超强筋小麦单产纪录，有力解决了强筋小麦商品粮依靠进口的难题。

2. 农业机械化程度不断提高

山东农机装备结构持续优化。截至2021年底，全省农机总动力已达

1.07 亿千瓦，拖拉机 247.3 万台，台均动力 17.4 千瓦，比"十二五"末增长 17.6%，大中型拖拉机达到 48.2 万台。谷物联合收割机发展到 32.3 万台，增长 20%，自走高效化发展方向明显，自走式玉米联合收割机发展到 9.4 万台，增长 59%。花生收获机达到 5.2 万台，增长 33.4%。林牧渔、农产品初加工等各业农业机械装备水平不断提高。高新科技和新兴业态农机具出现爆发增长，谷物烘干机达到 3260 台，农用航空器达到 4633 台，分别增长 174.6% 和 1019.5%。

山东农机作业水平不断提高。2021 年全省农作物耕种收综合机械化率达到 89.7%，小麦、玉米两大粮食作物耕种收综合机械化率分别达到 99.6% 和 96.5%，花生、马铃薯耕种收综合机械化率分别达到 88.3% 和 78.3%。农机作业服务由传统种植业向林果业、畜牧业、渔业、农产品初加工业、设施农业等领域拓展，机械化率分别达到 33.8%、44.1%、32.9%、36.1%、37.3%。同时，山东农机服务主体发展壮大。

（六）农业"新六产"亮点纷呈

山东省依托农业产业的优势，不断延伸农业产业链条，加快一二三产业的融合发展，增加农民增收的环节和途径，产业融合水平新一步提高，农业产业由单纯的原料生产延伸至食品加工、冷链物流、市场营销、农业旅游等环节，农业产业一体化发展已经成为当前促进我省农民分享农业增值收益的重要途径。

1. 农业产业化组织加速成长

近年来，山东推进农村一二三产深度融合，加快构建现代农业产业体系，从农业大省向农业强省迈进。烟台苹果、寿光蔬菜等产业集群迈向千亿级。以龙大、得利斯、滨州中裕等为代表的一批农业产业化龙头企业，在"公司＋农户"基础上，带动发展农民合作社、家庭农场、专业大户等新型农业经营主体，把小农户与现代农业发展更加紧密地衔接起来，打造全产业链，实现一二三产业融合。截至 2022 年底，全省在市场监管部门注册登记的家庭农场达到 11.1 万家，农民合作社发展到 24.4 万户，年销售收入 500 万元以上的农业龙头企业达到 1.02 万家，农业社会化服务组织达到 12.2 万个，数量均居全国前列。

2. 农产品加工业增效明显

2016年，山东省在12个县（市、区）开始实施农产品初加工补助项目，打通农产品增值的第一关，形成了以农副食品加工业、食品制造业两大优势产业为主的农产品加工产业体系，食品加工内部结构也呈现多样化发展趋势，方便食品、快餐食品、休闲食品、营养保健食品等实现迅速发展。2020年，全省规模以上农产品加工企业营业收入1.55万亿元，其中农副食品加工业、食品制造业、酒饮料和精制茶制造业营业收入分别为6682亿元、1287亿元、566亿元；农产品加工业与农林牧渔业总产值比达到1.93∶1。年交易额过亿元的农产品批发市场131家，交易额达到2767亿元。网络化、标准化、规模化的冷链物流体系正在形成。

（七）农业"四新"建设成效初显

山东省充分挖掘农业发展新动能，移动互联、云计算、大数据和物联网加速融入农业生产，不断推动农业产业的裂变和升级换代。新技术新产业新业态新模式从无到有，聚沙成塔，集腋成裘，极大地推动了农业经济效益和社会效益的提高，促进了农民增收农业增效。

1. 智能设施农业高歌猛进

近年来，随着以5G、人工智能、物联网为代表的新一代信息技术的快速发展，产业数字化转型浪潮逐渐席卷到各行各业。其中，作为我国重要的基础民生产业，农业也开始不断与新兴科技技术结合，从传统的农业生产经营方式正在向信息化智能化转变，为农业产业的高质量发展注入了新的活力。在智慧农业背景的推动下，以信息化、数字化为核心的智能农机装备快速融入现代农业的发展进程，成为带动传统农业迈入智能时代的科技引擎。

如果说设施农业的出现改变了传统农业的种植方式，那么智能农机升级及与物联网等新兴科技的深度融合则无疑为农业披上新时代的"外衣"。从"汗滴禾下土"到"数字播种"，智能移栽机器人、智能分苗机、叶菜收获机等数字化装备不断在田间显露头角，伴随农业科技的跨越式发展，一场关于农机装备的"数字革命"正在田间地头展开。

智能化、数字化基因不仅已写进山东省农业发展的规划布局中，更是在推进农作物生产全程机械化的基础上，结合农业生产各环节发展需求，在智能农机、无人驾驶、无人车间等方面，加强卫星导航、移动互联等信息技术与农机装备技术融合发展，以智能化赋能农机机械化和人力资源替代方向转型升级，加速推进传统农业向精准智慧农业转变。

"十四五"期间，山东省通过政策上的引导，加快农业物联网设备、大数据、移动互联网、智能控制生产流水线、无人驾驶装备、农业机器人等数字化农机装备在园艺、畜禽、水产、田间管理等领域的推广应用。

2. 乡村旅游弯道超车

山东省不仅是农业生产大省，也是农业和乡村旅游发展大省，通过大力发展乡村旅游，助力打造乡村振兴齐鲁样板。积极推动乡村旅游规模化精品化发展，全力打造济南齐鲁八号风情路、淄博池上镇、蓬莱丘山山谷等30多个乡村旅游集群片区，安丘齐鲁酒地健康小镇、夏津德百小镇等20多个精品小镇建设。

通过乡村旅游发展专项资金扶持旅游精准扶贫，对400个旅游扶贫村进行统一规划，建立问题台账，从而达到精准施策、分类指导，大大提高了旅游扶贫的效率和效益。通过对100名旅游扶贫带头人开展乡村旅游电商经营培训，组织320名乡村旅游带头人境外考察交流，省内集中培训1000名乡村旅游带头人等措施，增强了乡村旅游发展的人力资源保障。截至2018年底，通过旅游扶贫的资金扶持和旅游业态的打造，全省规模化开展乡村旅游的村庄已经达到355多个，乡村旅游经营主体达到8.4万个，直接和间接吸纳就业人口达到52万人，全省乡村旅游接待游客突破5亿人次，实现旅游收入近三千亿元，占到全省旅游总收入的半壁江山。

3. 农村电商迅速发展

山东省农村电商蓬勃发展。2014年全省农村网络零售额超过60亿元，2016年达到400亿元规模，2017年达到541.9亿元，2018年实现813亿元，一年一个台阶。

山东省已有46个县与阿里签约农村淘宝项目，电商平台超过3000个，山东邮政充分利用线下网点渠道优势，搭建"买卖惠"农村电商平台，加强对生产厂家、经销商、零售商、种植户的物流服务，已扩展到了全省17

个地市 122 个县，发展零售商户 5.5 万家，基本实现行政村电商全覆盖。

4.农业品牌建设稳步推进

2016 年，山东率先在全国发布省级农产品区域整体品牌，推出了"齐鲁灵秀地、品牌农产品"山东农产品整体品牌形象，首批认定 11 个区域公用品牌、100 个企业品牌和 20 家品牌产品专营体验店。寿光蔬菜、烟台苹果、金乡大蒜、章丘大葱、沾化冬枣、莱阳黄梨、青州银瓜、乐陵小枣、潍县萝卜、平阴玫瑰、菏泽牡丹、日照绿茶、德州扒鸡及文登西洋参、乳山牡蛎、蒙阴蜜桃、夏津椹果等农产品品牌得到进一步强化提升。规划到 2025 年，山东省将打造知名农产品区域公用品牌 100 个，知名企业产品品牌 500 个，农产品"三品一标"认证数量超过 10000 个。

（八）生态农业焕发生机

山东省通过大力发展资源节约型农业、绿色循环农业，着力推进农业产业的资源投入的减量化、生产环节的生态化建设。拓展农业生态旅游，普及沼气等清洁能源，通过秸秆还田、增施农家肥等措施提高耕地质量，补足农业资源环境紧张的农业发展短板，深挖农业生态系统内容的发展潜力，推进全省农业产业的绿色发展。

1.农业减量化技术日渐成熟

2008~2012 年山东省化肥施用量就实现了零增长：2013~2016 年全省化肥使用量连续 4 年下降，由 2013 年的 472.7 万吨下降到 2016 年的 456.5 万吨，年均下降 4.1 万吨。2016 全省农药和地膜的使用量分别比 2012 年减少 1.4 万吨和 2.0 万吨，大大减少了农产品和农业生产环境的农药残留和农田生态系统的农膜残留污染，逐步向绿色生态农业的方向迈进。全省推广配方施肥超过 5000 万亩，农作物病虫害绿色防控面积达到 4500 万亩，水肥一体化面积超过 130 万亩，高效节水灌溉面积超过 3400 万亩，全省农业生产连续 14 年实现增产增收不增水，大大提高了农业生产资料和自然资源的利用效率，降低了农业生产成本，农业生产的经济效益。

2018 年实施"四减四增"三年行动方案，力保全省化肥使用量继续实现负增长。2020 年全省化肥使用量进一步减少至 380 万吨，比 2015 年减少近五分之一。通过全省耕地面积全覆盖采集土壤样本，规范测土，配方施肥，减少化肥的使用量。在优势农作物苹果、设施蔬菜、茶叶等种植区域开展有机肥替代化肥行动，通过增施有机肥，提高土壤肥力和化肥的利用率，提高农作物产品品质，实现减量增收。在水果、蔬菜乃至大田作物引进滴灌等设施，推广水肥一体化示范推广，提高水肥利用率，节约劳动成本。通过大力宣传推广缓控释肥、实施种肥同播等农艺措施，实现减肥增产增效。实施绿色种养结合项目的实施与推广，实现畜牧业粪便还田，既解决了畜牧业的环境污染问题，又实现了废物利用，增加了农田土壤肥力，减少了化肥的使用量，实现绿色种养循环的可持续发展。

2. 循环农业渐成气候

党的十八大以来，山东省财政共投入 3.5 亿元，用于全省生态农业示范县建设，通过政策引领和资金扶持，共建设规模以上生态循环农业示范基地 8300 个，生态农业示范面积超过 1000 万亩。山东省年均农作物秸秆超过 7000 万吨，通过秸秆还田、秸秆用作畜牧业饲料、秸秆用作造纸等工业原料等措施，山东省农作物秸秆的综合利用率达到 87%，比全国平均水平高 7 个百分点。

从总体看，山东省农业从改革开放以来，农业生产取得很大成绩，不论是粮食产量还是农业产值均连续上了几个台阶，农业生产基础和产业发展活力得到很大提升，特别是党的十八大以来，在农业高质量发展方面又迈出新的步伐，取得了很多全国第一的成就，进一步巩固了山东省作为全国第一农业大省的地位，全省粮食产量稳步提升，水果蔬菜畜牧水产等农业生产优势领域领跑趋势更加明显，农业农村发展新动能不断发展壮大，为我省乃至全国国民经济的平稳运行和高质量发展做出了突出贡献，也为今后经济的健康发展和乡村振兴奠定了良好的基础。

三、山东省丰富的农业文化遗产资源

农业文化遗产有广义的和狭义的之分，广义的农业是指人类历史上遗留下来的一切农业生产经验和农业生活经验。狭义的农业文化遗产是指人类与其所处环境长期协同发展中创造并传承的独特农业生产系统。

本书从狭义的农业文化遗产来讨论山东农业文化遗产的多样性，是因为狭义的农业文化遗产种植系统代表了山东省农业特产的精华、也是现在山东农业生产中被大量应用和实践的内容，每年有着大量的农产品产出，是山东农业生产的优势项目，山东农产品出口的大多数都来自农业遗产系统相关的产品。

截至 2022 年底，山东省共有 1 个全球重要农业文化遗产、6 个国家级重要农业文化遗产、18 个省级农业文化遗产。

（一）山东夏津黄河故道古桑树群系统（全球重要农业文化遗产）

该系统是以夏津黄河故道沙质盐碱土壤土栽培古桑树为主的生态保护与生计增收保障并重的可持续发展的农业生态系统模式，是我国农桑文化和以桑治沙的典型代表，2018 年被联合国粮农组织认定为"全球重要农业文化遗产"，是山东省第一个也是目前唯一一个联合国世界粮农组织认证的全球重要农业文化遗产。其主要特点：

1. 历史价值：公元前 602 年黄河第一次大迁徙，黄河改道形成黄河故道，夏津境内留下了 30 多万亩狭长荒芜狭长的沙滩地，千百年前这里"地半沙滩、不宜稼禾"，土壤风蚀、水蚀严重，自然灾害非常严重，当地百姓因地制宜，栽桑治沙，创造性地走出了一条农桑结合的生态农业发展模式，最多的时期桑树面积达到 8 万亩，至今仍保留的古桑树面积达到 6000 余亩，百年以上古桑树达到 2 万余株，是我国现存规模最大、树龄最老的桑树群。

2. 农耕种植技术：系统桑树采用传统种子育苗的栽培方式与现代扦插、嫁接繁殖技术相结合，使桑树栽培技术得以传承和发展，夏津人探索出一套符合当地实际而且非常行之有效的桑树"种植经"，用土炕坯围树，增加土壤肥力，畜肥穴施，提高农家肥利用效率，犁伐晒土，改良土壤结构等施肥管理；用多种温带落叶果树混交成林、油渣刷或塑料薄膜缠树干等防治虫害；采用"抻包晃枝法"采收，保障桑葚果的完整与清洁等技术措施，确保了桑产业持续健康发展。农业生产系统与自然环境相得益彰，形成农林牧有机结合的特有的桑农文化。

3. 生态价值及生物多样性：桑树生命力强，根系发达，耐瘠薄、耐盐碱，具有强大的防风固沙保土功能。拥有大紫甜、白子母等十余个品种，种质资源几乎涵盖了目前国内所有品种，除了桑树外，夏津还盛产各种温带水果，包括梨树、山楂树、杏树、桃树、枣树、柿子树等等，形成了丰富的果树品种资源，该系统内现存百年以上的古梨树、古杏树、古山楂树、古柿子树多达 1 万余株。该系统地貌类型比较复杂，生态系统类型多样，古桑树生长旺盛，生态环境良好，环境遗产地共有野生脊椎动物 60 种、各种鸟类 42 种、爬行动物 6 种、两栖动物 5 种在此繁衍生息，其中白头鹎、雀、鹰等多种珍禽为国家二类保护动物。林间现有粮食作物有 5 种，经济作物达到 38 种，与其他温带落叶果树、农作物和家畜进行复合经营，保证了治沙的可持续性和人类的繁衍生息。

4. 文化价值：黄河故道古桑树群农业生态系统很好地体现了中国古代"天人合一"的哲学思想，人们的衣食住行都融入了桑树文化的元素和特征，形成了独具特色的乡村记忆与代际传承，是中华农耕文明的集大成者。农桑文化的兴盛，形成独特的夏津鼓文化、剪纸、夏津小调、高跷、雕塑、马堤吹腔等民间艺术。

桑文化是历代诗词歌赋的对象。既承载了中国传统的蚕桑文化，又融合了黄河文化、寿文化和孝文化。千百年来当地百姓一直就有敬树、爱树、护树的传统。至今仍流传着玉皇大帝巡查植桑、爱情树、老子皮等故事和传说。

5. 产业价值：桑农立国是中国五千年文明的重要特征之一，栽桑养蚕投资小见效快，劳动力吸纳能力强，尽管受现代工业的冲击，随着人们对蚕丝产品优越性能的认识越来越深刻，蚕丝制品作为高端的消费品，空间非常大，也必将为夏津县桑蚕产业的复兴提供了良好的契机。目前夏津古桑树群农业生态系统的产业发展主要表现为五个方面：鲜果生产，夏津现在每年生产桑果 12000 余吨，百分之六十销往北京、济南、石家庄、青岛等周边大城市，少量鲜果通过空运的方式销往珠三角及东北地区的沈阳和哈尔滨等大城市。除了鲜果生产，夏津每年还生产桑葚干 1500 吨左右，折合鲜果也有 10000 吨以上，干果主要作为药材销往河北安国、安徽亳州等大型药材市场。桑葚果不耐贮藏，通过鲜果加工可以生产果酒、果汁等产品，夏津每年鲜果加工量在一万吨以上，桑叶蛋白质及各种氨基酸含量丰富，是制茶的好原料，近几年随着保健意识的兴起，桑叶茶也逐步在茶叶市场展露头角。发展休闲旅游观光是延长桑产业链，提高农民收益的重要措施，通过桑果采摘、休闲观光、桑科技普及等发展乡村旅游是夏津桑蚕业今后重要的发展方向。

6. 景观价值：夏津黄河故道森林公园该景区先后被评为国家 AAAA 级旅游景区、国际生态安全旅游示范基地、国家级水利风景区、国家级森林公园、全国休闲农业与乡村旅游示范点，入选"黄河文明"国家旅游线路。森林公园内百年以上古树有三万多棵，被称为"中国北方落叶果树博物馆"，其中以古树资源最为独特，种类繁多，资源特色明显。古桑树平均树高近 7 米，树冠延展近 8 米，古桑树平均胸径达到 70 厘米，林下植被稀疏，地面三季有苔藓植物，秋后林下多有各种蘑菇。古桑树群落春季迎风吐绿、夏季枝繁叶茂、秋季遍洒金黄、冬季霜之傲雪，不同季节展现出不同的风韵，让人流连忘返、沉醉其中。佛手桑、帝王树、四大天王、仙女林、双龙戏珠、卧龙树、母子古桑、神龙摆尾等古桑树更是承载着一个个故事与传说，而更加显得有灵性。桑树群落与其他温带果树的混交栽培，既提高了生态系统的稳定性和多样性，又让旅游观光的人多了一种新的选择。作为黄泛区平原地区，夏津县桑树与绿豆、辣椒、地瓜、花生等的间作套种非常普遍，大大提高了农林生态系统的生产能力，给人民提供了丰富的农产品的同时，又让人感动于大自然的勃勃生机和劳动人民的智慧。黄河故道沙丘广布，微地貌多有起伏，在一马平川的平原之中也多了一些变化，遍布沙丘的桑树、梨树、桃树、苹果树、山楂树、柿子树、杨树、香椿树、榆树、槐树等延绵十公里，绵延起伏，称得上"沙山叠翠"。

7. 民俗节庆：夏津已成功连续多年举办 15 届椹果文化采摘节，接待国内外游客 200 万人次。

8. 濒危性：随着农业机械化、化学化等的发展，传统的黄河故道桑果栽培技术，在生产效率、生产效益等方面显得比较落后。城镇化的发展，使得年轻人有更好的工作选择机会，愿意从事桑产业的年轻人也在逐步减少。旅游业等的发展，也使部分古树群惨遭破坏，古桑树群生态系统急需保护。

9. 政府积极性：当地政府设立黄河故道森林公园管理委员会，对古桑树进行集中有效管理，政府开展古树资源普查、GPS 定位挂牌保护、古树复壮等措施，加强公众生态科普教育。2014 年 7 月，夏津县政府举办夏津黄河故道古桑树群农业文化遗产保护与发展研讨会，邀请中国科学院李文华院士、闵庆文研究员、山东农业大学束怀瑞院士、西南农业大学桑蚕学泰斗向仲怀院士等 500 余名专家，齐聚夏津黄河故道旅游区，就古桑树群的开发与保护集聚智慧和力量，共商夏津桑产业发展的未来，有效推动了古桑树群的保护、利用与开发。

（二）山东章丘大葱栽培系统（国家级重要农业文化遗产）

山东章丘大葱栽培系统是以传统的深沟培土为特色的大葱栽培系统，该系统充分利用当地优越的自然资源条件，生产出长、高、脆、甜的优质大葱，具有 2700 多年的历史，现在更是作为国家级农业文化遗产和国家级地理标志产品誉满中外，章丘大葱曾是毛主席送给斯大林的生日礼物，现在也是北京全聚德烤鸭的定制用葱。遗产地位于山东省济南市章丘区、核心保护区是绣惠街道办事处，目前有女郎山千亩精品示范区、万亩标准化示范种植基地。章丘区全年大葱种植面积在 12 万亩左右。章丘大葱种植系统充分利用当地的温带季风气候资源、疏松富硒的土壤土地资源、干净清洁的泉水资源、稳定优良的大葱品种资源，形成了环境利用、生态保护和经济效益最大化的农产品种植系统。其主要特点：

1. 生态价值：章丘大葱秋季育苗，夏季移栽，秋季收获，总生长期高达 13 个月，同时大葱与小麦等农作物间作、轮作等种植方式，也是充分利用了当地的土地光热资源，提高了农业生态系统的生产效率和效益，一定程度上还克服了重茬栽培的危害。章丘地区秋季气温温差比较大、土壤资源多疏松富硒的油饼石等有利于大葱的养分积累与弱根系的生长发育，再加上章丘丰富的泉水资源，形成了延续几千年的高生态效率和高产出的大葱栽培系统。

2. 生物多样性：独特的地方品种。经过多年的努力，选育出了两大特色地方品种——"大梧桐"和"气煞风"。当家品种"大梧桐"因植株高大，直立魁伟，状似梧桐树，故名"大梧桐"，人们赞之为"葱王"、"世界上最大的葱"。"大梧桐"质地充实细致、纤维较少、汁多、脆嫩甘美，品质优良，嚼之无丝，是章丘大葱的代表品种。"气煞风"因植株粗壮，大风也奈何不了它，故名"气煞风"。"气煞风"品质上乘，略有辛辣。

章丘区形成了1000亩的良种繁育基地，建立了拥有39个新品种的大葱种质资源库，保护了当地重要的大葱品种种质资源。2011年11月，"大梧桐"搭载"神舟八号"飞船遨游太空17天，进行空间诱变育种和筛选试验，以期育出品质更加优良的大葱品种。大葱和小麦等农作物的轮作种植，极大地改善了当地的土壤结构，重塑了当地原生的生态系统，形成了更加高产高效的农业生态系统，土壤生物的品类变得更为丰富多彩。

3.历史文化与民俗节庆：章丘大葱栽培历史悠久。章丘大葱的原始品种于公元前681年由中国西北传入齐鲁大地，已有三千多年的历史。在元代，女郎山西麓一带大葱栽培已很普遍，到明代已经名扬全国，并成为朝廷贡品，1552年被明世宗御封为"葱中之王"。章丘大葱经过劳动人民长期的种植培育，形成了适合当地气候土壤的大葱种质资源，本身就具有很高的科研价值和经济价值。

章丘大葱有特殊的香味和辛辣味：常食大葱，不但能增进食欲，并有一定医疗效果。葱白肥大、细嫩，于淡辣中略带清甜，耐久藏。生吃、凉拌最佳，炒食、调味、配锅亦好，堪称葱中珍品。为山东人最喜爱的常备蔬菜之一。大葱蘸酱就面饼，是地道的山东风味，尤为广大群众所喜食。大葱又是某些山东名菜的主要作料；烤鸭、红烧肘子、油炸大肠等，都以大葱调味；葱烧海参、葱烧蹄筋、葱烧肉、葱扒鱼唇等名菜，则以章丘大葱为主料；还有葱油泥、葱椒泥、葱油、葱椒绍酒等用葱制成的调味品。人们常说，"如言山东菜，菜菜不离葱"。大葱是鲁菜乃至中国菜的灵魂之一。

4.农耕种植技术：系统采用深沟培土栽培模式，大葱秋季育苗、夏季栽培、秋季收获，生长期高达13个月，章丘大葱忌连作，一般需要间隔两年种植一次，大葱一般和小麦轮作的方式形成一年两作的栽培模式。

5.景观价值：章丘大葱整株高度可以超过2.5米，地上部分也在一米以上，"梧桐葱"、"气煞风"等威武霸气的名字在秋季的章丘大地上，镶嵌在山水间，本身就是一道亮丽的风景线，章丘地区丰富的自然植被和农田生态农业系统相间分布，丘陵山地有针叶林、落叶林等树种，亦有板栗、山楂、核桃、柿子、枣树、杏树、梨树、苹果、樱桃等温带果树资源和景观，农田有谷子、大豆、花生、甘薯、玉米、小麦等农作物种植，大葱种植和其他农作物种植镶嵌分布，形成丰富多彩的农田景观。大葱种植景观从秋季育苗、春季管理、初夏移栽、夏秋管理方式也不同、秋季收获等，呈现出不同的农田景观变化。

6. 产业价值：章丘大葱种植总面积达到 12 万亩，年产量达到 6 亿公斤，实现年产值 7 亿多元，从业人员 10 万人以上，章丘大葱品牌价值达 52.9 亿元，成为拉动区域经济发展、带动农民增收致富的支柱产业。品牌打造，强化产业心理认同近年来章丘突出品牌化运作，多措并举，通过申请各类商标专利、举办农事节庆活动、与各大平台联合推介等方式，提升章丘大葱知名度与影响力。1999 年，章丘区成功申请了"章丘大葱"地理标志证明商标，2009 年，"章丘大葱"被认定为中国驰名商标，2019 年成功申请包括葱小白、葱小玉等在内的商标 20 项，并获三项外观设计专利，为章丘大葱的品牌建设提供了有力的保障。连年举办大葱节，进行大葱质量、种植规模、市场销售等评选和宣传推介活动，在提高大葱品牌价值的同时，提升葱农的品牌意识和质量意识，引领大葱行业健康发展。并与上海"菜管家"、北京全聚德、中国网库等大型企业签订了战略合作协议，为章丘大葱销售打开销路，助力遗产保护区广大葱农增收致富，加强章丘大葱品牌推介。

7. 濒危性：章丘大葱种植近年来受到国外特别是日本钢葱等杂交葱种的冲击比较大，一些国内外的杂交葱种，生长期相对比较短，产量甚至比章丘大葱产量更高，栽培技术相对简单，栽培成本更加低廉等使得传统的章丘大葱栽培系统受到一定的冲击，因此要加强章丘大葱优质种质资源的保护和优质农产品品牌的宣传，使传统的章丘大葱更加焕发生机。

8. 政府积极性：当地政府一直比较重视章丘大葱的品种资源的保护工作，建立了大葱种植资源保护区和核心育种区，通过提纯复壮，延续章丘大葱的优良品种特性，同时注重引进国内外的优良大葱品种资源，以及通过航天育种等方式，对章丘大葱进行品种改良的尝试。政府连续二十年举办章丘大葱文化旅游节，促使一二三产业的融合发展，加强章丘大葱的品牌推广与认证工作。章丘大葱栽培系统入选中国农业遗产目录前后，政府加强了有关章丘大葱农业文化遗产的普查、宣传、申报、管理、保护等方面的工作，有利于章丘大葱栽培系统的可持续发展。

（三）山东乐陵枣林复合系统（国家级重要农业文化遗产）

山东乐陵枣林复合系统，是以大片千年以上树龄的古枣树为特色的林粮复合栽培系统，遗产地位于山东省鲁西北平原的乐陵市，该系统总面积高达50万亩，中心产区10万亩，是全球最大的枣粮复合栽培系统。乐陵小枣栽培始于商周，兴于魏晋，盛于明清，已有三千多年的栽培历史。该系统保留传统的枣树和粮食作物的间作栽培方式，实行枣林免耕覆盖，施用有机肥和农家肥，枣粮立体间作，最大限度利用气候土地资源，并于其他树种、农作物、家禽共同组成了一个良性循环、生态高效的农业生态系统。该系统主要有以下特点：

1. 生态价值：鲁西北平原多盐碱地，适合枣树生长。枣树作为中国原产树种，在山东享有"君子树"的美名，枣树结果早、生长比较慢、根系不发达并且根系扎的不远也不深，因此枣树生长不霸占底盘，树冠比较矮小，树枝比较稀疏，树冠对地面的遮挡比较少，树冠不争天；树叶发芽比较迟，春天枣树发芽比当地其他树种要晚一个月左右，落叶比较早，秋天枣树落叶又比其他树种早落叶一个月左右，因此叶不争春，对林下粮食作物的生长影响很小，正是枣树的这些优点，才使得大面积的枣粮间作得以进行。枣树在盐碱地立足的同时，春季还起到防风固沙的作用，对林下农作物有着比较好的保护作用。乐陵枣粮间作形成了枣不与粮争地，而且二者生态位互不干扰，形成了稳定高效率的生态种植模式，促进盐碱地的高效利用，对改良盐碱地、防风固沙、熟化土壤、增加土壤有机质含量、改良土壤结构、减少土壤风化侵蚀和水土流失、改善农田小环境等都有非常重要的意义，同时在农田固碳、释放氧气、美化环境都有很好的效果。枣树同时兼具耐旱、耐涝和耐盐碱的特点，使旱涝无常的大片土地得以经济利用，为黄河故道农区提供经济生计的保障，同时使沙荒弃地有了植被覆盖，保护了黄河故道的生态环境。

2.生物多样性：作为中国固有的特产果树品种，枣树的生物多样性在中国还是很丰富的，我国人民通过长期的驯化栽培，更是培育了很多的优良品种，乐陵小枣即是其中的佼佼者。《齐民要术》中记载我国古代劳动人民"常选好味者，留栽之"，在《尔雅》中记载的枣树品种就有11个，元代柳贯所著的《打枣谱》中记载有73个枣树品种，我国各古籍中记载的枣树品种，不计重复也达到109中。近代以来，枣树家族的种类更是迅速扩大，2009年河北农业大学刘孟军教授主编、中国林业出版社出版的《中国枣树种质资源》中记载，我国已经发现和记载的枣树品种类型近1000多个。国家枣树良种基地以山东省果树研究所为技术支撑单位，建设总面积110亩，枣树品种多达500多个，为枣产业可持续发展提供了强有力的支撑。经枣园多年种植，土壤质量提升以后，乐陵遗产地枣农都会进行枣园林下经济开发，间作小麦、红薯、马铃薯等作物，此外还种植瓜类、蔬菜等作物，有的地方放养枣园鸡，既增加了经济收入，又增加了整个枣林农田生态系统的生物多样性。

3.历史文化与民俗节庆：乐陵人敬树、爱树、护树已成传统。风俗习惯中包含枣树文化元素，枣树文化蕴含在食文化、养生文化、药文化、生态文化等多种文化中。在乐陵，有关乐陵金丝小枣的传说就有20余篇，这些传说从各个不同的侧面，记述了乐陵金丝小枣的起源、发展、栽培、加工、医用保健价值，是展现金丝小枣风采、研究金丝小枣价值的宝贵资料。它反映了乐陵人民早期的生活状态及金丝小枣的某些特殊特征。如今每年一次的中国乐陵金丝小枣文化旅游节，已发展成为国家级节庆项目，每年九月的丰收季节，人民从四面八方汇聚乐陵，品金丝枣、游百枣园、尝百枣宴、观看历史悠久的开杆打枣仪式，零距离感受嫦娥故里的红枣文化。枣乡非物质文化遗产《鼓子秧歌》、男子群舞《神仙醉》反映了枣乡人民敬天、敬地、敬枣树，乐陵市用传统的敬酒礼仪感谢天赐佳果，期盼来年丰收的景象。

4.农耕种植技术：千百年来，乐陵人民在实践中摸索出一套科学有效的枣林间作生产方法，饱含中国农民智慧。枣农在枣园收获后，会在枣树根部覆盖秸秆枯草，并在草垫上加盖土层。此举既有保水、保温、防风的效果，也有增加枣园土壤有机质含量，改变土壤沙化贫瘠状况，防止冬春季节枣园水分过多蒸发、防止土壤盐碱化等综合作用。科学实验证明，土壤碱解氮、速效钾和速效磷含量增加，提升枣树养分的有效供应。

5. 景观价值：经过乐陵人民的长期改造，昔日的沙荒盐碱地，现在变成了百万亩枣粮间作的高效率的生态农业示范区。冬春季节，百万亩乐陵小枣傲雪迎霜，一株株枣树像一个个英勇的战士，守护者他脚下的土地，使风沙施虐的鲁西北平原免受风沙侵蚀之害，清风迎入小满，枣花盛放枝头，每年5月份的乐陵千年古树枣芽茶开采仪式也是一道亮丽的风景线；六月鲜荷连水碧，千家小枣射云红，是夏季乐陵如诗画境的真实写照；每到秋季，林深不见人，处处打枣声，处处洋溢着丰收的快乐，万亩枣林，宛如绿海仙境。乐陵市以千年枣林独特自然风光为依托，以枣文化为核心，以枣林生态游乐、枣林文化体验、枣乡民俗观赏、枣园保健休闲度假为主，打造中国枣林旅游基地。

6. 产业价值：从原始的充饥之食，到古代的医疗药用，从当今的健康养生，再到未来的有机枣粮，小枣蕴藏大能量，其综合价值必将得到更大开发。乐陵以30万亩千年枣林为依托，突出农业生产、生态旅游、文化传承等功能，形成林、果、农相互依存的稳定生态系统。据统计，当地有小枣品种596个，以金丝小枣、无核小枣为主，年产干果1.8亿斤，产值33.2亿元。乐陵金丝小枣的好品质源于它核小皮薄，肉质细腻。掰开半干的小枣，可以清晰地看到果肉之间的缕缕金丝，在阳光下闪闪发光，"金丝小枣"也因此而得名。乐陵金丝小枣，山东省乐陵市特产，已入选中国国家地理标志产品。

7. 濒危性：我国枣产业近二十年有巨大的发展，特别是西北干旱地区，以新疆塔克拉玛干沙漠周边为代表，兴起了上千万亩的枣树种植，一定程度上造成了枣产品的过剩局面，尤其是干枣的价格，很长一段时间比较萎靡，使得乐陵枣产业发展一度进入低谷。再加上乐陵靠近北京、天津等地，不少人常年外出打工，留在家里的多是老人、妇女和儿童，根本管不了枣树。由于市场、天气等原因，前几年乐陵小枣卖不上好价钱，好多人家干脆把枣树撂荒了，部分古树遭到砍伐，至今乐陵枣产业仍然面临着产业振兴的课题。

8.政府积极性：乐陵金丝小枣节的举办始于 1989 年 9 月，当时的乐陵市委、市政府为提升乐陵形象，扩大乐陵知名度，推动乐陵经济发展，便利用金丝小枣这一独特资源，本着"以枣为媒，广招客商，文化搭台，经贸唱戏"的原则，创新性地举办了以弘扬枣乡文化为主要内容的第一届中国乐陵金丝小枣节，节会期间，组织了各种各样的民间文化活动和文艺演出，邀请了众多文化界名人来乐陵采风，许多著名艺术家来到乐陵登台献艺，在当时引起巨大反响。此后，举办金丝小枣节成为乐陵的惯例，每年 9 月小枣成熟时节举办一届。小枣节的规模越办越大、内涵越办越丰富、影响力也越来越深远。政府还在枣品种资源的保护和选育，土地流转和公司运作，枣产业可持续发展，枣农业文化遗产的保护与开发等方面做了很多卓有成效的工作。

（四）山东枣庄古枣林（国家级重要农业文化遗产）

山东枣庄古枣林是以长红枣古枣树为特色的栽培系统。遗产地位于山东省枣庄市山亭区店子镇，保护区总面积 6 万多亩，核心区古枣林 8000 余亩。长红枣栽培起源于北魏、盛行于唐，是我国保留最完整的长红枣古枣林。山东枣庄古枣树林是全国重点文物保护单位，是"活生态的文物"。山东枣庄，因枣而得名。枣庄的枣，主要分布在山亭区店子镇。该镇是全国唯一相对集中、产量最大、生态环境最好的长红枣生产基地，被中国经济林协会授予"中国长红枣名镇"称号。2015 年被列为第三批中国重要农业文化遗产。其主要特点：

1.生态价值：枣庄传统的栽培方式是在山地、四旁的零星栽植枣树，枣粮、枣林间作。这种方式对生物资源和水土保持起到积极作用。枣树不与粮争地、不与菜争田，充分利用村头、路边、田间地头、荒山等闲置土地资源，即使粗放管理，也能够获得非常可观的产量，最大限度地提高了土地资源的利用率。

2.生物多样性：枣树与其他温带果树混作，形成了不同群落的温带果树种植方式，增加了温带季风气候区的林木生物多样性。枣树的种植还可以增加鸟类、蜂类、地下生物等多种生物的多样性。对增加土壤有机质、蓄水保墒、熟化土壤、减少土壤的风化侵蚀和水土流失，发挥其水土保持功能，都有着重要的作用。另外，枣林还可以净化空气、固定碳素、释放氧气等功能。

3. 历史文化与民俗节庆：枣庄古枣林核心区面积8000亩，总面积约6万亩，占店子镇总面积的78%，17个行政村皆有枣树种植，是名副其实的长红枣专业镇。500年以上枣树1168棵，1000年以上的枣树372棵，1200年树龄的"唐枣树""枣树王""枣皇后"10余棵，且尚能结果，是山东现存规模最大、保存最完整的古枣林。店子镇长红枣悠久的栽培历史，形成了独特的耕作文化，也造就了浓厚的枣文化习俗与传说。长红枣自古是这里传统祭拜供奉所用的果品，是进献朝廷的贡品，也是当地群众逢年过节、吉日喜庆的吉祥礼物。

当地与枣相关的民俗也有不少。宋朝时期，当地人就有以枣作为男女订婚信物的习俗，在结婚典礼时，将枣、花生向新娘身上抛撒，取其谐音，以示"早立子"或"早生子"。

4. 农耕种植技术：作为我国当地的固有果树品种，枣树是非常容易成活非常容易栽培的温带果树，而且结果早，有着"桃三杏四梨五年、枣树当年就换钱"农谚，枣树扦插种植极易成活，而且能够完美的保留母树的优良品质，另外枣树自然繁殖也非常容易，每年的根部都会生长出大量的幼苗，也是枣树扩繁的好手段，此外，利用我国丰富的野生酸枣资源，利用优质枣树的接穗在春夏两季进行枣树嫁接繁殖，也是很多地区采用的种植技术。枣树管理起来也非常简单，在山东省温带季风气候的条件下，基本不用浇水，甚至不用施肥就可以获得比较可观的产量，真可谓是投入小、见效快的农作物品种，这才有了枣庄山亭区店子镇广大山区山间、路旁等都有大量枣树分布的景象，因此也就拥有大面积的优质枣园、丘陵枣林、路侧枣网、围山枣带。

5. 景观价值：当地拥有大面积的优质枣园、丘陵枣林、路侧枣网、围山枣带。建设长红枣文化博览中心、枣园标志性大门、枣花仙子雕像、百枣园、剪山胜境等景点100余处，新发掘枣树王、枣王后、观音手、剪子石、枣竹林等自然生态景点200余处，形成了"春有枣枝似虬龙，夏有枣花沁脾香，秋有枣果似玛瑙，冬有枣林韵无穷"的四季独特景象。"七月核桃八月梨，九月小枣上满集。"初夏时节，枣树林在碧海绿波中绽放无数淡黄色的枣花，芳香四溢；每到秋季，颗颗长红枣如珍珠玛瑙般压满枝头，又似红色的锦缎铺满岭坡。

6. 产业价值：近年来当地政府加快了山东枣庄古枣林的综合开发力度，立足长红枣特色果业，科学实施万亩长红枣全国农业旅游示范点和国家长红枣农业标准化示范基地建设，从规模化种植、标准化生产、产业化开发以及休闲观光等方面加快长红枣产业建设步伐。特别重视挖掘历史文化，传承文化遗产，提升山东枣庄古枣林知名度，使长红枣成为遗产地村民赖以生存的支柱产业。

加强与中国农科院郑州果树所、山东省果树研究所等建立紧密的协作关系，合作开展古树保护、技术推广、产品研发和技术攻关。制定了《长红枣标准化生产技术操作规程》，大力推行枣树有机栽培、配方施肥施药、有机食品生产等新技术。研发培育出了长红枣 1~13 号、梨枣、灰枣、脆枣、躺枣等 126 个新型品种，枣树品种得到有效改良。不断延伸长红枣产业链条，新上枣煎饼、枣糕、枣干、枣酒、枣树根雕、枣树盆景等产品，丰富了枣产业的内涵。

店子镇立足资源优势，坚持以农业增效、农民增收为目标，以龙头企业和基地建设为重点，以区域化布局、规模化发展、标准化管理、社会化服务为主要内容，大力发展长红枣主导产业，取得了良好的经济效益。累计投资 2870 万元，配套水利工程 46 处，采取"统一规划布局、统一供应苗木、统一栽培方式、统一技术指导、统一跟踪服务"等六统一的方式，并出台了以奖代补的激励政策，对按标准完成长红枣种植 300 亩以上的单位或个人，每亩给予 300 元补助奖励，促进了长红枣基地的发展壮大。

成立了长红枣产业研究与发展协会、枣庄市长红枣专业种植合作社、枣店香大红枣种植专业合作社、枣庄市长红枣产业协会等农民专业合作组织。枣店香大红枣种植专业合作社先后被中华全国供销合作总社、农业农村部等 9 部委评为国家农民合作社示范社、全国农民合作社加工示范单位。合作社形成了"公司＋专业合作社＋基地＋农户＋超市"的生产经营模式。

成立了电商服务中心，线上拥有山东一品枣香电子商务公司、山东供销京东网上商城、1号店、邮乐网、买卖惠、小农丁及淘宝店铺一品枣香特产等7家店铺，年销售额达5000余万元，带动枣花蜜、枣煎饼、枣糕、枣粉、枣酒等大枣特色产品发展壮大。

7. 濒危性：由于我国近年来枣树种植面积的扩大，出现了枣产品过剩的现象，鲜枣和干枣价格均比较低迷，使得枣产业发展有所停滞，长红枣等传统果树品种缺乏重视保护与深度挖掘，欠缺品牌效应，部分古树遭到破坏甚至砍伐，周边环境遭到不同程度的破坏，枣林生态系统的稳定性和多样性急需保护。

8. 政府积极性：政府专门成立保护委员会，编制保护规划，设立古枣树保护基金，邀请有关专家对保护区内的千年古枣树"体检"，实行一树一策一责任人，加大古枣林农业文化遗产宣传力度，争取广大枣农对古枣树保护的认可和支持。

（五）山东泰安汶阳田农作系统（国家级重要农业文化遗产）

山东泰安汶阳田农作系统，是以北方传统大平原农业为特色的农业文化系统。遗产地范围为大汶口镇全镇，重点保护区包括申西村、柏子村、东大吴村等6个行政村，耕地面积21365亩。汶阳田地形平坦，土壤肥沃，水源充足，自古就是膏腴之地，粮食产量高，自然灾害少。大汶口文化遗址在该地区被发现，证明了其悠久的农耕文明历史。

大汶口文化遗址的发掘，反映了汶阳田在距今6500-4500年前就有人类从事渔猎、种植、养殖等原始农业活动，是人类农耕文明发展的标志性时期。

1. 生态价值：汶阳田土壤肥沃，热量条件不能完全保证农作物一年两季生长条件。为实现一年两熟，当地农民采用间作套种模式以延长作物的生长期。如小麦与玉米、小麦与花生、玉米与瓜类等间作套种。

汶阳田采用种植与养殖相结合的循环农业模式，保持了农业生物多样性，降低病虫害的发生。通过废物资源化利用的循环模式，保证了村庄环境卫生和汶阳田肥力持久不衰。

2. 生物多样性：汶阳田地区种植有大量的当地传统品种。泰安黄芽白菜、红心萝卜、鸡嘴粟等传统品种，种植历史已有数百年，甚至上千年。

3. 历史文化与民俗节庆：

汶阳田地区的传统房屋，通常以河卵石砌墙，古色古香，错落有致。山西街村拥有 400 余年历史，民居由石块修砌而成，彰显了泰山脚下的汶阳田人民就地取材建设家园的智慧。

汶阳田自古至今都为汉族居住地，积淀了许多特色的汉族农耕文化，形成了许多与华北平原农业生产生活相关的汉族传统节日和相应的习俗，如春节、元宵节、端午节、中秋节等。

4. 农耕种植技术：汶阳田长期以来一直是闻名于世的高产良田，主要得益于历史悠久的自流灌溉系统。据文献记载，自西汉以来，汶阳田地区已修建有由沟渠和拦水闸门组成的灌溉系统。

5. 景观价值：通过大力实施农田基本建设，现在达到了田成方、林成网、路相连、渠相通、旱能浇、涝能排的目标。浇水施肥实现滴灌化、打药用上了无人机。春天汶阳田是一片片绿色的地毯，夏天麦浪滚滚一片金黄，秋季玉米大豆的丰收盛景，再点缀于不同季节的瓜果蔬菜，嫣然一幅鲜活的乡村振兴大美画卷。

6. 产业价值：汶阳田通过开展高产创建，整合高效节水灌溉、高标准基本农田建设、粮食产能提升等项目，示范方粮食平均亩产超过 1200 公斤，有的地方甚至达到亩产吨半粮田，一亩地可以养活三四个人，为我国和地区的粮食安全做出了极好的示范作用，实现了藏粮于地和藏粮于技。同时增强特色产业增收链。由过去单一的粮食作物种植转向蔬菜、瓜果、中药材等区域特色产业，着力做强农产品精深加工，推动一二三产业融合发展。2021 年，河岔口、贾南、西南庄等 8 个村获批"省级乡土产品名品村"。三是做活品牌农业"大文章"。积极帮助和鼓励企业、合作社和大户注册品牌商标和认证"三品一标"，已申办"汶水人家""瑞荷农庄""新农辉"等 10 余个农产品商标；获得有机认证基地 6 个、绿色食品 3 个，拥有"河岔口鸭蛋""汶阳香附" 2 个国家地理标志证明商标。通过农业综合开发，使当地农民人均收入高于全国和全省的平均水平。

7. 濒危性：受到城镇化和工业化的冲击，农业生产特别是粮食作物的生产往往出现增产不增收的现象，农业生产效益低下，地方品牌农产品推广不力，农业农村劳动力流失严重，汶阳田种植系统有面临消失的危险。

8.政府积极性：政府牵头实施"汶阳田"农耕文化展示中心项目的建设，对于保护、传承、弘扬"汶阳田"文化，促进文化研究和对外交流起到积极作用。出台严格保护耕地措施，防止耕地非农化和非粮化，确保汶阳田作为永久基本农田进行保护。就汶阳田种植系统进行各种宣传、推广和保护措施。

（六）山东莱阳古梨树群系统（国家级重要农业文化遗产）

莱阳梨主要分布在五龙河的几条支流及五龙河两岸河滩地带的沙壤土上，这个地方的土壤沙粒大小均匀，通气透水性强，地表土壤温差大，对果实的着色和糖分的积累与提高有良好的作用，为形成莱阳梨独特品质提供了土壤条件，经过劳动人民的长期管理实践，自然构建了一套可以传承的完整的知识和文化体系，从而形成与其所处环境长期协同进化和动态适应下所形成的独特的古梨树群文化景观，其主要特点：

1.生态价值：五龙河畔适宜的气候土壤条件成就了莱阳梨，流域复杂多样的地形条件提供了适宜梨树生长的小气候环境，孕育了种类繁多的动植物种质资源，莱阳梨古梨树群系统周围环境包含特色鲜明的森林生态系统和湿地生体系统，是胶东丘陵地区生态环境的典型代表。劳动人民在梨树间隙种植花生、地瓜、大葱、大白菜等农作物，不仅充分利用了土地资源，一些绿肥作物如野豌豆、野绿豆等的种植还起到了生物固氮、增加土壤有机质、改善土壤结构等培肥土壤的作用，古梨树群反过来又保护这些农作物免受风沙之害，整个生态群落相得益彰，形成了一个高产高效的农业生态系统。

2.生物多样性：莱阳是山东省梨的主要产区，所产的梨约有20多个品种，统称为"莱阳梨"，而以茌梨为代表品种。调查显示，茌梨占莱阳所有品种株数的85%以上，其次是香水梨占10%。其余品种占不到5%。莱阳梨虽是统称，但是更多专指莱阳特有的茌梨。

莱阳梨高效率的农业生态系统，本身就包含林灌草农等多种作物品种，是我国农作系统生物多样性生态系统的典范，高效率的生态系统，又进一步增强了土壤和大气空间的生物承载力以及农业土壤的固碳能力。

3. 历史文化与民俗节庆：春天赏花，秋季赏梨，是莱阳人民的传统习俗。因此，在民俗活动中最受关注的，莫过于在春季举办的梨花节，和在秋季举办的莱阳梨文化节。

4. 农耕种植技术：在良好的土壤和自然条件下，莱阳梨管理技术比较简单，主要有人工授粉、掐花萼等技术。通过增加有机肥用量，可以增强莱阳梨的糖度和风味。现代微喷灌技术的应用使莱阳梨的产业更上一层楼，老梨园开始安装水肥一体化设备。当地都是沙壤土，跑水跑肥，采用节水的微喷灌技术之后，可以根据梨树不同生产阶段，按需求供应肥水，避免了水分和肥料浪费。另外，在梨树发芽和花期，通过微喷可以提高果园温度，降低倒春寒对梨树的不利影响。

5. 景观价值：莱阳梨种植面积达 1.2 万亩，百年以上古梨树总面积4110 亩、52587 株，其中 100 年~399 年的古梨树 2655 亩、36850 株，400年以上的古梨树 1455 亩、15737 株。

"千树梨花千树雪，一溪杨柳一溪烟"。梨花的盛放期，洁白似雪，清新淡雅，雪白的花海与青绿的田园相互衬映出一幅秀美的乡村画卷。梨花竞相绽放，恰如一片皑皑白雪，把山川、田园、村舍点染得光辉耀眼、美如仙境。有着 400 多岁树龄的梨树王历经岁月的洗礼，依旧芳华不老，生机勃发。

6. 产业价值：莱阳梨的优良品质，受到国内外人民的赏识，明清时期就列为皇家贡品，后来更成为毛主席给斯大林的国礼，还出现在青岛上合组织峰会以及人民大会堂的国宴上，2021 年，莱阳梨品牌声誉全国排名第7，品牌价值达到 8.98 亿元。

莱阳市制定了政策措施，加快推进莱阳梨产业高质量发展，坚持提品质、保品牌、扩规模的思路，以推进农业供给侧结构性改革为主线，以提高梨产业质量效益和竞争力为中心任务、以促进梨产业一二三产业融合为重点，全面推进莱阳梨规模化经营、产业化发展、标准化建设和品牌化营销，着力构建现代莱阳梨产业体系、质量保障体系、组织运营体系、市场营销体系、政策扶持体系，着力增强核心竞争力、综合影响力和可持续发展能力，实现莱阳梨产业高质量发展。

当地政府和群众坚持"以梨兴业"，不断拓展延伸莱阳梨产业链，成功研发出了莱阳梨膏、莱阳梨膏棒棒糖、莱阳梨原浆等一系列深加工产品，填补了国内同类产品的空白，带动了梨农增收致富。莱阳市照旺庄镇还深入挖掘"花"经济，积极培育特色节庆文化活动，走出了一条以"文化＋旅游"赋能乡村振兴发展的新路子，"以花为媒、以梨兴业、以旅助农"已成为梨乡莱阳一张靓丽的名片。

7. 濒危性：莱阳梨虽然是地方优良品种，但是，作为传统温带果树品种仍然有着自身的一些不足之处，比如单产不高、不耐贮藏等都制约着其产业的进一步发展。加之近些年我国从国外引进了很多梨树优良品种，国内山东农业大学等在梨树育种方面也取得了较大的突破。在这样的形势下，莱阳梨种植系统的可持续发展中就面临着品种竞争等问题，还有工业化城镇化的影响，也使得传统的莱阳梨种植模式的效益受到挑战。

8. 政府积极性：当地政府高度重视莱阳梨产业的发展，出台了一系列促进梨产业高质量发展政策和举措。在莱阳梨品牌铸造，莱阳梨文化挖掘，莱阳古梨树保护，莱阳梨品质提升，莱阳梨团体标准制定等方面，组织梨农抱团发展，形成合力，助力政府擦亮中国梨乡城市名片。

（七）山东峄城石榴种植系统（国家级重要农业文化遗产）

峄城石榴种植系统具有 2000 多年的历史，覆盖区域达 18 万亩，种植品种 60 余个，地径超过 20 厘米以上的石榴树 1.8 万株以上，超过 100 年以上的石榴古树 3 万余株，保存国内外石榴种质资源 370 余个，被上海吉尼斯总部誉为"冠世榴园"。石榴盆景种植规模达到 30 万盆以上，获得世界、国家及省级艺术大奖 400 余项，涌现出石榴盆景大师 10 余位。与峄城石榴相关的名人、文人辈出，如匡衡、贾三近、明代的皇妃权妃、翰林院编修李克敬、当代文学大师贺敬之、书法大家舒同等。峄城的石榴酒、石榴茶和石榴饮料等石榴相关产业在国内处于领先水平。

近年来，峄城区坚持"保护优先、适度利用，整体保护、协调发展，动态保护、功能拓展，多方参与、惠益共享"的原则开发利用石榴文化遗产，丰富休闲农业的重要历史文化资源和景观资源，实现峄城古石榴园与石榴文化系统的动态保护与可持续发展，带动区域农民增收，实现在发掘中保护、在利用中传承。

山东峄城石榴种植系统被称为"活着的文物"，据考证，汉丞相匡衡在成帝时，将石榴从皇家上林苑带出，并引入其家乡丞县，即今峄城区栽培，已逾2000余年。峄城区是全国唯一相对集中、树龄最老、产量较大、生态环境较好的石榴生产基地，有着世界最大的石榴古树群落，其集中连片面积之大、石榴树之古老、石榴古树之多、石榴资源之丰富为国内外罕见，被上海吉尼斯总部誉为"冠世榴园"。与陕西临潼、新疆叶城等地相比较，峄城石榴栽培的历史可能不如他们悠久，却有着世界最大的石榴古树群落。长达2000余年的栽培历史，造就了峄城石榴最丰富的种质资源，品种资源达60余个。峄城石榴文化是文化产业的重要组成部分，是最具峄城地域特色的文化遗存。其主要特点：

1. 生态价值：峄城石榴园地处鲁中南丘陵边缘地带，地貌类型多样，山区土壤为石灰质、岩母质发育的沙土和棕壤，呈中性到微碱性反应。山中下部土层较厚，孔隙度好，水肥气热协调，经取土化验，耕层土壤养分含量为有机质1.46%，氮含量0.08%，速效磷12mg/kg，速效钾105.3mg/kg，碱解氮88mg/kg，有利于石榴的生长。作为温带水果，石榴的生长繁殖非常容易，生长比较快，石榴的种植在峄城能起到很好的保持水土、绿化山区的作用。石榴的繁殖生长病害较少发生，管理过程比较简单，化肥农药用量比起其他温带水果大大减少，有利于生产绿色无公害的水果产品。

2. 生物多样性：山东峄城石榴种植系统有着世界最大的石榴古树群落。长达2000余年的栽培历史，造就了峄城石榴最丰富的种质资源，品种资源达60余个。峄城区还建有国内唯一的石榴国家林木种质资源库，保存石榴种质372份，保存数量全国第一、世界前列。

3. 历史文化与民俗节庆：深厚的历史积淀，秀美的自然环境，孕育出峄城抱团相依的"石榴文化"。枣庄的婚育习俗中与石榴有关的内容特别多，定亲的女子要给未婚夫绣石榴荷包，新娘出嫁要穿石榴大红袄，嫁妆中要有一对绣有石榴的枕头、肚兜，刻有石榴的"百子床"，新婚房屋门窗要贴石榴剪纸，并且在枣庄民间也流传着榴下求婚、榴下求子、榴花为媒的传说。结婚时要穿红裙子,当地把这种红称为石榴红,在小孩子过百岁或送粥米时,外婆或姨送给小孩的长命锁上也往往会找到石榴图案,并且枣庄的民间工艺剪纸、刺绣、年画等也大量出现石榴题材。端午节,枣庄还流传着用石榴花泡水洗眼能够防治眼疾的风俗,当地民众的小孩拉肚子、冬天手上出现冻疮用酸石榴煮水医治往往具有奇效。

4. 农耕种植技术:峄城石榴采用挖穴种植,穴内填置农家肥、作物秸秆等充作肥料,为石榴提供了良好的生长环境。石榴行间大多种植野豌豆等绿肥作物,既能起到绿化美化的作用,又可以增加土壤养分,改善土壤湿度等作用。峄城区多丘陵,山坡地,冻害情况发生较重,当地群众通过石榴园铺草可以提高土壤湿度,增加土壤肥力,减少杂草生长,保持土壤水分,改善土壤环境,从而提高石榴的产量和品质。石榴园铺草后土壤有效氮、有效磷和有效钾含量均有显著提高。

5. 景观价值:峄城区以石榴文化推动文旅产业高质量发展,明确冠世榴园景区在"一体两翼"全域旅游布局中的龙头引领地位,打造"一年四季皆可游"的三产融合精品风景线。峄城区不断打造石榴产业品牌和充分挖掘石榴文化产业,已经成为国内生产规模最大、创作水平最高的石榴盆景盆栽基地。

6. 产业价值:峄城区按照"夯实产业基础、拉长产业链条、丰富产业内容"的发展目标,精心培育石榴特色产业,展现区域特色,外延石榴文化,突出产业效应,实现经济效益、社会效益和生态效益的三位一体。目前,峄城石榴一二三产融合发展全产业链水平全国领先,是国内最重要的石榴生产、销售、加工和科研基地。2022 年上半年,石榴产业总产值 15.37 亿元。

7. 濒危性:全球气候变化导致全球气候异常,极端天气增多,冬季的极寒天气往往能够使石榴发生比较严重的冻害,一定程度上危害峄城石榴的可持续发展。农业生产效益偏低也在一定程度上影响石榴产业的可持续发展。

8. 政府积极性:当地政府积极进行农业品牌认证工作,2002 年"榴园"牌石榴被农业部认定为无公害农产品,同年"榴园"石榴基地列入山东省标准化基地，2004 年获得有机食品认证。2008 年，峄城石榴在山东省首个通过"国家农产品地理标志保护""国家地理标志产品保护"双认证，并入选"奥运会推荐果品"行列。

（八）山东平邑金银花 – 林果复合生态系统（山东省农业文化遗产）

该系统是金银花与林果间作的山地种植模式，体现土地最大化利用、节物致用、和谐共生的文化理念，形成生态保护与经济效益最大化的可持续发展系统。其主要特点：

1. 生态价值：平邑金银花上山不下滩，不与粮争地，不与菜争田，形成金银花与林果间作、共生的山地种植模式，能促进石质瘠薄的山地丘陵土地利用面积效用最大化，具有增加土壤有机质含量、蓄水保墒、熟化土壤的作用，减少因土壤风化剥蚀和水土流失，发挥保持水土的生态功能，当地降水量比周围地区明显偏多，创造了亚洲小流域治理"平邑模式"。该系统通过森林植被、土壤动物和微生物固定碳素、释放氧气，具有对环境极其有益的固碳功能。

2. 生物多样性：平邑金银花的种质资源有五大类十余个农家品种，是著名"济银花"或称"东银花"的道地产区，成为中国金银花种质资源分布中心和金银花种质资源基因库。该系统以棕壤为主，土壤肥力较高，乔木、灌木和草本植物生长旺盛，果树品种包括了 13 个科、27 个属、80 个种和 16 个变种，以及上千个品种，种质资源丰富。遗产地共有陆栖野生动物 1291 种，其中昆虫 1133 种，兽类 10 科 15 种，两栖类动物 3 种，爬行类 7 种，鸟类 132 种，哺乳类 16 种。遗产地有雀、鹰、白头鹦等多种珍禽为国家二类保护动物，堪称我国北方的天然动植物园。

3. 历史文化与民俗节庆：平邑金银花有着 940 余年栽培史、220 余年大面积广泛种植史，该系统中共生的甜茶、山楂、古板栗的历史也均逾百年，遗产地森林资源丰富，古树名木众多，百年古树生物学遗传资源丰富，具有很高的科研价值。农业生产系统与自然环境有机融合，形成和谐共生的农耕文化，诗词、歌赋、散文、小说等艺术形式表现，构成金银花文化元素。遗产地中医药文化以及蒙山文化、石屋文化等地方传统文化习俗底蕴深厚，形成了拜寿大典、节庆婚嫁文化、祈福文化节、汉服文化节、鬼谷子国际论坛等系列品牌活动，目前已成功举办 13 届金银花节，接待国内外游客百万人次。

4. 农耕种植技术：平邑金银花多在山地丘陵挖鱼鳞穴或建造梯田进行栽植，金银花的传统繁殖方式以扦插育苗为主，山楂多嫁接繁殖，板栗多实生苗繁殖。压砂换土、深刨、扩穴、清墩等金银花栽培技术和整修梯田、抽沙换土等果树栽培传统知识和技术一直沿用。

5. 景观价值：山顶处种植有种类丰富的针叶林、落叶林等树种，山腰处广泛种植有板栗、山楂、核桃、柿、枣、杏等果树，山脚处有梨、桃、苹果等果树，以及花生、大豆、谷子等农作物，金银花簇则从山腰到山脚，金银花和果树呈镶嵌式斑块状分布，形成"山顶戴帽子，山腰系带子，山脚穿裙子"的景象，整个山地垂直系统，层次分明，种类多样，自然景观和农业景观相融合，不同植物的季节性特征展现春华秋实的丰富景色。已兴建金银花博物馆，划定古板栗景区，形成了山水林田和谐统一，构成了独具特色的金银花墩和果树斑块状复合山地景观类型。

6. 产业价值：从金银花资源，到特色加工业、现代农业、休闲旅游业"三产融合"已形成完整产业链。"郑城金银花""天宝山山楂""天宝山黄梨"获得国家地理标志保护产品和国家地理标志证明商标，带动 40 余万花农、果农增收致富，户均增收万余元。

7. 濒危性：传统物种缺乏重视保护与深度挖掘，欠缺品牌效应，部分古树遭到砍伐，金银花周边环境遭到不同程度的破坏，群生态系统的稳定性和多样性亟须保护。

8. 政府积极性：政府建立金银花—林果系统农业文化遗产保护与发展的领导团队，搭桥建立了"政府＋协会＋科研"农业文化遗产培育机制，建立专门的遗产管理办法，遗产地每年会组织各类相关的科普宣传、民俗文化与农业培训等工作，进行科学规划和系统化保护开发。

（九）山东临清黄河故道古桑树群（山东省农业文化遗产）

该系统是以沙质壤土栽培古桑树为主的生态保护与生计增收保障并重的可持续发展模式。其主要特点：

1. 历史价值：公元前 602 年，黄河改道形成黄河故道，长约 70 公里。

拥有 1 万余棵树龄 300 年以上的古桑树。

2. 农耕种植技术：桑树采用传统种子育苗的栽培方式与现代扦插、嫁接繁殖技术相结合，使桑树栽培技术得以传承和发展，并创造出人工栽培桑黄技术，确保了桑产业持续健康发展。农业生产系统与自然环境相得益彰，形成临清黄河故道特有的桑文化。

3. 生态价值及生物多样性：桑树生命力强，根系发达，耐瘠薄、耐盐碱，具有强大的防风固沙保土功能。拥有大紫甜、白子母等十余个品种，种质资源几乎涵盖了目前国内所有品种。该系统古桑树生长旺盛，环境遗产地共有各类昆虫 320 种，鸟类 30 余种在此繁衍生息，其中白头鹎、雀、鹰等多种珍禽为国家二类保护动物。林间现有粮食作物有 5 种，经济作物达到 38 种，与其他果树、农作物和家畜进行复合经营，保证了治沙的可持续性和人类的繁衍生息。

4. 文化价值：桑文化是一种"上文化"（谐音），是历代诗词歌赋的对象。即承载了中国传统的蚕桑文化，又融合了黄河文化、寿文化和孝文化。千百年来当地百姓一直就有敬树、爱树、护树的传统，至今仍流传着大禹曾在此治水、秦始皇由此东巡等古老的风俗传说。

5. 产业价值：古桑树上生长的桑黄距今已有 2700 多年的历史，被聊城市列入"聊城新三宝"加以扶持和发展，2015 年，临清椹果成为国家地理标志保护农产品，2021 年，临清市被评为"中国桑黄之都"和"中国桑黄种植示范县"，临清桑黄、桑叶茶、桑椹干被全国名特优新农产品名录收集登录。临清桑黄获评第七批山东省知名农产品区域公用品牌。临清桑黄系列产品参加全国各大展会并多次获奖，产品畅销全国各地。

6. 景观价值：2019 年临清黄河故道古桑树群被评为省级地质公园，有九龙潭、探花桥、听涛亭、龙围岗、陈公堤和"树王"等景点，还有沙地足（排）球场、嬉沙区、嬉水区等健身休闲设施。现存古堤、驰道、亭阁，极具观赏性和考古价值，素有"沙山叠翠"之美誉。春取桑枝，夏摘桑椹，秋打桑霜叶，冬刨桑根白皮，一年四季游客不断。与临清舍利塔、宛园、钞关、明清园遥相呼应，纳入聊城市重要文化旅游圈。

7. 民俗节庆：已成功举办 14 届椹果文化采摘节，接待国内外游客 200

万人次。

8. 濒危性：随着农业高效化，椹果效益不突出，部分古树群惨遭破坏，古桑树群生态系统急需稳定性和保护。

9. 政府积极性：当地政府开展古树资源普查、GPS 定位挂牌保护、古树复壮等措施，加强公众生态科普教育，有效推动了古桑树群的保护、利用与开发。

（十）山东昌邑山阳大梨栽培系统（山东省农业文化遗产）

该系统是以省内树龄最长、规模最大、保存最完整的古梨树群为主，具生态保护与生计增收保障的可持续发展系统。其主要特点：

1. 生态价值及生物多样性：该系统目前拥有占地 2000 多亩的古梨园，园中梨树大多数在百年以上，树龄超过 300 年的有 5000 多棵，是省内树龄最长、规模最大、保存最完整的古梨树群。园内的梨树品种目前有早酥、马蹄黄、山阳茌梨等 30 多个品种，其中山阳茌梨和马蹄黄大梨两个传统品种在全国已绝无仅有。核心区原生态植物群落多、鸟类多、林木繁茂，被划定为自然生态保护区。

2. 传统生产技术：山阳大梨栽培系统独创"沙坑低温储藏成熟"技术。采摘下的大梨放在梨园专属的沙坑内，顶部加盖棉被，保持 0~10℃ 温度，5%~15% 的湿度，放置 30~45 天，完成纤维素与糖的转化，形成好的口感和营养成分。此外，系统还遵循因地制宜的开发原则，逐渐形成了完备的梨树生产和加工技术，这些技术相互作用、相互影响，共同构建了整个山阳大梨栽培系统的技术体系。

3. 文化价值：据传，东汉末年"孔融让梨"故事中的梨就是山阳所产。近年来，以山阳大梨、梨园为中心意向或背景，拍摄了大量电视专题片，发表了以赞美山阳大梨、梨园，描绘梨乡人民火热的精神风貌，颂扬党和国家富民政策，反映山阳大梨产业发展成果的诗歌、散文、书法、绘画、摄影等优秀作品。举办梨花节，赏梨花、采摘梨果，举办山阳大梨书画展、大型文艺演出、摄影比赛活动，出版了山阳大梨专题画册。

4. 产业价值：培育包装"山阳大梨"特色品牌，"山阳大梨"获评国家级绿色食品和国家地理标志产品。目前，山阳村梨园年产量 2500 吨左右，年销售收入 500 多万元。通过山阳梨花节等，实现"一二三产业"融合发展，每年为村集体增加旅游收入 150 万元、村民第三产业收入 1500 万元。目前山东昌邑山阳大梨已成为昌邑市独具特色的优势支柱产业。

5.景观价值：千年古梨树群让游客观赏到国内罕见的令人叹为观止的古木奇树，同时领略到不虚浮、不艳丽，为他人着想、为他人奉献的"梨花精神"。同时，以景区景点建设、采摘园建设为突破口，兴建"梨园绿道"、"梨园人家"、游客服务中心、"朝花晓月"、"红霞晚照"、"高峡平湖"、"东篱花田"、"麻姑仙洞"等休闲旅游景点 10 余处，生态景观特征独具特色。

6.民俗节庆：已连续成功举办十二届"山阳梨花节"、五届"大梨采摘节"和七届"群众文化艺术节"，逐步形成了"春观花、夏赏绿、秋尝果、冬品树""游千年梨园，品梨花水饺"以及"认养梨树，休闲采摘"等特色旅游服务。

7.濒危性：由于梨树树龄较长，每年收益不高，导致梨农保护意识不强，导致大量遭到破坏和遗忘。

8.政府积极性：开展山阳大梨品种资源的研究与保护工作，积极探索千年梨园与节会经济、文化旅游相结合的文章，市委、市政府和有关部门把山阳大梨文化产业建设列入重要议事日程，出台了政策激励、资金扶持等措施，使山阳大梨文化产业呈现方兴未艾、蓬勃发展的态势。

（十一）山东昌乐西瓜栽培与火山农耕文化系统（山东省农业文化遗产）

该系统是在适应国家自然遗产——昌乐古火山群地区自然生态环境、传承发展姜齐千年农耕文化的基础上，形成的以西瓜栽培和火山农耕为主、自然景观与农耕生活相融合、生态振兴与产业振兴协调发展的农耕文化系统。其主要特点：

1.生态价值：该系统火山石风化及周围火山灰沉降形成的火山土壤富含钾、钙、镁、铁、锌等营养元素，发源于火山地带的汶河、白浪河等河流富含矿质元素，肥沃的土壤、优质的水源为火山农业发展提供了优良的自然条件。平坦之地种植小米、西瓜等作物，湿地河滩等地种植芋头、地瓜等作物，坡地保留一些野生灌木或草本如酸枣等，因生长环境稳定，火山农耕系统内处于自然平衡，从未出现危害较大的病虫害，降低农业投入品的副作用，提高农产品的品质。火山湿地生态完整、农业生物多样性丰富，在调节径流、维持生物多样性、蓄洪防旱、涵养水源、调节气候等方面具有重要作用。

2. 生物多样性：自然植被多分布在山丘、荒沟地带，以灌木、藤本及草本植物为主，木本科植物 130 多种，草本植物 500 余种，其中，百年以上古树 900 多株，可入药的野生植物有柴胡、丹参、益母草、葛根等 100 余种。境内有野生动物 100 多种，其中省级重点保护动物近 10 种。国家重点保护鸟类 30 余种。区域内还形成了许多独特的农业物种资源，其中昌乐西瓜、火山小米、白塔芋头等都在国内外享有盛名。

3. 农耕种植技术：遗产地人民独创西瓜"铺砂"栽培技术，有效地提高了土壤的温度和墒情，对春季西瓜早熟和丰产具有重要作用。"嫁接育苗"技术解决了西瓜重茬问题，为西瓜的大面积种植提供了技术基础。"西瓜＋粮食"、"西瓜＋棉花"、"西瓜＋瓜菜"等间作套种模式，既满足了人们对粮食、蔬菜的不同需求，又提高了土地的产出率，体现了朴素立体农业的发展思想。

4. 历史文化：该系统所处区域现有北辛文化、大汶口文化、龙山文化、岳石文化和商周文化遗址 200 多处。夷齐让国、耻食周粟的伯夷、叔齐，"二十四孝"之一的孝子王裒、"建安七子"之一的孔融等众多历史名人不断传承、丰富着当地传统文化内涵。在遵循我国传统社会农桑并举，耕织结合的农业生活理念下，昌乐居民创造性地将火山石、木材、稻草等转换为房屋建材、生产工具以及生活用品，使火山、村居、农田浑然一体、相得益彰，构成了遗产地丰富多彩的自然与人文景观，充分体现了中国古代"天人合一"的生态思想。

5. 景观价值：系统内包括火山地貌、水体湿地、历史人文等诸多景观。昌乐古火山群是国家自然遗产、国家地质公园，共有地质遗迹景观资源 52 处。境内湿地面积 9800 公顷，其中，仙月湖湿地公园是国家级水利风景区、国家 AAA 级旅游风景区。以省级传统村落响水崖村为代表的众多古村镇落散落在古火山下，村内的唐代古井、元代石碾、清代石桥保存完好，自然景观与村居农耕相得益彰，农业生态景观独特优美。

6.产业价值：依靠万年火山土壤的滋养，昌乐西瓜果实圆润，皮薄多汁，肉质脆沙，甘甜爽口，风味独特，素有"天上甘露美、昌乐西瓜甜"的美誉，"昌乐无籽"品种填补了我省无籽西瓜品种的空白。昌乐西瓜是国家地理标志农产品、全国名特优新农产品，中国农产品区域公用品牌，品牌价值达到43.17亿元，位居全国西瓜品牌第一名。昌乐县是中国特色农产品（西瓜）优势区，西瓜常年种植面积16万亩，年产值超过20亿元，形成了以昌乐西瓜为主，火山小米、白塔芋头等共同发展的特色农业产业体系。

7.民俗节庆：作为全国知名的西瓜产区，自20世纪80年代开始举办西瓜评比等特色活动，现已举办西瓜节、火山农业峰会、火山文旅会等节会活动50多次，接待国内外游客千万人次。

8.濒危性：随着城镇化的发展，存在传统品种流失、农耕文化的挖掘不足等问题，传统品种的多样性、生态系统的稳定性以及农耕文化的传承亟须得到保护。

9.政府积极性：昌乐县先后出台了《关于加快推进西瓜产业转型升级发展的意见》《关于做强火山农业品牌引领农业高质量发展的实施意见》等一系列政策，设立昌乐县西瓜研究所、昌乐火山农业品牌管理办公室，建设昌乐西瓜科技示范园、火山地质农业博物馆，联合国家西甜瓜产业技术体系开展火山西瓜品种的研发培育，对农业文化遗产进行系统性发掘与保护。

（十二）山东城阳少山红杏栽培系统（山东省农业文化遗产）

该系统是适应崂山山麓沙粘土土壤，种植多品种红杏为主，体现多物种和谐共生的农耕文化，具有生态保护与生计增收保障的可持续发展系统。其主要特点：

1.历史价值：少山红杏栽培起源于明朝，已有600余年历史，主产区拥有约2000亩的古老杏树群，其中树龄百年以上的关爷脸杏树有200余棵。

2.生态价值及生物多样性：杏树根系伸展能力较强，扩展范围较宽，护山防滑坡。关爷脸、崂山红杏、大麦黄等5个杏品种入选国家果树种质资源库。杏树为林间各种生物提供栖息场所和食物，北红尾鸲、大山雀、白头鹎等多种鸟类入巢繁衍。林间林木果树生长旺盛，杏树下种植玉竹，当地农户习惯用玉竹根炒茶。

3. 文化价值：核心区内青岛第一古刹法海寺"农禅并重、劝人向善"佛学思想和崂山道教崇尚自然养生文化的浸润，逐渐形成了融合自然、生态、人文、宗教、民俗等多元素为一体的独特历史文化传承系统。

4. 产业价值：三面环山的地理优势，优质的崂山泉水，悠久的种植历史、精细化的生态栽培管理系统造就了少山红杏卓越的品质，成为国家地理标志保护农产品和上合峰会直供农产品。

5. 景观价值：主产区位于崂山西麓，西邻法海寺名胜，南邻太和山旅游景区，10万余株少山红杏春天杏花成片，夏天红杏挂枝，生态环境优越。

6. 民俗节庆：已成功举办11届少山红杏采摘节，接待国内外游客百万人次。

7. 濒危性：随着城镇化扩张和工业化的影响，受经济利益的驱动，部分古树遭到砍伐，古杏树群周边环境遭到不同程度的破坏，古杏树群生态系统的稳定性和多样性急需保护。

8. 政府积极性：当地政府开展古树调查和挂牌保护工作，开展"为鸟安家公益行动"，强化绿色效益，注重公众生态科普教育，有效推动了区域生态文明建设。

（十三）山东莘县香瓜栽培系统（山东省农业文化遗产）

山东莘县香瓜栽培系统是香瓜与不同作物间作套种的独特种植方式，体现充分利用土地和空间、和谐共生的农耕文化，具有生态多样性与增收效益最大化的可持续发展系统。其主要特点：

1. 农耕种植技术：莘县香瓜栽培系统为了不与粮食争地，创造性地摸索出了香瓜与当地菜、粮、林、牧等生产有机融合的独特套种模式。露地种植的甜瓜因株行距较大，前期生长又较缓慢，可充分利用甜瓜未伸蔓前延畦的土地，实行多种形式的间作套种，提高了复种指数、土地利用率和空间边际效应，充分利用光能，同时还能改善小气候，促进作物的相互生长，减轻病虫危害，是很好的蜜源植物，促进该系统生物和谐共生。

2.生物多样性与生态价值：经不断繁育改良，目前香瓜已形成厚皮、薄皮、网纹三大系列160多个品种，通过做作物间作、套种等混合种植，引入鱼腥草、草莓等其他物种，增加了农田物种多样性。该系统生态服务功能强大，涵养水源、控制水土流失，香瓜秧是猪牛羊等家畜上好的饲料原料，现在通过现代科技，做到了秸秆还田和制作有机肥再用于种植和燃烧基质发电，实现变废为宝的生态循环农业的典范。

3.历史文化与民俗节庆：据莘县县志记载，甜瓜是莘县传统的瓜类作物，自明朝开始已广泛种植。山东莘县香瓜栽培系统是鲁西地区黄河流域千年黄泛平原风土孕育的优异瓜果品种而留世的香瓜文化遗产。莘县是冀鲁豫三省交界的地方，多种戏曲艺术形式都有流传和呈现，其中莘县二夹弦、柳子戏是地方戏地典型代表。此外，解放战争中送香瓜给晋冀鲁豫解放军的红色文化至今影响深远。

4.景观价值：香瓜栽培系统所在地现有香瓜大棚3万余个，大、中、小拱棚香瓜2万余亩，素有"万亩香瓜万个棚"之称，是全国最大的无害香瓜生产基地，被誉为"中国香瓜第一镇"，连续多年在山东聊城（莘县）瓜菜菌博览会期间举办"香瓜赛瓜会"；2017年成功申报国家AA级旅游区香瓜博览园；开发了多条香瓜体验"一日游"线路，借助区位优势，打造成了县城的"北果园"，年接待游客20余万人。

5.产业价值："莘县香瓜"是国家地理标志商标，拥有绿色产品认证6个，无公害农产品认证5个，现已建成全国最大的香瓜交易集散地，年交易量突破5亿斤，交易额达20亿元。此外，还深入开发了"香瓜罐头"、"香瓜饮料"、"香瓜营养粉"等加工产品，既丰富了香瓜销售渠道，又解决了次瓜销售难题，增加了产业收入，提高了农产品附加值。

6.政府积极性：当地政府明确了香瓜产业发展的目标，科学制定了发展规划，加大资金支持力度，先后建设香瓜大市场、香瓜电商产业园、香瓜种苗科技园，构建起稳定可靠的全过程追溯体系，启动了瓜秧集中收集综合利用工程。

（十四）山东寿光桂河芹菜栽培系统（山东省农业文化遗产）

该系统传承于稻田镇桂水两岸，以桂河芹菜栽培为主，将自然农业种植和百年窖藏工艺完美结合体现人与自然和谐共生的理念，具传统传承与经济效益最大化的可持续发展系统。其特点为：

1. 生产种植技术：该系统是寿光人民在长期的生产实践中，根据当地的气候特点和栽培习惯孕育出的优秀农业生产技艺，传承于稻田镇桂水两岸，所种芹菜为春种夏收，夏种秋收，一年两作轮换制，生长期约为七十天。该系统将自然农业种植和百年窖藏工艺的完美结合，遵循传统窖藏工艺期限贮存。窖藏芹菜夏种秋收，菜农一般在立冬前后将芹菜带根收获后，置于地窖，先泼水，促其二次生长，发育断筋，约60天后，只取中间嫩芽，为桂河芹菜。

2. 历史文化价值：桂河芹菜栽培系统是民众利用四季分明的气候特点、桂河上下的沃土，顺四时，按八节形成的生产习俗，至今有着二百多年的种植历史和传承百年的窖藏工艺技术。该系统是当地农民按照农事谚语和时令节气变化种植蔬菜及蔬菜食用中产生和遵循的文化风俗。"桂河"窖藏芹菜是寿光民众蔬菜生产历史的重要符号和标志，曾获得"中华食文化地方特产标志品牌"，2021年成功入选首批"山东地标名片"。

3. 生物价值：凭借稻田良好的土壤和水质条件培育出了玻璃脆、文图拉灯品种，以质量优、口感好、无公害、风味独特而出名。特别是玻璃脆品种，以质量优、口感好、无公害、风味独特而出名。玻璃脆叶绿茎黄、空心无筋、鲜嫩酥脆，特别是经过窖藏后，品质得到进一步提升：味清香、质甜脆，可炒、可熬、可煲、可做饮品，是凉拌热炒的美中佳肴。

4. 产业价值："桂河芹菜"获得农产品地理标志称号，入选蔬菜类全国名特优新农产品，获中华品牌商标博览会金奖。"桂河"窖藏芹菜获得"中华食文化地方特产标志品牌"。桂河芹菜产业总产值达1200万元，当地从事主导产业农户数占农户总数的比重为75%，主导产业收入占家庭经营收入比重70%。桂河芹菜通过标准化管理、规范化种植、品牌化运营，已成功打造成为中高端寿光特色农产品推向全国市场，销售价格突破60元/公斤，带动农民每亩增收8000元以上，社会经济效益显著。此外，芹叶茶、芹菜蔬菜脆、芹菜汁和芹菜粉等深加工产品也减少了芹菜的浪费环节，增加了桂河芹菜的附加值。

5.景观价值：桂河两岸打造了以"桂河芹菜"为主题的游园广场、文化墙、芹菜地窖和网红小屋。连续举办了四届桂河芹菜文化旅游节，搭建了桂河芹菜营销、展示、宣传中心。

6.濒危性：经验丰富的习俗传承人减少并且年事已高，传统的桂河芹菜生产习俗逐渐被人们淡忘，传统的习俗仅在经典史书和民间文献中有所记载，传承难以为继，出现传承危机。

7.政府积极性：先后制定了"桂河芹菜"生产技术规程、地标使用管理规则和"桂河芹菜"团体标准。安排桂河芹菜传承人通过授课、带徒等方式培养接班人，使其技艺得到完好地传承；对桂河芹菜 LOGO、商标形象、广告语、商品包装等进行了策划设计；开发了国家地理标志农产品全流程追溯平台，全流程追溯身份标识化和数字化。

（十五）山东肥城桃栽培系统（山东省农业文化遗产）

该系统是体现肥城桃栽培生态系统、民俗文化和产业发展有机结合的可持续发展系统。其主要特点：

1.生态价值及生物多样性：肥城桃品种资源丰富，红里佛桃、白里佛桃等 17 个品种资源入选国家种质资源库，近十几年，引进了国内外众多优良品种（系），总数达到 180 多个，满足了品种多样性的需求，实现了四季有桃的目标。该系统中存在着多种食物链，如桃叶嫩尖—蚜虫—瓢虫、草蛉、食蚜蝇；桃枝嫩梢—梨小食心虫—松毛虫—赤眼蜂等等，生态系统结构复杂、食物链长，并相互结成网，稳定性强。到了近代，桃农开始探索发展林下种植，在桃园内间作种植花生、大豆、油菜花等，推广行间生草，如二月兰、紫苜蓿、毛叶苕子等，既能够充分利用土地和空间，又能够增加土壤有机质，还为害虫天敌的生存和活动提供优良的基础环境，同时丰富桃园文化生态景观。

2.历史文化价值：肥城桃又名佛桃、大桃，已有 1100 多年的栽培历史，是中国四大传统名桃之一。肥城桃文化历史悠久，桃文化内涵涵盖了爱情、福寿、平安、信义等多个方面，桃乡人民的日常生活与桃文化关系密切，自古就有春节门前挂桃符、三月三踏青插桃花、五月五日挂桃枝、佩戴桃木配饰、家中悬挂桃木剑桃木斧、儿童佩戴桃篮和桃珠等习俗，"居不可无桃"

的生活习俗在民间广泛流传，确立了肥城在中国桃文化传播中的核心地位，成为国内桃文化重要的发源地之一，被中国民间文艺家协会授予"中国桃文化之乡"称号。桃木雕刻民俗、肥桃传说被列入省级非物质文化遗产名录，肥城桃栽培技艺被列入泰安市非物质文化遗产名录，孙伯镇五埠村民俗博物馆被评为山东省县及县以下历史文化展示工程示范点。

3. 种植栽培技术：肥桃具有果大、晚熟、吊枝等代表性状，尤其晚熟性状更是历史悠久。嫁接是其栽培的最主要特征和重要环节，肥城桃的无性繁殖嫁接技艺始于唐朝，后又经历代桃树栽培艺人的改良培育，独特的树型特征和砧木嫁接，有 V 状形、自然开口形、纺缍形等独特的树型特征，以及四季剪枝修形"吊枝"的特征，使肥城桃的种植栽培技艺又有了较大提升。

4. 产业价值：肥城已先后制订了一系列肥城桃产业的国家行业标准和山东省地方标准，形成了相对完善的肥城桃产业标准化技术体系。肥城桃总面积达到 10 万亩，肥桃种植形成了"早桃春上市，夏秋收获忙，晚桃冬采摘，四季品桃香"的喜人景象，年销售收入达到 10 亿多元，成功入选国家农产品地理标志产品、特色农产品优势区、农产品区域公用品牌，品牌价值达 23.5 亿元。以品牌为引领，推进桃木加工、桃胶、桃酒、桃汁、桃脯等加工产品以及休闲旅游等新业态发展，肥城桃木雕刻工艺品发展到 30 多个系列，4000 多个品种，桃木生产企业 160 多家，从业人员约 4 万人，全国连锁加盟企业 1500 多家，产品畅销国内外，产业销售收入 20 多亿元，占全国桃木市场 80% 以上的份额，成为国内领先、国际知名的桃木雕刻工艺品生产研发基地。

5. 景观价值：由于桃树喜光，所以树形多为自然开心形，如同一个倒立的金字塔，桃树枝苍劲有力，蕴涵无穷生机，富有顽强生命力，极易向四周延展，且树枝特别有韧性，形成独特的景观。每到春天，这里桃花漫山遍野、自然错落、隔而不绝，连绵的花海，令人倾倒和心醉，占地面积 3000 多亩的刘台桃花源观光园是国家 AAA 级旅游景区，荣获"山东省十佳观光果园"称号。

6. 民俗节庆：每年 4 月至 5 月之间肥城桃花如云似霞，万树争艳，已成功举办了 21 届桃花节，成为山东文化节的组成部分，同时举办了 15 届全国桃木旅游商品创新设计大赛、15 届金秋品桃节，年接待游客 65 万多人次。

7.濒危性：红里大桃、白里大桃等传统优秀肥城桃品种对雨水非常敏感，且生产栽培管理要求较高，品质好但不耐储运，需要投入资金改进技术，保护优质种质资源。

8.政府积极性：成立了肥城市肥城桃产业发展领导小组，设立肥城桃专项基金，依托肥城桃种质资源圃，每两年开展一次肥城桃种质资源普查，先后搜集、保存 147 个桃品种和单系，建成集品种保护、引进试验、品种选育、品种展示、品种推广、技术示范和文化宣传于一体的"中华名桃博览园"。编印肥城桃种质资源图谱，建成肥城桃种质资源数据库，完成佛桃品种的基因图谱分析，加快推进现代生物育种技术在肥城桃上的应用。成立桃文化研究专门队伍，挖掘文化资源，打造肥城桃文化园，适当保存 30 年以上的老佛桃园和传统栽培模式；完善现有地理标志、区域公用品牌等商标、标志的管理使用。

上述八个山东省农业文化遗产系统已经被列入山东省申报中国重要农业文化遗产预备名单，除此之外，山东省首批农业文化遗产资源名录还包括胶州大白菜栽培系统、山东省宁阳县绿色"桥白"种植系统、山东青州蜜桃种植系统、山东福山苹果栽培系统、山东福山大樱桃栽培系统、山东青州敞口山楂种植系统、山东青州银瓜种植系统、崂山茶文化系统、山东定陶玫瑰栽培系统、山东高庙王朝天椒栽培系统。

每一个农业文化遗产系统，都有千百年的种植历史，经过劳动人民的长期选育，形成了高产、稳产、质优的农业种植系统，有着一系列的优质农作物品种，生产出优质的农产品。每一个农业遗产也都可以培育出若干著名的农业品牌。农业文化遗产系统有着重要的生态价值、经济价值、文化价值、科研价值。同时农业文化遗产生态农业系统及其产品也是山东省对外农业合作交流的重要内容，农业文化遗产已经成为我国和我省农业对外交流的亮丽的名片，山东省出口农产品的相当一部分都与农业文化遗产系统有关，不论是烟台苹果、莱阳梨、章丘大葱、安丘大葱、苍山大蒜等我省在国际市场的拳头产品大都来自农业遗产品种。不仅如此，根据农业生产的规律，农业遗产种植系统还可以在国外生根发芽，山东优势的农业遗产资源，在"一带一路"沿线国家完全可以找到生态条件相似或者更优越的种植地区，比如乐陵小枣、枣庄长红枣、夏津古桑树、平邑金银花、费县山楂等可以推广到中亚和东欧地区，改造中亚的沙漠戈壁，丰富当地的农业生态系统和农业产出。即使热带地区像东南亚、南亚、非洲等地区，对于一些不需要冬眠的农作物比如章丘大葱、潍县萝卜还有汶阳田的种植模式等都可以在热带地区推广，说不定会有更高的产量和更神奇的效果。通过这些优质农业文化遗产资源的推广，让山东农业遗产资源在全世界生根发芽，实现农业文化遗产系统的异地保护，同时为世界各国人民提供优质高产的农产品，丰富和改善世界各国人民的食物构成。比如，在亚欧大陆广大的中亚、中东欧地区，由于这些地区和山东纬度相似，农业生产的自然条件具有一定的相似性，山东的绝大多数农业文化遗产系统都能够推广到同纬度的国家和地区，改善当地的农业生产结构。所以说，农业文化遗产系统是山东省农业对外交流的根基和源头。

第三章 "一带一路"背景下山东省农业对外投资研究

一、山东省农业对外直接投资的态势分析

中国加入世界贸易组织之后，中国经济得到了飞速的发展，2010年，中国就已经超过日本成为世界第二大经济体，到2022年底，中国国内生产总值已经突破120万亿元，稳居世界第二大经济体，不仅如此，我国近二十年还是拉动世界经济的火车头，贡献了世界经济增长的最大份额。随着经济的不断发展，中国农业对外开放力度更大，农业对外投资规模不断扩大，领域不断拓宽，农产品贸易快速发展，为维护全球和区域粮食安全做出了积极贡献。山东省作为中国第三经济大省和第一农业大省，农业对外投资一直走在全国的前列，有些年份山东省对外农业投资总额位列全国第一，尤其在对"一带一路"沿线国家农业投资取得不菲的成绩。与此同时，世界经济仍处在国际金融危机之后的深度调整期，一些国家和地区出现贸易保护主义抬头迹象，农业农村经济发展的外部环境中不确定、不稳定的因素仍然较多，而国内农业发展不平衡、不协调、不可持续问题仍然突出。在这一背景下，加快转变农业发展方式，构建开放型农业新机制，推进农业现代化，对统筹利用好国际国内两个市场、两种资源、两类规则提出了更高要求。加快实施农业"走出去"战略成为新时期提高农业国际化水平的迫切要求。

近年来，山东省高度重视农业对外合作工作，充分利用国家"一带一路"倡议的重要机遇，坚持世界眼光、国际标准，顺势而为，乘势而上，加快实施农业"走出去"战略。截至 2020 年底，山东省共有 63 家境内企业在境外投资设立了 90 家境外农业企业。66 家境内企业的注册资本总额为 137.89 亿元人民币，86 家境外企业的注册资本总额为 11.39 亿美元；境内企业的资产总额为 2456.72 亿元人民币，境外企业的资产总额为 21.76 亿美元。

2017 年 7 月，山东省政府出台《关于促进农业对外合作的实施意见》，提出了全省农业对外合作的总体思路和具体要求。根据山东省政府要求，山东省农业农村厅专门成立了农业对外合作领导小组，统筹组织和指导全省农业"走出去"工作。为切实提高对外农业投资政策的科学化和精细化水平，自 2013 年起，在农业农村部对外经济合作中心的指导下，山东省启动了对外农业投资合作信息采集工作，并实现制度化运作，形成了省、市、县（区）联动的工作体系，建立了企业对外农业投资数据资料库，并按年度发布《山东省对外农业投资合作分析报告》。农业农村部则每年发布《中国农业对外投资合作分析报告》，成为政府决策、政策创设、企业实践和行业研究的参考。本章内容就是在系统梳理近几年的国家和山东省的农业对外投资合作分析报告的基础上，对山东省企业对外农业投资的总体特征、全球分布、重点区域分布、行业分布等方面进行实证分析，对"走出去"企业对外农业投资的基本情况、经济社会效益、经验教训和面临问题等进行全面梳理和分析，试图得出更为翔实、更为全面、更为综合的数据和结论。

（一）山东省农业对外投资的总量特征

1. 对外农业投资流量分析

（1）投资流量总额

山东省对外农业投资净额（投资流量）2014 年为 15417 万美元，2015 年为 18765.38 万美元，2016 年为 7757.30 万美元，2017 年为 8132.25 万美元，2018 年为 20866.96 万美元，2019 年为 50458.34 万美元，2020 年为 28800 万美元。2020 年山东省农业对外投资净额占全国的 12.97%，居全国第一位。由于新冠疫情的因素，2020 年我国和山东省农业对外投资都呈现大幅度减少的趋势。

总体上看,山东省农业对外投资尽管不同年份有所波动,总体上呈现不断增长的态势,并且在全国的位次比较靠前,这与山东省是经济大省、农业大省和农业科技大省都有着必然的联系。另一方面,山东省 2020 年对外投资总额为 576.3 亿元(约合 82 亿美元),而农业对外投资 2.88 亿美元只占山东省对外投资总额的 3.5%,这和全国的情况也非常类似,2020 年中国对外投资总额为 1537.1 亿美元,2020 年中国农业对外投资总额为 22.52 亿美元,只占我国对外投资总额的 1.5%,也就是说山东省农业对外投资的强度(占对外投资的总额)是全国平均水平的 2 倍以上,这又体现了农业大省和农业科技大省的特色,当然山东省农业对外投资占全省对外投资总额的比重看起来好像比较小(3.5%),但是这不能说明农业对外投资不重要,因为不论是在国内还是在国外,农业投资和工业投资、基建投资规模相比都要小得多。

(2)投资流量区域分布

从投资流量的区域分布来看,2016 年山东省对外农业企业在境外的农业投资对亚洲的投资规模最大,达 2390.55 万美元,占投资流量总额的 30.8%;对非洲的投资规模位列第二,投资额为 1738.02 万美元,占投资流量总额的 22.4%;对欧洲的投资额为 1725 万美元,占投资流量总额的 22.2%;对南美洲的投资额为 1115.81 万美元,占投资流量总额的 14.4%;对北美洲的投资额为 687.91 万美元,占投资流量总额的 8.9%;对大洋洲的投资规模最小,投资额为 100 万美元,占投资流量总额的 1.3%。亚洲,非洲是山东省农业对外投资的重点区域,合计占投资流量总额的 53.2%。

2017 年,山东省对外农业投资企业在境外的农业投资对南美洲的投资规模最大,投资额为达 4322.84 万美元,占比 53.15%;对欧洲的投资规模位列第二,1287.80 万美元,占比 15.84%;对非洲的投资额为 939.27 万美元,占比 11.55%;对亚洲的投资额为 906.98 万美元,占比 11.15%;对北美洲的投资额为 575.36 万美元,占比 7.08%;对大洋洲的投资规模最小,投资额为 100 万美元,占比 1.23%。南美洲、欧洲是山东省农业对外投资的重点区域,合计占投资流量总额的 69%。

2018 年,山东省对外农业投资企业在境外的农业投资流量总额为

20866.96 万美元。从投资流量的区域分布来看，在亚洲的投资规模最大，达 17464.78 万美元，占比 83.70%；在大洋洲的投资规模位列第二，投资额为 1791.7 万美元，占比 8.59%；在非洲的投资额为 861.23 万美元，占比 4.13%；在欧洲的投资额为 600.55 万美元，占比 2.88%；在北美洲的投资额为 80 万美元，占比 0.38%；在南美洲的投资规模最小，投资额为 68.7 万美元，占比 0.33%。亚洲、大洋洲是山东省农业对外投资的重点区域，合计占投资流量总额的 92.29%。

2019 年，山东省农业对外投资企业在境外的农业投资流量总额 50458.34 万美元，比 2018 年的 20866.96 万美元增加 29591.38 万美元，增加了 141.81%。从投资流量的区域分布来看，对亚洲的投资规模最大，达 49049.62 万美元，占比 97.21%；对非洲的投资规模位列第二，投资额为 1001.42 万美元，占比 1.98%；对大洋洲的投资顺为 195 万美元，占比 0.39%，对欧洲的投资额为 190 万美元，占比 0.38%；对南美洲的投资额为 22.3 万美元，占比 0.04%；对北美洲的投资规模最小，投资额为 0。

从以上四年山东省对外农业投资的具体数据来看，有以下三个特点：

一是山东省农业对外投资遍及南极洲之外的所有大洲。由于具体项目的原因，不同年份投资的重点区域而有所不同，看似有一定的偶然性，其实是必然，因为在我国农业对外投资才刚刚走出国门不久，总体规模尚小的情况下，一个大项目的投资就可能代表全省整个年份的投资方向。

二是在亚洲的投资规模最大。这和全国的情况一样，尽管有些年份比如 2017 年山东省农业对外投资的最大流向是南美洲，但总体上还是亚洲最多，这是因为一方面亚洲距离中国近，和中国经济联系密切，比如东盟已经取代欧盟、美国，成为中国最大的经济贸易伙伴就是最好的例子，农业领域自然也是近水楼台先得月；另一方面，亚洲是世界第一大洲，人口占世界总人口的三分之二，面积大、人口多，自然而然农业投资需求旺盛，东盟的印尼、柬埔寨、越南、菲律宾、泰国、缅甸、马来西亚等国，土地资源丰富，和中国农业发展的互补性很强，一直是中国农业对外投资的主要国家。

三是"一带一路"沿线国家占有很大比重。"一带一路"沿线国家所在的亚洲、非洲、欧洲国家经济发展程度不一,既有欧洲这样发达国家聚集地,也有非洲等全球最为落后的地区,对农业投资的需求各不相同,非洲等地水土资源丰富、劳动力众多,农业生产成本低,对农业生产领域的投资机会比较多,而西欧等地农业科技发达、农业生产力水平很高,农业科技等方面与中国互补性强,在诸如农业育种等领域同样有着很好的农业投资机会。

四是北美洲并不是山东省农业投资的重点地区。美国是世界上经济最发达的国家,也是经济总量最大的国家,农业生产现代化水平很高,加拿大国土辽阔、农业资源丰富,按说和山东省农业生产的互补性也是很强,但是从上面的数据可以看出,北美洲只占山东省农业对外投资很小的比例,可能与两国的农业产业已经高度发达有关,也或许与近几年中美经贸领域总体的状况有关,比如中美贸易摩擦、美国对中国全方位的遏制政策等有一定关系。

（3）投资流量产业分布

从投资流量的产业分布来看,2016 年,山东省对外农业投资企业在境外的农业投资流量总额 7757.3 万美元。其中种植业的投资流量 2566 万美元,占境外投资流量总额的 33.1%;林业的投资流量 580.1 万美元,占比 7.5%;畜牧业的投资流量 660.4 万美元,占比 8.5%;渔业的投资流量 1860.2 万美元,占比 24.0%;农副产品加工业的投资流量 1041 万美元,占比 13.4%;农林牧渔服务业的投资流量 113 万美元,占比 1.5%;其他产业的投资流量 936.6 万美元,占比 12%。农业、渔业和农副产品加工业是山东省对外农业投资流量排名前三位的行业。

2017 年,山东省对外农业投资企业在境外的农业投资流量总额 8132.25 万美元。从投资流量的产业分布来看,种植业的投资流量 1337.14 万美元,占比 16.44%;林业的投资流量 503.36 万美元,占比 6.19%;渔业的投资流量 981.94 万美元,占比 12.07%;农资的投资流量 248 万美元,占比 3.05%;其他产业的投资流量 5061.81 万美元,占比 62.25%。其他产业、种植业和渔业是山东省对外农业投资流量排名前三位的产业。

2018 年,山东省对外农业投资企业在境外的农业投资流量总额为

20866.96 万美元。其中种植业的投资流量总额为 650.23 万美元，占比 3.11%；林业的投资流量为 15054.48 万美元，占比 72.156；渔业的投资流量为 1525.3 万美元。占比 7.31%；农资的投资流量为 550 万美元，占比 2.64%；其他产业的投资流量为 3086.95 万美元，占比 14.79%：没有投资流量流向畜牧业。林业、渔业、其他产业是山东省对外农业投资流量排名前三位的产业。

2019 年，山东省农业对外投资企业在境外的农业投资流量总额 50458.34 万美元，其中流向非农业部门的投资流量总额 145 万美元，占比 0.299%；流向农业部门的投资流量总额 50313.34 万美元，占比 99.71%。流向林业的投资流量 1432.19 万美元，占境外投资流量总额的 2.84%；流向其他产业（主要指农产品加工业和农业服务业）的投资流量 44723.73 万美元，占比 88.63%；流向渔业的投资流量 2640 万美元，占比 5.23%；流向农资的投资流量 88 万美元，占比 0.17%：流向包括粮食作物和经济作物在内的农业投资流量 1429.42 万美元，占比 2.83%；没有投资流量流向畜牧业。

从以上数据可以看出：山东省农业对外投资的产业分布不同年份之间差异很大。有的年份种植业占比最高；有的年份农产品加工业和农业服务业占比最高，比如 2019 年流向农产品加工业和农业服务业的投资流量 44723.73 万美元，占比 88.63%；有的年份比如 2018 年则是林业投资占了全年投资流量的近四分之三，这同样是由于不同年份投资项目的不同类型导致的，比如一个大型企业的一个境外农业投资项目就可能占据了全省全年投资总额的大部分。这一定程度上说明了山东省农业对外投资发展还处在发展的初级阶段，总体而言还是只有少数企业走出去进行农业对外投资才导致了这种情况。同时从另一个角度看，山东省农业对外投资的潜力还很大。

第二个特点是：总体而言，山东农业对投资的重点行业在于种植业、林业、渔业、农产品加工和农业服务业等其他行业。这也符合山东省农业发展的实际情况：山东省粮食等作物种植技术总体比较先进，在全国和全球都属于高产地区，农机配套等也很成熟，具备走出去的条件。山东省同时又是中国最大的木材加工基地，但是本地木材远远不够用，所以每年都要进口数千万立方米的木材，而国外的东南亚、非洲、俄罗斯、南美洲等地，森林资源丰富，开展林业生产的条件好，山东相关企业抓住机会，投资国外林业也是最顺理成章的。远洋渔业山东一直走在全国的前列，山东的荣成等地，在21世纪初就有企业的远洋捕捞船队，远赴南太平洋岛国等地进行渔业生产，山东远洋渔业的产量也一直位居全国前列。至于其他产业的投资主要是因为山东省本来就是农产品加工业大省，农业产业化程度比较高，具有走出去的优势。值得注意的是，从有关资料可以看出：山东农业产业最有竞争力的水果和蔬菜产业境外种植的数量和规模都不大，这可能与蔬菜水果业在山东省本地也是以小农经济为主，产业本身缺乏走出去的实力，即使有零散的菜农果农走出国门，到国外投资经营，也是规模小，甚至不在统计范围之内；另一个方面，蔬菜水果等的种植对气候、技术、劳动力的要求都比较高，国外这些生产要素都比较缺乏，所以限制了山东省的蔬菜水果产业大规模对外投资的可能性。

2. 对外农业投资存量分析

2014年山东省农业对外投资存量为82340.18万美元，2015年为99847.4万美元，2016年为143163.7万美元，2017年为103212.12万美元，较2016年的143163.70万美元减少39951.58万美元，降幅达到27.91%，2018年为162814.37万美元，2019年为205778.04万美元，2020为228900万美元。截至2020年底，山东省农业对外投资存量居全国第三位，仅次于海南省（51.11亿美元）和上海市（38.35亿美元），占全国对外农业累计投资总额的1.57%。

从以上数据可以看出，除了2017年之外，山东省对外农业累计投资总额是不断增长的，而且投资存量居全国第三位，一定程度上体现了山东省农业大省、经济大省和农业对外开放大省的地位。

（1）山东省农业对外投资存量的区域分布

2016年山东省对外农业投资在亚洲的投资存量最大，为60819.33万美元，占投资存量总额的42.5%；在大洋洲的投资存量位列第二，为32884.94万美元，占投资存量总额的23.0%；在非洲的投资存量位列第三，为20025.88万美元，占投资存量总额的14.0%；在欧洲的投资存量为13381.63

万美元，占投资存量总额的 9.3%；在北美洲的投资存量为 10354.91 万美元，占投资存量总额的 7.2%；在南美洲的投资存量最小，为 5697.03 万美元，占投资存量总额的 4.0%。山东省农业对外投资存量主要集中在亚洲、非洲和大洋洲，三大洲合计占投资存量总额的 79.5%。

2017 年山东省对外农业投资在大洋洲的投资存量为 26427.94 万美元，占比 25.60%；在亚洲的投资存量为 22672.87 万美元，占比 21.97%；在非洲的投资存量为 18022.79 万美元，占比 17.46%；在欧洲的投资存量为 12601.70 万美元，占比 12.21%；在北美洲的投资存量为 11125.29 万美元，占比 10.78%；在南美洲的投资存量为 12361.53 万美元，占比 11.98%。

2018 年山东省对外农业投资在亚洲的投资存量为 83.672.22 万美元，比 51.39%。在大洋洲的投资存量为 30006.94 万美元，占比 18.43%；在非洲的投资存量为 17531.58 万美元，占比 10.77%；在北美洲的投资存量为 11071.68 万美元，占比 6.84；在欧洲的投资存量为 10310.25 万美元，占比 6.3%；在南美洲的投资存量为 10221.7 万美元，占比 6.28%。山东省农业 % 外投资存量主要集中在亚洲、大洋洲和非洲，三大洲合计占投资存量总额的 80.59。

截至 2019 年底，山东省农业对外累计投资总额 205788.04 万美元。较 2018 年的 162814.37 万美元增加 42973.67 万美元，增长率为 26.39%。从投资存量的区域分布来看，在亚洲的投资存量为 127146.07 万美元，占比 61.78%；在大洋洲的投资存量为 28605.64 万美元，占比 13.9%；在非洲的投资存量为 19631.64 万美元，占比 9.54%；在北美洲的投资存量为 11434.15 万美元，占比 5.56%；在欧洲的投资存量为 10426.23 万美元，占比 5.07%；在南美洲的投资存量为 8534.31 万美元，占比 4.15%。

从山东省农业对外投资存量的分布情况来看，山东省对外农业投资主要集中在亚洲、大洋洲、非洲，三者合计占投资存量总额的近 80%，其中亚洲占一半以上，充分说明区位优势的重要性。可以预见：今后山东省农业对外投资的重点区域仍然是亚洲、非洲和大洋洲。亚洲主要集中在东亚、东南亚地区，特别是东南亚地区，气候好、土地资源丰富，热量资源丰富，人力资源充足，农业市场大，与山东省农业发展具有很好的互补性，而且地理位置相近，东南亚国家在热带作物种植、稻米种植、农资生产等领域具有广阔的合作发展前景。大洋洲人少地多、海洋渔业资源丰富，非常适合规模化农业和远洋渔业的发展，正好弥补山东省农业生产的短板。非洲则是山东省对外农业合作的老伙伴，早在建国之初就有对非洲援助性质的农业技术资金的输出，这本身符合我国政治外交的需要，具有非常重要的意义，要知道当年我国加入联合国就是亚非拉的第三世界的兄弟把我们拉进去的，所以我们对非洲的农业援助一直持续至今。非洲也是人少地阔，土地资源丰富，非洲可耕地面积达到 8.3 亿公顷，是我国的 5 倍多，人口总量只有 13 亿，所以非洲农业具有非常广阔的前景，但是由于农业技术落后，基础设施落后，耕作方式落后等原因，非洲仍然有数亿人由于粮食供应短缺而常年处于饥饿状态，非洲是全球人均粮食产量最低的一个大洲，也是世界上饥饿程度最为严重的地区。从农业资源的资源禀赋上讲，非洲确实守着金饭碗没饭吃，非洲长期以来是世界上最不发达的地区，所以发展农业也是非洲各国国计民生发展的首要任务，我国作为负责任的大国，帮助非洲人民发展农业，解决非洲地区的粮食问题、民生问题、经济问题，责无旁贷。同时对非洲的农业投资也可以在解决当地粮食问题和经济问题的同时，我国也可以获得相应的政治效益和经济效益，是一举多得的好事。

（2）投资存量产业分布

从投资存量的产业分布来看，截至 2018 年底，山东省农业对外投资存量中，种植业的投资存量为 97761.52 万美元，占比 60.06%；林业的投资存量为 19170.21 万美元，占比 11.78%；畜牧业的投资存量为 1388.96 万美元，占比 0.85%；渔业的投资存量为 15713.32 万美元，占比 9.65%；农资的投资存量为 10200.9 万美元，占比 6.27%；其他产业的投资存量为 18547.40 万关元，占比 11.39%。种植业、林业和其他产业成为山东省对外农业投资存量排名前三位的产业。

3. 对外农业投资境内企业类型分析

在山东省对外农业投资的 66 家境内企业中，有限责任公司有 50 家、占企业总数的 75.76%；股份有限公司 9 家，占企业总数的 13.64%；私营企业 5 家，占企业总数的 7.58%：外商投资企业 1 家，占企业总数的 1.52%；

国有企业 1 家，占企业总数的 1.52%。可见，有限责任公司，股份有限公司和私营企业是山东省对外农业投资企业的三大主体、在数量上均超过国有企业。"走出去"的非国有企业数量的不断增加表明，山东省境内企业已经开始大规模地在海外进行农业投资，私营企业其灵活的经营方式表现出对外农业投资的巨大潜力。

（二）山东省对外农业投资的主要特征

1. 投资比较集中在东南亚、非洲、澳大利亚等区域

由于地理位置和人文交流的关系，亚洲占山东省农业对外投资总额的一半以上，尤其是东南亚地区是山东省农业对外投资最为集中的地区，主要集中在马来西亚、老挝、泰国、柬埔寨、印尼等国，比如截至 2018 年底，山东仅在柬埔寨这样一个 18 万平方公里的东盟小国家里面就有 7 家农业投资企业，其中种植业 4 家、畜牧业、林业、其他产业各 1 家，投资存量近 7000 万美元，柬埔寨是山东农业对外投资的最多的国家之一。泰国、印尼也有千万美元以上的投资存量。另外，山东对蒙古国的投资存量超过 3000 万美元，算是比较多的。中亚、俄罗斯等国虽然目前投资存量比较少，但是投资前景是非常广阔的。非洲国家也是山东省农业对外投资的重点地区，山东省对非洲农业投资存量在 2018 年底已经达到 1.75 亿美元，大大超过山东对南北美洲和欧洲的农业投资，这可能与山东省对非洲农业援助和交往的历史有关。大洋洲也是山东省农业对外投资的重点地区，截至 2018 年底，山东对大洋洲农业投资存量超过 3 亿美元，是仅次于亚洲的第二大农业对外投资地区。

2. 投资领域主要集中在种植业、农产品加工业、林业、渔业等

山东省农业种植业从育种到管理和收获，农机具和农资的配套都具有非常大的优势，但是山东省人多地少，所以山东省种植业对外投资具有非常有利的条件。山东省农业对外投资存量的 60% 以上是种植业，在东南亚重要种植的作物有稻米、玉米、油棕、天然橡胶等热带作物；在非洲种植的主要有棉花、玉米等农作物；在澳大利亚重要是小麦等的种植。山东作为我国最大的木材消耗大省和海洋渔业大省，也具有走出去的实力和需要，因此，林业和渔业就成为山东省第二和第三位的农业对外投资领域。

3. 投资种植业的主要动机是土地便宜，劳动力成本低和市场机会

"一带一路"沿线中间的国家，大部分都是发展中国家，绝大多数国家人少地多，经济发展水平不高，农业在国民经济体系中占有非常重要的地位，这些国家农业现代化程度大多比较低，山东省相对发达的农业全产业链正好与这些国家形成一种互补效应。这些国家大多土地资源利用程度不高，因此低价比较便宜，非洲的一些国家如埃塞俄比亚、赞比亚、坦桑尼亚、莫桑比克、津巴布韦等国，土地租金都极为便宜，每年一公顷土地租金可以只有1美元到几美元，另外由于经济发展水平的影响，很多非洲、东盟国家的平均工资只有不到中国的三分之一，农业生产的劳动力成本也非常低廉。由于生产力水平的限制，一些欠发达国家的农产品价格并不低，比如非洲诸国粮食、棉花、蔬菜等的价格普遍比我国高，本地农产品市场广阔，这样低成本、高价格的农业经营环境，很容易提高农业投资的效益。此外，中亚诸国、俄罗斯、蒙古、澳大利亚、巴西、加拿大等国的土地价格整体上也比较便宜，这应该是吸引山东省农业对外投资的非常重要的因素。

4. 山东省对外农业投资的境外企业规模偏小

截至2018年年底，山东省80家境外农业企业总资产为21.8亿美元。其中：资产总额在10000万元以上的企业有4家，占企业总数的4.65%；资产总额在5001万～10000万美元的企业有3家，占比3.49%；资产总额在1001万～5000万美元的分地有24家，占比27.91%；资产总额在501万～1000万美元企业有11家，占比12.79%；资产总额在201万~500万美元的企业有12家，占比13.95%；资产总额在200万美元及以下的企业有32家，占比37.21%。由此可见，山东省对外农业投资的境外企业规模偏小，资产总额在500万美元及以下的企业达到44家，占境外企业总数的51.16%；资产总额在5000万美元上的企业只有7家，占比为8.14%。

5. 对外农业投资方式和模式呈现多样化的特征

投资种养业的主要有两种方式。一是直接租地或买地，这种方式占了大多数。有些国家限制外国人或企业法人购买土地，一般是通过设立由当地人控股的合资公司作为土地受买方来规避这类法律限制。二是通过并购

企业获得土地的所有权或经营权，例如华岳集团 2006 年在柬埔寨并购了秀玉投资有限公司获得一个特许林地项目。投资加工业的主要也有两种方式。一种是与当地企业或个人合作投资，这种方式占了大多数，二是独资经营。

二、山东省对外农业投资的重点国家及其投资环境

（一）山东省在印度尼西亚的农业投资

1. 印度尼西亚的投资环境

印度尼西亚共和国（简称印尼）是东南亚国家，由约 17508 个岛屿组成，是马来群岛的一部分，国土面积约 191.4 万平方公里，是全世界最大的群岛国家。

（1）总体概况

区位优势。印度尼西亚位于亚洲东南部、亚洲大陆与澳大利亚之间，扼守出入太平洋、印度洋之间的门户马六甲海峡。

气候。印尼为典型的热带雨林气候，年平均温度为 25~27℃，全年最高气温为 41℃，最低气温为 20℃。北部受北半球季风影响，7~9 月降水量丰富；南部受南半球季风影响，12 月、1 月、2 月降水量丰富，全年降水量为1600~2200 毫米。

农业资源。印尼拥有可耕地面积约 2630 万公顷，占土地面积的 14%，耕地资源非常丰富。作为世界上生物资源最丰富的国家之一，印尼约有40000 种植物，海洋鱼类多达 7000 种。印尼有"热带宝岛"之称，盛产棕榈油、橡胶等农林产品。其中，棕榈油产量居世界第一，天然橡胶产量居世界第二。印尼有 1.19 亿人口居住在农村，占总人口 44.0%。农业就业人口占总就业人口的 28.6%，农业人力资源丰富。

人口。截至 2021 年 1 月，印尼人口总数达 2.71 亿，是目前世界第四人口大国，是东盟各成员国中人口最多的国家，在亚洲各国中人口数量仅次于中国和印度。印尼是世界上华侨华人最为集中的国家；华侨华人在印尼商贸和工业领域发挥着重要作用。

基础设施。印度尼西亚基础设施建设发展相对滞后，佐科总统上任后，提出了建设"海上高速公路"战略。

（2）经贸发展

宏观经济。印尼是东盟最大的经济体，2021 年，印尼国内生产总值（GDP）为 11858.05 亿美元，同比增长 3.69%；人均 GDP 为 4355.6 美元，同比增长 12.56%。全球排名第 16 位，人均 GDP 约为 3800 美元；外汇储备 1260 亿美元，创历史新高。

产业发展。第一产业占 12.82%，第二产业占 40.56%，第三产业占 46.62%。2017 年，国内投资前五大产业依次为：食品工业、交通仓储通讯业、建筑业、水电汽供应和种植业。

对外贸易。对外贸易在印尼国民经济中占重要地位。2021 年，印尼对外货物贸易总额约为 4316.35 亿美元，同比增长 41.3%。其中，出口额为 2328.35 亿美元，同比增长 42.5%；进口额为 1988.00 亿美元，同比增长 39.9%。贸易顺差为 340.35 亿美元。印尼同时也是农业出口大国，而且是农产品贸易顺差大国。2018 年，印尼农产品贸易额 537 亿美元，占贸易总额 12.2%。其中农产品出口额 345 亿美元，进口额 192 亿美元，农产品贸易顺差为 153 亿美元。印尼的出口农产品主要是油棕、天然橡胶、可可豆、咖啡等热带作物，进口农产品主要是大豆、小麦、棉花、花生和玉米等。

中国是印尼第一大贸易对象国。从出口数据看，中国是印尼第一大出口目的地，2021 年中国进口印尼商品总额达 532 亿美元，占印尼对外出口总额的 23%，美国和日本分居第二、第三，出口占比分别为 11% 和 8%。印尼主要出口目的国家或地区还有东盟（21%）、欧盟（11%）、印度（6%）、韩国（4%）。从进口数据看，2021 年印尼从中国进口商品总额达 536 亿美元，占印尼进口总额的 27%，其次是从新加坡和日本进口，占比分别为 9% 和 8%。印尼其他主要进口来源国家或地区还包括东盟（21%）、欧盟（6%）、美国（6%）、韩国（5%）、澳大利亚（5%）、印度（4%）和中国香港（3%）。

吸引外资。世界银行发布的《2020 年营商环境报告》显示，印尼营商环境在全球 190 个经济体中排名第 73 位，比 2016 年上升了 20 多个位次。印尼政府在 2020 年末颁布了就业总和法，希望消除低效的官僚主义，简化企业手续要求，开放更多产业，从而吸引外资。近几年，印尼每年吸引外资超过 300 亿美元。

劳动力成本。印尼就业人口规模可观。截至 2021 年 7 月,印尼劳动力人口约为 1.37 亿。此外,根据印尼中央统计局数据,印尼每年约新增劳动力 350 万~400 万人。在劳动力价格方面,印尼劳动力价格在亚洲地区较具竞争优势,与周边国家相比,印尼平均工资水平略低于马来西亚,远低于泰国。在印尼本地,城区就业人口平均工资远高于农村;分行业领域看,石油行业工资较高,农业工资则较低。

对外合作。印尼是世界贸易组织 (WTO) 正式成员,是东盟发起国之一,是 G20 重要成员,是欧盟提供关税优惠的受惠国之一。

（3）双边关系

合作机制。中印两国建有副总理级对话等高层交流合作机制以及政府间部长级的经贸合作、防务与安全以及航天、农业、科技等政府间双边交流与磋商机制。

双边贸易。中国连续多年是印尼的第一大贸易伙伴,东盟也于近两年超过欧盟跃升为中国的第一大贸易伙伴。2022 年中印尼双边贸易额达 1490.9 亿美元,发展势头非常好,而且发展潜力巨大,这是我国推进"一带一路"倡议的伟大成果之一。印尼对中国出口商品主要是矿产品和动植物油脂,中国对印尼的出口商品主要是机电产品。蔬菜等农产品对印尼出口也比较多。

（4）双边投资。印尼已成为中国企业投资海外的十大目的地之一。2022 年,中国企业对印尼直接投资达 82.3 亿美元,同比增长 160%,创历史新高,位列印尼第二大外资来源国。如果加上中国企业经由新加坡和中国香港对印尼的投资,中国实际上已经成为印尼最大的外资来源国。

（5）产业互补性。"中国制造 2025"和"印尼制造 4.0 路线图"在众多领域可以实现对接。2018 年 4 月,印尼政府正式发布"印尼制造 4.0"路线图,聚焦发展食品和饮料、汽车、纺织、电子、化学产品、基础金属、金属制品、工业机械设备、珠宝和贵重品、制药业、烟草业、煤油气、橡胶塑料制品、木材家具、纸张和非金属制品 16 个产业,这与我国"中国制造 2025"具有较强的互补性。

合作协定。两国签订了《投资保护协定》、《海运协定》和《避免双重征税协定》，并就农业、林业、渔业、矿业、交通、财政、金融等领域的合作签署了谅解备忘录。

（6）中国在印尼的主要农业投资项目

中国·印尼聚龙农业产业合作区。中国·印尼聚龙农业产业合作区是习近平主席访问印尼和佐科总统访问中国时的签约项目，同时还是中国农业农村部确定在东盟地区第一家全国对外农业投资 合作的首批试点支持项目，中国三个国家级境外经贸合作区农业产业型园区之一，商务部和财政部考核确认的国家级境外经贸合作区。

合作区产业定位为油棕种植开发、棕榈油初加工、精炼分提、品牌包装油生产、油脂化工（脂肪酸、甘油及衍生品生产）及生物柴油生产等，同时配套发展仓储、物流等产业。

2. 山东省在印尼的农业投资合作项目

典型案例 1：山东省农业科学院—印尼联合开展印尼本土化玉米育种

印尼地处热带，发展热带经济作物及粮食作物的条件非常优越，但是由于农业发展历史以及农业技术的原因，印尼农业呈现畸形发展的态势，主要表现为：油棕、天然橡胶、可可豆、咖啡等热带种植园作物发展很快，种植面积和产量居世界前列，也是印尼主要的出口换汇农产品，而人民群众日常生活所必需的稻米、玉米、花生、大豆等粮油作物均不能自给自足。以玉米为例，拥有 2.71 亿人的印尼，玉米产量不足 2000 万吨，人均不足 100 公斤，远远不能满足需要，这和印尼光热水土资源丰富、耕地面积广大很不相称，从自然条件而言，印尼的玉米产业发展前景非常广阔。然而，玉米育种技术落后、病虫害蔓延、栽培技术落后等制约了印尼玉米产业的发展。随着经济社会发展，印尼消费者对玉米的需求量急剧增加，迫切需要提高单产和总产。为此，该国政府提出了"玉米自给计划"，优先开展玉米研究，推动玉米生产。

山东省作为我国玉米种植和玉米育种科技最为发达的省份之一，拥有山东省农业科学院、山东农业大学、登海种业等玉米育种与栽培的科研单位，与印尼的玉米种植需求有着极好的互补性。早在 2006 年 10 月，在前期沟通协商的基础上，山东省农业科学院玉米研究所负责人飞到印度尼西亚东爪哇省泗水市，与印度尼西亚和荣农业公司签订了合作协议，之后双方积极开展人员互访和科研合作。

2009 年，山东省科技厅依托山东省农业科学院玉米研究所建设了"山东省中—印尼玉米技术合作研究中心"，为热带种质创新利用与人文交流合作搭建了良好平台。

2013 年，山东省农业科学院玉米研究所在印尼东爪哇省建立研发基地，启动玉米新品种选育和配套栽培技术集成。

在中国，有个农业国际交流与合作专项。2013 年，原中国农业部在这一专项中予以立项，支持山东省农业科学院玉米研究所在印度尼西亚建设示范基地，开展成熟品种"走出去"鉴定工作，进一步奠定了山东与印尼友好合作的基础。

2014 年，中国科技部"对发展中国家科技援助"专项"中国—印尼玉米产业科技园区建设"项目批准立项。项目的实施赢得了印度尼西亚合作参与方的高度肯定与认可，为后续稳定持续开展"本土化"育种和技术创新搭建了良好的创新平台。

2017 年，中国科技部国家重点研发计划战略性国际科技创新合作重点专项"印尼优异玉米品种选育合作研究与示范应用"项目立项实施。至此，以中国科研专家为核心，在印度尼西亚开展的玉米"本土化"育种，驶入快车道。

同时，中印玉米品种选育合作与示范项目也得到印尼政府及有关部门，东爪哇省政府及玛琅县政府，印度尼西亚国家谷物研究所、哈山努丁大学和玛琅伊斯兰大学等科研机构和高校的大力支持。

合作协议签署之后，山东省农业科学院玉米研究所的专家们，针对印度尼西亚的玉米生产开展了一系列的技术服务；对当地的生态气候条件和玉米产业发展有了深入的了解。在这一过程中，曾将我国的优良成果引到印尼，进行试验，发现其"水土不服"，适应性较差。

这条捷径不通，只好另寻路径。于是，他们决定在印尼建立研发基地，选育适应当地气候和水土的玉米新品种。要满足当地的需求，玉米新品种必须高产；还要抗玉米霜霉病——印度尼西亚各地普遍发生的这种主要玉米病害。

经过一番考察、思考和论证，育种目标逐渐变得清晰起来，即"耐密高产、耐涝和抗病"。

接下去，科研人员开始运用多种技术创制种质材料，累计创制了数百份。2021年参加印尼国家审定，四个玉米品种最终通过了审定，分别命名为印尼—中国4号、7号、9号和10号，寓意两国政府支持国际科技合作。

印尼安排组织了试验品种的高产种植试验和大面积种植示范。高产种植试验结果令人欣喜：经印度尼西亚国家谷物研究所所长阿泽瑞研究员等组成的专家组测产验收，印尼—中国7号（IDCHN07）最高亩产914.51公斤，平均亩产890.00公斤。

对于该品种的表现，印度尼西亚国家谷物研究所、哈山努丁大学、玛琅伊斯兰大学的专家以及玛琅县农业技术人员和部分种子企业负责人，均给予高度肯定，当地农民也普遍认可。

典型案例2：山东先达化工有限公司与聚龙集团合作项目

山东先达化工有限公司（简称"先达"）是国家农药定点生产企业，具有自营进出口权，通过ISO9000:2000国际质量体系认证，是集农药及其相关产品研制、开发、生产、销售于一体的高新技术企业，产品涵盖除草、杀菌、杀虫制剂及其相关产品。

聚龙集团作为中国在印尼投资棕榈种植园规模较大的企业，棕榈种植园内每年对于农药消耗量较大，作为油棕种植的产业链配套企业，山东先达化工有限公司与聚龙集团仅除草剂一项每年的交易额就达60亿卢比（约300万人民币），在印尼市场的销售额逐渐上升。

先达于2017年6月与聚龙签订长期合作协议，并在合作区建立了分公司PT.Dauta Utaman Indonesia。公司依托聚龙农业产业合作区的优势，在一系列准证办理，社会关系问题上得到合作区提供的帮助，合作区也承诺在合作区种植企业中优先推广先达的产品；同时，先达已在合作区种植园内建设了农药研发中心，聚龙农业产业合作区集聚辐射的种植园为新生产的产品提供了完美的实验基地，生产出的成熟产品以合作区分布在各区域的种植园作为中心，搭载合作区形成的强大物流网，将销售网辐射到印尼各棕榈种植园。入区后实验场地费每年节约 20 万元；合作区所在的种植公司如果对生产的产品有需要，可以直接从仓库取货，大大减少了采购环节，提升了生产效率。先达未来计划派遣更多科研团队赴合作区，借助合作区平台开发适销对路的产品，严把质量关，诚信经营，不断扩大当地市场规模。

（二）山东省在泰国的农业投资

1. 在泰国进行农业投资的基本特征

2018 年，山东省对泰国的农业投资流量为 605 万美元，占山东省对亚洲农业投资流量总额的 3.46%。其中，对农产品加工及农业服务等产业的投资流量最大。截至 2018 年年底，山东省对泰国的农业投资存量为 3371 万美元，占山东省对亚洲农业投资存量总额的 4%，其中，对种植业的投资存量最大，为 2000 万美元，占对泰国投资存量总额的 59.33%；对农产品加工及农业服务等其他产业的投资存量为 1371 万美元，占比为 40.67%。截至 2018 年年底，山东省在泰国直接投资的农业企业共有 2 家，其中，种植业企业为 1 家，其他产业企业为 1 家，各占在泰国境外投资企业总数的50.00%。

2. 泰国的投资环境

泰国位于亚洲中南半岛中部，东南部濒临太平洋，西南部濒临印度洋，与马来西亚、老挝、缅甸等国相邻。泰国属于典型的热带季风气候区，全年分为热、雨、凉三季，年平均气温在 24℃~30℃。泰国地形大部分为低缓的山地和高原，中南部平原面积广阔，非常适合农业的发展，生产各种热带农作物和稻米，是世界上农业比较发达的国家。

泰国奉行独立自主的外交政策。泰国重视周边外交，积极发展睦邻友好关系，维持大国平衡。作为东盟成员国，泰国与菲律宾之外的其他八个东盟成员国建立了内阁联席会议机制。同时泰国积极参与澜沧江—湄公河合作与大湄公河次区域经济合作。泰国发起并推动亚洲合作对话机制，积极参加亚太经济合作组织、世界贸易组织、东盟地区论坛和博鳌亚洲论坛等国际组织活动。中泰两国现已建立起全面战略合作伙伴关系，并已签署共同推进"一带一路"合作备忘录。

泰国实行自由经济政策，泰国近几十年经济发展比较快，曾经被称为"亚洲第五小龙"，是世界新兴经济体之一。农业是泰国传统经济产业，在其国民经济体系中占有重要地位，泰国的稻米、天然橡胶等农产品在全球都占有重要地位。总体而言，泰国政局相对稳定，经济发展势头良好，社会治安良好，汇率物价都比较稳定，气候适宜，投资环境良好。

泰国鼓励外商投资的优惠政策主要分为区域政策和产业政策两大类：

首先是区域政策。根据目前的经济因素，按各区的人均收入和基础设施情况，泰国可划分为三个区：曼谷及邻近的北榄等6个府为第一区；第一区周边的夜功、春武里和普吉等12个府为第二区；其余58府为第三区。区域优惠政策是以曼谷为中心向外扩展，越向外围投资政策越优惠。具体税收优惠政策包括：（1）免缴或减半征收进口税：进口税率不低于10%的机器，第一区、第二区减半征收进口税，第三区完全免缴。用于生产出口产品所必需的进口原料，三个区均免缴一年进口税。（2）免缴法人所得税：设在第一区的外国投资企业（项目），不享受任何免缴所得税待遇；但如设在第一区的工业区（工业园）内，则可免缴3年法人所得税。设在第二区的投资企业（项目），免缴3年法人所得税：如设在第二区的工业区（园）内，则免缴5年法人所得税。设在第三区的，免缴8年法人所得税；如设在第三区的工业区（园）内，除享受免8年法人所得税外，还可再获5年减半缴纳法人所得税的优惠。

其次是产业政策。泰国新的鼓励投资的产业政策从过去重点发展制造业转向了农业及农产品加工业、公共事业及环保项目、科技与人才开发等的领域上来，农业投资是泰国重点鼓励发展的外商投资领域。

为了刺激投资增长从而推动泰国经济稳定增长，2016年泰国政府提出"泰国4.0"经济战略目标，即通过创新和技术手段发展高附加值产业，促进泰国产业转型升级，推动新的经济模式发展，增强国家竞争力。为此，泰国政府修订了投资促进法，大力推进"东部经济走廊"战略，同时出台了一项旨在刺激企业投资的税收优惠政策。这些新的法律、政策为投资者提供了新的投资优惠权益。

自2017年以来泰国政府积极采取简化注册程序、为外籍投资者改善经商和投资环境等多项措施，以改善泰国的贸易经商环境。2018 年年初，泰国政府进一步改革海外投资相关法律法规，为外国资金进入泰国提供更多便利，以契合"泰国 4.0"经济战略，吸引更多外籍投资者来泰国发展业务。得益于泰国政府积极打造投资环境的政策，泰国连续两年获评为"全球最佳创业国家"第 1 名。为了能够与亚洲其他国家就外商投资事项展开竞争，2019 年 9 月泰国政府又批准了"泰国 +"（Thailand Plus）的激励计划，包括税收优惠政策、为个别国家设立投资特区以及修订外商经营法以促进外商投资。

（三）山东省在柬埔寨的农业投资

1. 柬埔寨的投资环境

柬埔寨位于中南半岛南部，东部同越南接壤，北部与老挝交界，西部与泰国毗邻，西南濒临太平洋。国土面积 18.1 万平方千米，境内主要是平原，发源于我国的湄公河纵贯境内，水资源非常丰富，柬埔寨属热带季风气候，年平均温度在 28℃左右，降水量比较丰富，非常适宜发展水稻、木薯等热带农作物的种植，发展前景广阔。

柬埔寨是君主立宪制的国家，国家立法机构为国会和参议院构成。洪森首相执政以来，大力发展经济，注重改善民生，经济社会取得很大成绩，国内政局保持稳定，社会治安状况良好。近十多年来，柬埔寨经济快速起飞，国内生产总值以年均 7% 的速度增长。

柬埔寨奉行永久中立和不结盟政策，与世界上大多数国家保持友好关系。作为中国的友好邻邦，中柬友谊源远流长，中柬两国历史上没有民族矛盾，没有主权争端。新中国成立以来，中国历代领导人与西哈努克王室友好交往，不断增进两国人民的深厚友谊。目前中国居民入柬签证十分便利。两国民心相亲，优势互补，非常有利于我国对柬埔寨投资。

作为一个传统的农业国，柬埔寨经济发展水平比较低，贫困人口占全国人口的四分之一强。柬埔寨政府实施对外开放的政策，推行经济私有化和贸易自由化。农业、农产品加工业和人才培养等领域是柬埔寨优先发展的领域。柬埔寨没有外汇管制和资本输入输出的限制，绝大多数行业和经济部门都对境外投资者开放，属于全球经济自由度最高的国家之一。

柬埔寨政府十分重视外国直接投资对本国经济发展的重要作用，在柬埔寨，外资和内资基本享受同等待遇，农业、农产品加工业、农村发展相关产业被柬埔寨政府列为鼓励投资的优先领域，可以享受包括免征全部或部分关说以及国内赋税等的优惠。2019 年年初，柬埔寨首相洪森颁布命令，在边境口岸和国际关口免除货检局的职责，柬埔寨海关和税务总局成为唯一一个负责检查进出口商品的单位，此举意在提升效率和竞争力以吸引外商来柬埔寨投资。

2. 在柬埔寨进行农业投资的基本特征

2018 年，山东省对柬埔寨的农业投资流量为 273.38 万美元，占对亚洲农业投资流量总额的 1.6%。其中对种植业产业的投资规模最大，投资额为 166 万美元，占对柬埔寨投资流量总额的 60.72%；对林业投资规模位列第二，投资额为 107.38 万美元，占比 39.28%。

山东省对柬埔寨农业投资额比较大，截至 2018 年年底，山东省对柬埔寨的农业投资存量为 6923.21 万美元，占对亚洲农业投资存量总额的 8.23%。其中种植业的投资存量最大，为 4025.21 万美元，占对柬埔寨投资存量总额的 58.14%，主要是稻米种植；林业的投资存量位列第二，为 2259 万美元，占比 32.63%。

截至 2018 年年底，山东省在柬埔寨直接投资的农业企业共有 7 家。其中种植业企业最多，为 4 家，占在柬埔寨境外投资企业总数的 57.14%；畜牧业、林业以及其他产业企业各为 1 家，共占在柬埔寨境外投资企业总数的 42.86%。

（四）山东省在蒙古国的农业投资

1. 蒙古国的投资环境

蒙古国作为我国的近邻，与我国山水相连，血脉相亲。近年来，中蒙两国关系发展势头良好。蒙古国作为一个矿业和畜牧业为主的国家，中蒙两国经济互补性强，合作前景广阔。蒙古国对外商提供国民待遇，允许外商投资蒙古国法律禁止从事的生产和服务行业以外的所有行业，并对外商实施各种税收和非税收优惠政策。对于农牧业加工业和出口产品加工业生产所需要的进口的机器设备，免除在安装过程中的关税，增值税税率降至零。外商投资农业的税收优惠还包括核减相关折旧费，从未来收入中核减纳税收入中的亏损，纳税收入中核减员工培训费等等。在非税收扶持方面，蒙古国允许以合同形式占有并使用土地最长达到 60 年，并可以按照原有条件再延长 40 年。依法向外商投资者及其家人多次发放往返签证及长期居住许可证等等。

2. 山东省在蒙古国进行农业投资的基本特征

山东省对蒙古国农业投资额也比较大，截至 2018 年年底，山东省对蒙古的农业投资存量为 3070.5 万美元，占对亚洲农业投资存量总额的 3.7%。其中，农产品加工和农资行业的投资存量最大，为 3070.5 万美元，占对蒙古投资存量总额的 100%。

（五）山东省在哈萨克斯坦的农业投资

1. 哈萨克斯坦的投资环境

哈萨克斯坦共和国（以下简称哈萨克斯坦）位于欧亚大陆中部，面积272.49 万平方公里，是世界最大的内陆国。截至 2020 年 9 月，哈萨克斯坦人口约为 1878.5 万。

（1）农业开发条件

哈萨克斯坦属于严重干旱的温带大陆性气候，夏季炎热干燥，冬季寒冷少雪。1 月平均气温可以低至 –19℃至，7 月平均气温 19℃至 26℃。年降水的地区差异也非常大，广大的荒漠地区，降水量不足 100 毫米，北部的草原地带降水量在 300~400 毫米，山区个别地方降水量可以达到 1000~2000毫米。总体而言，缺水是哈萨克斯坦农业发展的最大的制约因素。

哈萨克斯坦耕地面积大，全国种植业面积达到 2200 万公顷，人均耕地达到 1.2 公顷，是中国人均耕地面积的 10 倍，是全球重要的粮食主产国和出口国之一；在畜牧业方面，哈萨克斯坦草原辽阔，草原、草场质量也比较好。目前，中国企业已在哈萨克斯坦投资建设了油料生产厂、骆驼奶粉生产厂等，在充分利用当地资源禀赋的同时，帮助当地农户提高了经济收入，为当地创造了较多就业岗位。

（2）宏观经济

根据世界银行数据，2015—2019 年，哈萨克斯坦名义国内生产总值呈先下降后上升趋势。2019 年，名义国内生产总值为 1801.6 亿美元；实际国内生产总值同比增长 4.5%；人均生产总值为 9731.1 美元。受新冠肺炎疫情影响，2020 年哈萨克斯坦经济增速有所下滑。

对外贸易。2015—2019 年，哈萨克斯坦对外贸易呈现逐年增加趋势。2019 年，哈萨克斯坦货物贸易进出口总额为 950.7 亿美元，贸易顺差为 195.5 亿美元；服务贸易进出口总额为 189.3 亿美元，贸易逆差为 39.3 亿美元。

中哈经济互补性强，合作潜力大。目前，中国已经成为哈萨克斯坦最大的贸易伙伴。"一带一路"倡议与中哈产能合作为中哈在经贸领域深入合作提供了广阔空间。

（3）哈萨克斯坦营商环境

世界银行发布的《2020 年营商环境报告》显示，哈萨克斯坦营商环境在全球 190 个经济体中排名第 25 位，较 2019 年上升 3 位。

2019 年，哈萨克斯坦政府出台《关于对哈萨克斯坦涉及营商环境和商业活动管理的部分法律进行修订补充的法案》，旨在通过营造良好营商环境、减免部分税收、改善电子交易水平、加强消费者权益保护等方式吸引外商投资；同年，通过《关于加强哈萨克斯坦吸引外资工作的决议》，决定学习并借鉴国外在投资促进以及支持重大外商投资项目等方面的经验，进一步吸引外国投资。

2019 年，哈萨克斯坦专门成立了吸引投资协调理事会，由总理担任理事会主席，主要负责吸引投资相关工作，同时帮助协调落实新项目，推动优化营商环境。

提高营商环境便利度。按照世界银行《营商环境报告》的标准和指标要求，哈萨克斯坦推出了一系列便利企业的具体举措，主要包括：简化和改进施工项目的专家评估流程，提高施工许可证办理效率，降低财产登记费用，降低企业经营成本，给予债权人绝对优先权，提高放贷安全性等。

根据哈萨克斯坦国家银行统计数据，2010—2019 年，哈萨克斯坦吸收外国直接投资流量总体呈小幅波动态势，2012 年达到峰值 288.85 亿美元。2019 年，哈萨克斯坦吸收外国直接投资流量为 243.41 亿美元，同比增长

0.41%；截至 2019 年底，哈萨克斯坦吸收外国直接投资存量为 1956.76 亿美元。

（4）外交关系

哈萨克斯坦自 1991 年独立以来，奉行多元平衡外交，加入了联合国、欧洲安全与合作组织、上海合作组织、伊斯兰会议组织、集体安全条约组织、独联体等 100 多个国际组织，与 180 多个国家建立了外交关系，外交重点是俄罗斯、中国、美国和欧盟等。

同中国发展和扩大友好关系在哈萨克斯坦对外政策中占有重要地位。1992 年，中哈两国建交。1993 年，时任总统纳扎尔巴耶夫首次访华，奠定和开启了两国高层频繁交往的进程，同年两国宣布了中哈友好关系基础的联合声明。2005 年，中哈建立战略伙伴关系，并于 2011 年升级为全面战略伙伴关系。2013 年，习近平主席首次访哈，对方签署了《关于进一步深化全面战略伙伴关系的联合宣言》，并在纳扎尔巴耶夫大学演讲时提出共建"丝绸之路经济带"倡议。2019 年，哈萨克斯坦总统托卡耶夫应邀访问中国，两国一致决定将本着同舟共济、合作共赢的精神，发展永久全面战略伙伴关系。

（5）中哈农业合作及山东省与哈萨克斯坦的农业合作项目

在"一带一路"大背景下，中国已成为哈萨克斯坦第一大贸易伙伴。近年来，中哈农业合作进入快车道，两国在种植、农产品加工、农业技术和物流运输等领域的合作不断深入。来自哈方的面制品、豆制品、休闲食品等摆上中国百姓餐桌，而中国农业技术也正助力哈粮食逐步推进高质又高产，实现优势互补和互利共赢。

近几年，已有多家中国企业在哈设立种植基地，并在作物育种、耕作栽培技术、粮油加工等方面与哈方开展合作。如由陕西省杨凌示范区和哈萨克斯坦国际一体化基金会合作于 2015 年开发的中哈农业创新园，通过引进中国小麦品种的高产抗病基因，改造和提升了哈国小麦产量和抗病性。使得当地小麦单产提高 82.3%；大豆单产提高 32.7%。中国企业在哈租地曾在哈民间引起争议，但通过合作和接触，哈民众看到了实实在在的好处。哈萨克斯坦政府已经将食品和农产品生产加工列入 4 项对华优先合作领域之一。

希森马铃薯产业集团是一家集马铃薯新品种选育、优质脱毒种薯繁育、马铃薯深加工、科技示范推广于一体的国家高新技术企业，年产原种 4 亿粒、种薯 30 万吨、全粉 1.3 万吨、全粉馒头 6500 吨，是山东省省级农业产业化龙头企业，中国种业 50 强。

希森集团借助国家马铃薯工程技术研究中心、山东省院士工作站、山东省泰山学者等科研优势培育的适合加工和鲜食兼用型新品种，平均单产达 3500-4000 公斤。2017 年起，希森集团在耐盐碱马铃薯品种的创新和选育方面做出了不菲的成绩。希森集团已经建立耐盐碱马铃薯种质资源库，创立了马铃薯耐盐碱马铃薯育种体系和相关的评价标准，以研发为牵引，以"种质资源创新 - 专用品种培育 - 配套栽培技术集成应用"关键技术创新为主线，以创制优异亲本材料为突破口，加强耐盐碱种质资源创新，建设山东省乃至国家级马铃薯种质资源库，加大耐盐碱新品种选育及区域试验力度，推动盐碱地马铃薯的产业发展。

得益于国家"一带一路"倡议。希森集团以国家马铃薯工程技术研究中心为平台，积极开展国际间的科技合作。2017 年初，希森集团与哈萨克斯坦赛福林农业技术大学签订正式科技合作协议，双方共同在阿斯塔纳建立面积为 500 亩的马铃薯科技示范基地，将"希森 6 号"马铃薯引种到哈萨克斯坦。中亚和非洲地区国家马铃薯种植面积大，但由于缺少适宜的新品种，产量一直偏低。"希森 6 号"引入"一带一路"马铃薯种植区，通过完善脱毒种薯繁育及推广体系，配套新技术的应用，使"一带一路"马铃薯主产区脱毒种薯利用率达到 50% 以上，将有效提升当地马铃薯产量和产业技术水平。基于当地政府和周边马铃薯种植者对希森马铃薯的高度认可。我国具有自主知识产权的希森马铃薯新品种第一次被推广到了"一带一路"沿线国家，建立了中国第一个海外马铃薯种薯基地，为中国的种薯走出国门开辟了道路。

马铃薯从海外传到中国，又从中国走向海外。中国的马铃薯机械和种薯又走出国门，加速了世界马铃薯产业的整体发展。海外客户从"希森天成"机械设备，在马铃薯种植产业不同环节的使用效果，加深了对中国产品的信任度，并批量采购。

"希森天成"在不断满足国内客户需求的情况下，积极开拓国际市场。立足国内，服务全球客户。"希森天成"马铃薯机械已出口哈萨克斯坦、安哥拉、塞内加尔、埃及、美国等，为当地的农场提供全程机械化服务。

（六）山东省在苏丹的农业投资

1. 苏丹的投资环境

（1）总体概况

区位优势。苏丹位于非洲东北部，国土面积188.2万平方公里，是非洲第三大面积的国家。尼罗河贯穿南北，青、白尼罗河流经苏丹在喀土穆交汇，然后蜿蜒北上流入埃及。

自然资源。苏丹地域辽阔，土壤肥沃，人少地多，丰富的水源，是苏丹发展农业得天独厚的条件。苏丹有8400万公顷的耕地，而常年耕种的土地仅为1260万公顷，占耕地总面积的15%，剩下7000多万公顷的可耕地荒芜闲置，需要建立水电等农田基础设施。

人口。截至2017年7月，苏丹共有人口3734.6万人，集中分布在喀土穆及其周边、苏丹港、迈达尼、达马津、阿特巴拉等地。苏丹兼具非洲国家、伊斯兰国家和阿拉伯国家于一体，是一个多民族聚集国家，70%以上为阿拉伯人，85%以上信奉伊斯兰教。大约有7000名中国公民在苏丹工作和生活，主要从事桥梁、公路等基础设施建设，开办私人医院、餐馆、超市，及医疗队（派遣）等相关工作。

基础设施。世界银行的《2019年营商环境报告：强化培训，促进改革》显示，苏丹的营商环境处于第170位，其主要制约瓶颈在于其薄弱的基础设施。

（2）经贸发展

宏观经济。苏丹经济结构单一，产业主要以农牧业为主，基础薄弱，工业落后，对自然环境及外援依赖性强。步入21世纪后，苏丹经济高速发展，GDP一般保持在8%左右的稳定增速，但是2011年南苏丹独立后，石油资源一部分归南苏丹所有，使得苏丹宏观经济发生阵痛。2016年，苏丹GDP为944亿美元，人均GDP为2384美元，通胀率为30.5%，失业率为

20.6%。

对外贸易。苏丹对外贸易在经济中占有重要位置，2016 年对外贸易总额为 114.17 亿美元，其中进口额为 83.23 亿美元，出口额为 30.9 亿美元。主要出口产品为矿石（黄金、石油）原材料以及芝麻、牲畜农产品；主要进口产品是工业制成品。中国是苏丹的最大贸易伙伴。

吸引外资。苏丹政府在三大领域大力吸引外资：基础设施建设向外资企业开放，支持 BOT 方式建设道路和电站；苏丹耕地面积广阔，但是实际耕种面积不足总耕种面积的五分之一，且耕种技术落后，苏丹政府积极寻求外资扩大耕种面积及耕种技术。

对外合作。苏丹同世界上近 100 个国家建有外交关系。已经加入的区域贸易协定有东南非贸易共同体和阿拉伯国家贸易联盟，暂时未加入 WTO，但是已成为 WTO 观察员，并与多数 WTO 成员国开始双边谈判。

（3）双边关系

政治关系。中国同苏丹于 1959 年 2 月 4 日建交，两国友好关系不断深入，高层互访频繁。2015 年 6 月，两国建立了战略伙伴关系。

双边贸易。两国经贸关系发展顺利。苏丹已成为中国在非洲重要的贸易伙伴，中国是苏丹第一大贸易伙伴。近年来，中苏贸易额稳步增长。2020 年，双边贸易额 32.8 亿美元，同比上升 8.1%。

双边投资。两国经济技术合作涉及范围较广，包括石油、地矿勘探、建筑、路桥、农业、纺织、医疗和教育等。

产业互补性。苏丹具有丰富的水资源和土地资源。苏丹制定了农业振兴计划，大力发展农业，但是苏丹农业技术落后，很多良田荒废，中国可以提供先进的农业技术以及抗虫害知识，开展广泛的农业合作。

其他合作。1970 年 8 月，中苏两国签订了《中苏科学、技术、文化合作协定》，此后连续签署了 10 个文化协定执行计划。中国从 1971 年开始向苏丹派遣医疗队，迄今已派出 32 批。近年来，中苏教育合作稳步发展，中方每年接收一定数量的苏丹奖学金留学生。2008 年 10 月，国家汉办与喀土穆大学签署合作建设孔子学院正式协议，2009 年 11 月举行揭牌仪式。

2.山东省对苏丹农业投资案例：苏丹—中国农业合作开发区

2016年9月，苏丹—中国农业合作开发区正式建立，2017年被中国农业农村部评为中国首批国家级境外农业合作示范区之一。开发区位于苏丹第二大国有灌区拉哈德灌区内，毗邻青尼罗河，水量充足，土地肥沃，且灌溉、交通等基础设施条件较好。

苏丹—中国农业合作开发区的中国建设主体为山东新纪元农业发展有限公司，于2012年4月在苏丹成立，由山东省国有企业山东高速集团的全资子公司山东国际公司控股。新纪元公司由中国山东国际经济技术有限公司（中国山东对外经济技术合作集团有限公司）联合山东鲁棉集团有限公司作为境外投资平台发起设立。新纪元农业发展有限公司拥有自主种植棉花试验示范和良种繁育基地面积4万亩。同时，开发区建设了剥绒车间、农机维修车间、仓储、生活、办公区和种植营地等配套设施。

苏丹—中国农业合作开发区总投资约5000万美元，主要经营农业，其产业结构分为四大部分：(1) 良种繁育和示范种植；(2) 棉花和种子加工；(3) 棉花贸易，主要是销往世界主要纺织国家的皮棉产品；(4) 种子、化肥、农药等农资产品贸易。开发区通过购置国际先进水平的农机设备，包括最大型自动化采棉机2台，大型和超大型拖拉机20多台，国际先进水平的耕整地农机具40多台等，从土地整理备播、播种、田间管理到收获，全程实现机械化；建成年加工生产量为达到4.5万吨；建成当地最先进的种子加工厂一座，年加工棉花种子800余吨，占全苏丹规模化棉花种子加工总量的60%以上。

（七）山东省在津巴布韦的农业投资

1.津巴布韦的投资环境

津巴布韦为非洲东南部内陆国，东邻莫桑比克相邻，南与南非接壤，西和西北与博茨瓦纳、赞比亚交界。属典型的热带草原气候，平均气温为22℃；10月温度最高，达32℃，7月温度最低，平均为13℃~17℃，干湿季明显，被誉为世界上气候最好的国家之一。

津巴布韦总体面积为39万平方千米，人口为1690万（2019年），属于人少地多的国家。2018年津巴布韦GDP为310亿美元，人均1834美元，属于世界上最不发达的国家之一。农业作为津巴布韦的经济支柱之一，产值约占 GDP 的 20%。主要粮食和经济作物有玉米、小麦、高粱、大豆、花生、烟草、棉花、咖啡、甘蔗和茶叶等。

津巴布韦农业水平总体上较为发达，但发展很不平衡，先进的商业大农场与落后的村社农业并存，且尚未摆脱靠天吃饭的局面。

津巴布韦欢迎各种形式的投资，包括资金、设备的投入，收购企业等等。针对不同行业的投资有不同的优惠政策，根据津巴布韦《本土化和经济授权法案》规定，在津所有企业必须实现本国人控股 51% 以上；新投资企业必须为本土人预留 51% 以上的股份才能获准经营；对控股股权进行兼并、分拆收购、重组，投资和放弃时，须经本土化和经济授权部长批准。

2. 山东省在津巴布韦进行农业投资的基本特征

目前，中国是津巴布韦最大的外商投资来源地。截至 2018 年年底，山东省对津巴布韦的农业投资存量为 4697 万美元，占山东省对非洲农业投资存量总额的 26.79%，全部为种植业。主要种植棉花、玉米等农作物。

（八）山东省在加纳的农业投资

1. 加纳的投资环境

加纳位于非洲西部，几内亚湾北部，西邻科特迪瓦，北接布基纳法索，东毗多哥，南临大西洋，国土面积 23.85 万平方千米，人口 2950 万（2018 年数据）。加纳是西非国家经济共同体（ECOWAS）的积极参与国，是该共同体中仅次于尼日利亚的第二大经济体。因此，投资者在加纳投资不仅可以针对加纳市场销售其产品，更重要的是，他们还可以将产品推向更大、也更有吸引力的西非国家经济共同体中的其他国家，这无疑能够极大地扩大利润空间。此外，加纳距离欧洲只有 6 小时的飞行时间，因此投资者也可以在符合当地环保署规定的前提下将产品出口到欧洲市场，或者遵照《非洲增长与机会法案》要求将产品出口到美国市场，当然也可以再将产品运回中国。加纳是撒哈拉以南非洲国家中最早与中国建交的国家之一。

加纳的民主政治得到了全球的认可。自 1992 年开始推行民主制度以来，历任政府在换届和向获胜政党进行权力交接时，从未造成国家的政治、经济和社会制度的混乱。加纳现在实行的是宪政民主，议会有自己坚定的政治纲领，司法独立，媒体充满活力。这些是确保政府机构互相制衡和监督、营造良好治理环境的基本保障，也为私人投资提供了安全保障。

自 2015 年起，加纳对在其中部省、北部省、上东部省和西部省 4 个省的投资农业加工者提供 2 年免税期的优惠政策。投资者可以通过加纳投资促进中心选择投资项目，也可以在免税区进行投资。无论在哪里投资，加纳政府都根据投资者所介入的行业或投资属地为其制定一系列优惠的激励政策，确保其投资能产生丰厚的收益。对农业领域（农业及农产品加工）的投资，政府则提供下列优惠公司税率：

（1）可可加工——无须支付公司税；

（2）种树、养牛——前 10 年无须支付公司税；

（3）鱼类养殖、家禽和经济作物——前 10 年无须支付公司税；

（4）房地产开发——前 5 年无须支付公司税；

（5）旅游业（视具体内容和地点而定）——前 3~10 年无须支付公司税；

（6）位于免税区的公司——前 10 年免公司税，之后只需按 8% 的税率缴纳；

（7）股息和利润全额返还投资者本人；

（8）为境外贷款提供汇兑服务；

（9）不得没收公司或投资；

（10）如果投资企业被出售或清算，所有资金均可汇往境外。

为了吸引国外投资，近年来，加纳一直在大力改善其基础设施状况，特别是在能源、道路、信息与通信技术、铁路、港口扩建和航空业方面。

2. 在加纳进行农业投资的基本特征

2018 年加纳是山东省在非洲投资流量最大的国家，为 430 万美元。其中，渔业为 200 万美元，其他产业为 230 万美元。截至 2018 年年底，山东省在加纳的农业投资存量为 4148 万美元，主要分布于渔业（3700 万美元）和其他产业（448 万美元）。

（九）山东省在俄罗斯的农业投资

1. 俄罗斯的投资环境

俄罗斯是世界上国土面积最大的国家，土地肥沃，具有发展农业的优良条件，因此俄罗斯种植业的利润较高。同时，俄罗斯市场容量较大，竞争程度低于西方发达国家。从投资环境的吸引力角度看，俄罗斯的农业发展有着得天独厚的条件：

（1）政府允许土地自由买卖。早在 2002 年俄罗斯政府就出台政策，允许土地自由买卖，政府对农业提供补贴。

（2）俄罗斯农业机械设备实现现代化。在俄罗斯，拖拉机配载着 GPS（全球定位系统），可以进行 24 小时连续作业。

（3）气候变化。全球变暖等也是俄罗斯农业获得大发展的重要因素。俄罗斯土地辽阔，有条件种植纯绿色粮食，因此不生产与转基因技术有关的粮食，通过开发未种植的新土地，俄罗斯未来粮食产量有望再上新的台阶。

（4）在加入世贸组织后，俄罗斯放宽对国内外投资商投资领域的限制政策，吸引和鼓励外商和私有资金投资俄罗斯市场。

但是近年来，由于受到西方国家较长时期的制裁，俄罗斯经济出现较大幅度的下滑，国内投资环境不稳定，这使得 2018 年山东省在俄罗斯的投资流量明显减少，下滑幅度较大。

2. 在俄罗斯进行农业投资的基本特征

2018 年，山东省对俄罗斯的农业投资流量为 600.55 万美元，占对欧洲农业投资流量总额的 100%。其中，农产品加工业和农资产业的投资流量最大，为 579.55 万美元，占对俄投资流量总额的 96.50%。

截至 2018 年年底，山东省对俄罗斯的农业投资存量为 1494.19 万美元，占对欧洲农业投资存量总额的 14.49%。农产品加工业和农资产业的投资存量最大，为 1124.19 万美元，占对俄投资存量总额的 75.24%。

（十）山东省在巴西的农业投资

1. 巴西的投资环境

巴西是"金砖国家"之一、南美洲国家联盟成员、里约集团创始国之一、南方共同市场成员国。巴西拥有丰富的自然资源和完整的工业基础，GDP 位居南美洲第一，世界第七大经济体，由于其拥有全球最大的可耕地面积，农业发展显示出巨大的发展潜力，目前巴西已经是全球最大的大豆、牛肉等的供应国。

巴西对所有境内的外资企业给予国民待遇。外商在巴西境内投资无须事先经政府批准，只要通过巴西有权经营外汇业务的银行将外汇汇进巴西，即可在巴西投资建厂或并购巴西企业。巴西对外资企业的利润支配及汇出限制较少。巴西欲通过外包和更灵活的合同条款和工作时间来降低企业成本，以应对严重的经济衰退。

2. 在巴西进行农业投资的基本特征

2018 年，山东省企业对巴西的农业投资流量为 22.7 万美元，占对南美洲农业投资流量总额的 33.04%。其他产业投资规模最大，投资额为 22.7 万美元，占对巴西投资流量总额的 100%。

截至 2018 年年底，山东省企业对巴西的农业投资存量为 1391.7 万美元，占对南美洲投资存量总额的 13.62%。其他产业投资存量最大，为 1391.7 万美元，占对巴西投资存量总额的 100%。

（十一）山东省在乌拉圭的农业投资

1. 乌拉圭的投资环境

乌拉圭位于巴西和阿根廷之间，面积只有 17 万平方公里，人口更是只有 350 万人，也属于人少地多的国家，气候极为优越，发展农业的条件得天独厚。作为一个传统农牧业国家，乌拉圭以农牧产品加工业为主，林业渔业资源亦非常丰富，沿海盛产鱼类。

乌拉圭鼓励外商在多领域进行投资，特别是在改善竞争力的技术进步、提高出口和出口多样化的产业；增加就业的相关产业；尤其是农牧产品的加工、农牧业资源的开发利用等领域一直是乌拉圭鼓励外商投资的重点。

（1）土地投资政策：乌拉圭法律允许外国投资者经政府批准购买土地。但近年来，有限制甚至取消外国人投资本国农业的趋势和案例。

（2）农产品关税：乌拉圭对农业生产资料、动植物疫苗、部分农作物种子、动植物生产的有关设备免征进口关税。

（3）投资税收优惠政策：乌拉圭政府给予外资和内资一样的国民待遇，目的在于引进科技技术、发展经济、创造就业。乌拉圭还在企业人员培训、研发投入、生产资料进口等方面给予一定的税收优惠政策。

（4）有关农业生产、收储、加工、流通的其他鼓励或限制政策：

出口管理政策：乌拉圭是南美洲最开放的国家，注重发展对外贸易带动经济发展，注重出口商品的多样化和出口市场的多样化。

进口管理政策：严禁进口有害于人类及动植物健康的各类商品和药品。除受限制的商品外，任何其他商品均可按章纳税后进口，无进口许可证和进口配额限制，无进口数量和进口品种限制。贸易环境非常宽松。

（5）检验检疫措施：乌拉圭是国际检验检疫保护协定的成员国，同时在南方共同市场国家间也签有进出口商品检验检疫协定。乌拉圭是一个以农牧业为主的国家，因此相关部门对动植物进出口实行严格的检验检疫制度，以防止给本国的原有生态环境带来风险。

2. 在乌拉圭进行农业投资的基本特征

2018年，山东省对乌拉圭的农业投资流量为20万美元，占对南美洲农业投资流量总额的29.11%，全部投向渔业。截至2018年年底，山东省对乌拉圭的农业投资存量为4159万美元，是对南美洲投资存量最多的国家，占对南美洲投资存量总额的40.69%。全部投向渔业。

截至2018年年底，山东省在乌拉圭直接投资的渔业企业有4家。

（十二）山东省在美国的农业投资

1. 美国的投资环境

长期以来，美国一直是世界上吸引外资最多的国家之一，同时也是中国企业进行海外投资的重点国家之一。美国自然资源丰富，农业高度发达，机械化程度高，市场体系成熟，投资政策体系完备，营商环境良好。

美国政府对外商投资带有一定的鼓励倾向，但对能源、矿业等方面的投资有明确而严苛的限制。美国的法律体系比较完整，投资环境整体较好，但是近些年，美国贸易保护主义有所抬头，政治干预经济的风险进一步加剧，这是我国在美国投资需要考虑的问题。

2. 在美国进行农业投资的基本特征

2018年，山东省对美国的农业投资流量为80万美元，占对北美洲投资流量总额的100%，全部为种植业企业。

山东省在美国农业投资整体上数额不大，截至2018年年底，山东省对美国的投资存量为1621.68万美元，占对北美洲投资存量总额的14.65%。种植业的投资存量位列第一，为681.99万美元，占对美国投资存量总额的42.05%；其他产业的投资存量位列第二，为618.69万美元，占对美国投资存量总额的38.15%；林业的投资存量为321万美元，占对美国投资存量总额的19.79%。截至2018年年底，山东省在美国投资的农业企业共有10家，是山东省在北美洲地区设立企业数目最多的国家。种植业企业最多，为5家，占在美境外企业总数的50%；其他产业企业为4家，占在美境外企业总数的40%；林业企业为1家，占在美境外企业总数的10%。

（十三）山东省在加拿大的农业投资

1. 加拿大的投资环境

加拿大是农业高度发达的国家，农业现代化水平很高，可耕地面积广大，主要位于加拿大南部狭长地带，耕地面积高达6800万公顷，全国平均每人折合耕地2公顷还多，所以加拿大一直是世界上主要的农产品出口国之一，加拿大的主要农作物有小麦、大麦、燕麦、油菜籽、亚麻、玉米等农作物。加拿大政府鼓励外商投资，对外商投资不设置附加条件，法制体系比较完善，劳动力素质高、工农业技术先进，农业投资环境良好，但是加拿大劳动力成本很高，政府的税率也比较高，这是我国投资加拿大应该关注的问题。

2. 在加拿大进行农业投资的基本特征

山东省在加拿大的农业投资存量比在美国投资存量大很多，截至2018年年底，山东省在加拿大的农业投资存量为9370万美元，占对北美洲投资存量总额的84.63%。畜牧业企业的投资存量最大，为9260万美元，占对加拿大投资存量总额的98.83%；其他产业的投资存量为110万美元，占对加拿大投资存量总额的1.17%。

（十四）山东省在澳大利亚的农业投资

1. 澳大利亚的投资环境

澳大利亚是全球唯一一个独占一块大陆的国家，国土辽阔、人口稀少，农牧业资源极为丰富，同时澳大利亚也是全球主要的农产品出口国之一，澳大利亚是全球最大的羊毛和牛羊肉的出口国之一，有"骑在羊背上的国家"之美誉。主要农作物有小麦、大麦、油菜籽、蔗糖、水果等,粮油作物亦大量出口。

坐拥南半球丰富的海洋资源,澳大利亚的渔业资源也非常丰富,捕鱼区面积比澳大利亚国土面积还要大,是世界上第三大捕鱼区,海洋鱼类、甲壳和软体类捕捞品种分别达到3000多种。鱼类资源异常丰富。

澳大利亚政府鼓励外商在澳投资,制定了包括减免税收、税收补助等措施。2015年我国和澳大利亚签署中澳自贸区协定,澳大利亚给予我国部分货物进口零关税,两国给予对方最惠国待遇。中澳自贸区协定的签署,对于降低甚至消除中澳双边商品贸易的关税壁垒和非关税壁垒,降低或消除限制服务业的法规性壁垒,改善两国的贸易环境,促进中澳两国之间的对外投资都具有非常重要的意义

2. 在澳大利亚进行农业投资的基本特征

2018年,山东省在澳大利亚的农业投资流量为1591.7万美元,占对大洋洲投资流量总额的88.84%,全部为其他产业。截至2018年年底,山东省在澳大利亚的农业投资存量为29196.94万美元,占对大洋洲投资存量总额的98.97%。种植业的投资存量最大,为24949.94万美元,占对澳大利亚投资存量总额的85.45%;畜牧业的投资存量位列第二,为2270万美元,占对澳大利亚投资存量总额的7.77%;其他产业的投资存量为1977万美元,占对澳大利亚投资存量总额的6.7%。

(十五)山东省在斐济的农业投资

1. 斐济的投资环境

斐济是南太平洋岛国中经济实力较强、经济发展较快的国家。斐济重视发展民族经济,促进投资和出口,逐步发展"高增长、低税收、富有活力"的外向型经济。制糖业、旅游业和服装加工业是其国民经济的三大支柱。斐济土地肥沃,盛产甘蔗,因此又有"甜岛"之称。斐济工业以榨糖为主,此外还有服装加工、黄金开采、渔产品加工、木材和椰子加工等。斐济渔业资源丰富,盛产金枪鱼。近年来斐政府努力发展多种经营,推广水稻种植。

斐济对外国投资实行的优惠政策主要有:

（1）红利免税。在企业上缴所得税后向股东分红，个人股东将享受免除红利所得税。

（2）出口所得税优惠。出口企业在 2011～2016 年享受由 50% 起逐年递减 10% 的所得税税前收入扣除优惠。

（3）投资补贴。企业 1 年内购置价值超过 5 万斐济元的固定资产，可以向斐济政府申请 40% 的投资补贴。但土地、建筑物、轿车和待销存货不包括在内。

（4）折旧优惠。首先，固定资产的折旧率分为以下 7 个等级：2.5%、5%、10%、15%、20%、33.3% 和 50%。其次，对 2014 年 12 月 31 日前建成的建筑物给予加速折旧优惠，折旧率按 20% 计算。农业、商业和工业用途的建筑折旧率也按 20% 计算，在 5~8 年内折旧完毕。再次，对可再生能源工厂和储水设施给予建成当年 100% 销账的折旧优惠。

（5）亏损转结。只要企业所有人和经营的业务内容不发生变化，亏损转结设施给予建成当年 100% 销账的折旧优惠。

（6）对种植业和渔业等重点产业实施特殊优惠政策。种植业：自 2009 年（亏损税前利润弥补）的期限为 4 年。2009 年 1 月 1 日到 2014 年 12 月 31 日，所有新设立的商业农业种植项目和农产品加工领域投资项目可享受 10 年免税期，条件是投资额不低于 200 万斐济元，创造就业机会不少于 30 个。渔业：实施一系列减税举措，带动本地渔业企业创造与外国渔业企业平等竞争的机会。这些措施包括：燃料进口关税从原来的每升 8 分降至 2 分；特殊渔具和设备的进口关税从 3% 降为 0；特殊渔船的进口关税从 10% 降为 0；饵料的进口关税从 3% 降为 0。为鼓励精加工，自 2009 年 1 月 1 日起，所有未加工渔产品出口征收 3% 出口税。

2. 在斐济进行农业投资的基本特征

2018 年，山东省在斐济的农业投资流量为 200 万美元，占对大洋洲投资流量总额的 11.16%，全部投向渔业。

截至 2018 年年底，山东省在斐济的农业投资存量为 200 万美元，占对大洋洲投资存量总额的 0.67%，全部投向渔业。截至 2018 年底，山东省在斐济直接投资的农业企业共有 1 家，集中在渔业。

三、山东省农业对外投资存在的主要困难和风险

（一）农业对外投资在企业层面的主要困难

1. 企业自身因素制约

（1）企业规模偏小，抗风险能力较弱

山东省农业企业对外投资起步较晚且规模普遍偏小，投资规模在500万美元以下的占到企业总数的80%以上，大多数涉外投资的农业企业刚刚起步不久，还处于成长阶段，迫切需要加大资金投入，扩大企业规模，但是另一方面，涉外农业企业国内贷款又面临着担保资源匮乏、融资渠道狭窄、融资周期长、融资额度小等诸多问题。同时，山东省对外农业投资的很多国家都是发展中国家，农业基础设施相对落后，农业发展需要的先期投资比较多，农业作为弱质性产业，本身就有投资周期比较长、投资回报率比较低、生产经营过程中面临的自然风险和社会风险都比较多等问题，使得山东省农业对外投资企业普遍存在国际竞争力不强、抵御风险的能力较弱、发展资金不足等问题，有的企业甚至因为资金不足面临经营困难的局面。

（2）高素质国际化复合型人才短缺

农业企业在对外投资过程中，必然会涉及与东道国在经济、文化等方面的沟通交流与合作，这就要求涉外农业企业需要既有国际视野，又熟悉东道国民俗风情；既懂得国际贸易规则，又懂得农业生产经营；既熟悉国际贸易规则，又具有国际化战略眼光的复合型人才。然而在实际的工作中，农业企业和工业等其他产业相比，农业企业规模小、效益差，对人才的吸引力不足。这也一定程度上制约了境外农业企业的发展能力。

（3）国际涉农企业国际化经营能力有待提高

山东省对外农业投资服务体系不完善，政府有关部门对国内外市场供求的了解、国内外农业发展的政策法规、检疫检验标准等了解不全面，导致信息不对称，也制约着境外农业企业的发展。涉外农业企业在知识产权保护和利用反倾销等手段应对贸易壁垒和规避的能力亦有待提高。

涉外农业企业大多数仍然处于各自为战、无序竞争的状态，缺少产业链上下游的配套、缺乏分工协作，没有形成农业对外投资的集群效应，抵

御风险的能力不强。

境外资源共享平台缺失，缺乏对东道国有关农业对外投资的政策、法律、金融、人文环境等方面的信息平台建设。我国与其他国家也还没有建立起完善的农产品质量管理合作与监督机制，农产品通关效率和贸易便利化程度都有待进一步加强。

企业责任和企业形象宣传不够，山东省涉外农业企业在提高东道国农业发展水平、提高当地居民的收入，解决当地居民就业、增加东道国政府税收、发展慈善事业等方面虽然做了很多工作，但宣传力度不够，应该加大宣传力度，在东道国树立山东省涉外农业企业的良好形象。

（二）农业对外投资国内政策的存在障碍

1.财政支持体系不健全

我国农产品进出口主要是进口低附加值的粮食等大宗农产品，出口水产品、水果蔬菜等高附加值的经济作物和劳动密集型农产品和农业特产。但是，从2015年起，农产品出口补贴全面取消，农产品出口信贷受到限制。境外农业企业返销粮食等农产品回国同时出口高附加值农产品的经济效益被降低，农业企业保险选择面也比较小，加上农业出口补贴资金的减少，都很大程度上增加了农业企业的资金压力。与此同时，涉外农业企业在生产、流通等环节还面临着自然灾害、东道国的政治动乱、国有化、汇率变化等多重风险，我国尚没有针对这些风险的农业保险政策。

2.税收优惠体系不完善

保障国家和地区的粮食安全和农产品供应是农业企业对外投资的主要目的之一。但是农业企业将农产品返销国内会存在双重征税的风险，也大大增加了企业的运营成本。国内出口到东道国的种子、农药、化肥等也有税费过重和成本过高的问题。

3.政府管理与服务缺失

第一、国家和省级政府缺乏对涉外农业投资企业的宏观指导和管理，相关审批与核准的部门比较多，手续比较繁杂，审批程序多、耗时长，给农业对外投资企业带来很多不方便。由于缺乏海外农业投资信息的全面了解，企业之间也缺乏沟通协作，使得有些涉外农业企业在农业对外投资的区位选择和行业选择时都存在一定的盲目性和随意性，无形中增加了农业海外投资的成本和风险。其次是缺乏完整全面的海外农业投资信息的收集体系和信息共享平台的建设，这就导致不能够及时有效地为企业提供准确有用的信息，有些信息表面上看起来机会很大，发展前景诱人，但是由于信息不完整，项目得不到政府及时的呵护等原因都会导致投资的失败。另外，海外人员与货物等的通关不够便利，人员出入境手续比较烦琐等，也是农业对外投资企业经常面临的问题。

第二，在境外使用国内种子受到国家种子出口管理的限制。我国对农作物种子进出口有着明确的规定，对杂交水稻等禁止亲本种子出境，这在一定程度上限制了育种企业对外投资，同时也使得非常适宜种植水稻的国家比如东南亚等国在发展水稻种植的过程中，利用我国杂交水稻种子等方面，困难比较多、手续比较烦杂、成本比较高等问题，这些都会很大程度上影响到中国农业企业对外投资种植业等项目的经济效益。

第三，粮食和棉花等农产品回运受到进口关税配额管理的限制。中国粮食和棉花等农产品实行进口关税配额管理制度。这里面没有考虑境外农业企业从事种植业的情况，所以我国大多数涉外农业企业在种植粮食、棉花等农产品并把相关产品运回国内销售的过程中都会遇到难以获得进口配额的问题。而且不论国企还是民企，在大宗农产品返销国内的时候，都会遇到进口配额的难题。

第四，生产的产品运回国内受到动植物检验检疫管理的限制。到目前为止，中国与部分国家没有签订双边检疫协定，这就导致涉外农业企业在国外生产的农产品无法通过正常途径运回国内销售，比如按照国家质检总局的有关肉类、大米等的检验检疫名单，在某些国家生产的肉类（比如在非洲很多国家生产的猪肉），以及在有些东道国生产的大米（比如在俄罗斯等国生产的大米）都无法通过正常渠道运回国内进行销售和加工。

第五，政府投资信息服务不到位。从政府获取对外农业投资的相关信息是涉外农业对外投资获取信息的主要方式之一，虽然政府部门掌握的相关信息还算比较多，但也不可避免地存在信息碎片化、信息公开度低、企业获得难度高等问题，以至于有些企业还是主要从进出口贸易等方面获得农业投资的相关信息，而不是直接从政府相关平台获取信息。

4. 企业开展对外农业投资项目贷款难。

贷款难是对外农业投资项目面临的普遍问题，主要原因在于境外资产抵押难，境外农业投资经营风险大。虽然我国目前也有对外农业投资的有关政策性贷款，如山东华岳集团就从中国进出口银行获得了低利息的政策性贷款，但是，总体而言，政策性贷款的规模太小，主要面向少数大企业，难以解决多数企业在对外农业投资过程中的贷款需求。

5. 对外农业投资项目缺乏相应的保险产品和服务。

针对农业对外投资面临的诸多风险，我国还没有针对国际冲突等的保险产品和服务，部分东道国也没有针对农业自然灾害的保险品种和服务，往往造成中国的农业对外投资企业既不能参加国内的保险项目，也不能参加国外的保险项目，缺乏相应的风险规避手段。

6. 企业对外农业投资欠缺行业协会帮助。

国际经验表明，行业协会在农业"走出去"中扮演了重要的角色，尤其在市场经济国家，它能发挥政府不能、不便于发挥的作用和功能，有助于行业自律、价格协调、应对贸易纠纷、抵御海外风险和提供各种服务。但我国目前的情况是，行业协会不够发育，针对农业对外投资的行业协会更是基本没有，因此，也就谈不上行业协会对企业的帮助和支持。

7. 政府的涉外服务不到位。

对外农业投资企业经常会遇到各种境外纠纷，由于部分东道国法律制度很不完善，这就使得我国对外农业投资企业在遇到麻烦的时候，很难通过司法手段保障自己的利益，大多数情况下需要中国政府层面的帮助，很多事情仅靠使领馆也解决不了问题，所以政府对涉外农业投资的企业帮助应该是全方位的。

8. 规划引导与信息共享不足

农业对外投资面临的不确定因素多，投资风险高，经营管理难度大。我国国家层面有对外农业合作"十四五"规划，但是山东省还没有出台相关的规划。山东省农业对外投资在地域选择、项目落地、融资保险等方面还有很多的盲目性和不确定性。而且企业在抱团出海、规模化发展等方面以及获取东道国的自然、人文、法律、商业环境、投资信息等方面的能力不足，导致有些项目缺乏前期论证，仓促上马，规避风险的意识和经验不足，甚至投资失败。另外山东农业对外投资企业所代表的山东省农业的技术优势和产业优势也没有反映出来。

（三）山东农业对外投资在东道国层面面临的主要风险

由于农业项目投资期长，收效慢，各国国内政治环境和农业政的多变性，加上农业企业本地化过程中所面临的和当地社会文化的相容性，中国对外农业投资企业面临着不少风险。主要有政治风险、经济风险、自然风险和社会风险等。

1. 政治风险

政治风险是指由于东道国政治、政策或者外汇制度等的不稳定性导致对外农业投资企业经营出现损失的情况，政治风险主要有直接或间接的国有化或者财政没收征用，战争或者内乱导致的暴力风险以及东道国的违约风险等，政治风险往往具有突发性强、难以预测、破坏性大等特点。

山东省农业对外投资主要目标区域是发展中国家，大部分国家营商环境较差，投资综合成本较高。尽管一些国家农业资源丰富，但政局变化大，非洲、东南亚、中亚等一些国家都存在政治社会不稳定的因素，有些国家农业产业政策连续性较差，政策执行落实性差，法律法制不健全、政策多变、办事效率低下等因素，都成为山东省农业对外投资的风险因素。农业对外投资东道国的法律政策等与我国存在较大差异，企业在进行海外投资时对相关的法律和宏观政策不熟悉、不了解，或者在海外投资的过程中，东道国的相关法律政策发生重大改变，都会对农业对外投资项目的经营、发展和战略目标的实现造成不利影响。比如非洲的一些国家政策法规不够完善，投资、财税政策不够清晰稳定，经常出现朝令夕改的现象。某些东道国政府部门出于某种考虑而改变原有执行的政策，致使企业陷入极其被动的境地。此外，也有一些国家对本国农业和农产品市场采取保护政策，人为设置障碍，给山东企业进行投资合作开发带来了很大风险和损失。同时由于文化差异与过分严重的地区保护主义影响了境外企业正常的经营运行。

突发性的战争等事件更能在很大程度上影响我国农业对外投资的经营与运转。以俄乌冲突为例，我国在乌克兰投资的农业项目，有极大可能在这次俄乌冲突中化为乌有。俄乌冲突之后，世界粮食价格暴涨，为了保障本国的粮食安全，很多国家都出台了限制粮食出口的政策，也会影响到山东省涉外农业企业的经营效益。印尼就曾经在俄乌冲突爆发后出台了限制本国棕榈油出口的政策措施，给我国在印尼的相关企业带来了比较大的影响。

2. 经济风险

经济风险是指海外投资目的国的经济环境或者国际市场发生变化，从而对涉外农业企业的战略目标的实现和经营管理造成不利影响的可能性，主要包括通货膨胀风险、汇率风险、利率风险、国际市场风险等。种植业对外投资的经济风险主要表现为农产品的国际市场价格、供需及汇率等变动造成种植业企业损失的可能性。受众多因素的影响，农产品国际市场价格经常大起大落。近年来的大豆、棉花价格的起起伏伏就是典型的例子。

山东省农业对外投资目的地国家大多基础设施建设较差，东南亚、非洲、中亚、俄罗斯等地的发展中国家长期以来农业经济发展水平不高，农业基础设施投资严重缺乏，农业基础设施的建设水平普遍不高。到当地进行农业投资，企业不仅要完全负担项目自身的建设成本，同时还要负担一定的农业基础设施建设费用。由于农业基础设施建设时期长、开发投入大，而投资回报的周期又很长，很多企业都表示较难承受这方面的巨额开发费用。

农业产业投资周期长、开发投入大，面临的自然和人文的风险多，本身属于弱质性脆弱性产业，企业经营面临的不确定性因素多，对于山东省农业企业投资多的处于转型期和未转型期的发展中国家，农业企业难以迅速发展壮大的主要原因在于农产品销售问题。如非洲国家大多数人口在农村，而农村人生活贫困，购买力低下，农产品市场相对狭小；有些非洲国家对主要农产品的销售进行管制，非洲国家的大农场主受到非洲国家的补贴和政策优惠；西方国家在非洲各国也建立了不少大农场，非洲国家出于粮食安全的考虑，禁止外资农业企业的产品（尤其是粮食产品）出口；非洲农民传统的消费习惯中的谷物和蔬菜的种类非常有限，中国的很多谷物和蔬菜不符合当地人的消费习惯等等。这些因素使得山东省农业企业在非洲面临的市场非常有限。农产品市场和销售成了制约中国农业企业在非洲发展的瓶颈。由于农产品由于市场狭小，当地农民消费的蔬菜等种类有限，中国援助非洲的农业示范中心的农产品大都只能卖给在非洲的中国人，基本上是半卖半送，经济效益大打折扣。如果农产品能在国际市场上销售，解决了市场问题，中国企业会迅速发展，中非渔业合作就是个非常好的例子，受益于《洛美协定》可以把产品直接销售到欧洲市场，中非渔业合作已经形成规模生产。中国水产集团总公司在非洲 13 个国家有 23 个渔业合作项目，有渔船 450 多艘，劳务人员近万名，水产品年产量 40 多万吨，取得较好的经济效益。

来自发达国家的投资竞争风险。农业资源竞争激烈，跨国公司对全球农业资源垄断加强，通过全产业链布局，控制全球农产品贸易，目前已经控制全球 80% 的粮食贸易和 70% 的油籽贸易。未来对全球农业资源的掌控与竞争制高点的争夺将更趋激烈，给实力不强的中国企业农业投资带来更大的挑战。美国、日本、韩国等国家和地区的对外农业投资具有明显的领先优势，这些国家的企业一般规模较大，抗风险能力较强，跨国经营的经验较为丰富，并且部分企业控制了投资地的码头、仓储等农产品物流体系，对中国企业对外农业投资造成较大的竞争压力。以俄罗斯为例，近年来，日本、韩国等国家也纷纷进入远东地区开发土地，这些国家都给予本国境外农业投资很大的支持力度，包括投资补贴、土地租赁补贴、农机具购置补贴、仓储设施投资补贴等，部分国外企业还通过用现金买断的方式，把目前的农业种植、养殖户变成其股东，实现扩股经营，还通过把大型农业园区变成其子公司，统一经营管理，实现规模扩张，对中国企业对俄农业投资带来冲击。

3. 自然风险

农业的发展高度依赖自然条件，自然灾害是农业生产的最大风险因素之一，山东农业对外投资的国家和地区，都不同程度存在自然条件比较差，自然灾害比较多等因素。如非洲虽然农业资源丰富，不过非洲旱灾、台风暴雨、蝗灾鸟害等天灾和病虫害频繁。农业生产由于周期长，收益慢，水灾、风灾、草灾、鸟灾、虫灾等灾害对农业生产破坏严重。在埃塞俄比亚，雨季和旱季分明，雨季过后是长达 8 个月的旱季，旱季时候草木不生。由于当地缺乏必要的储水设施和农田水利设施，农业生产面临着很大的困难。在莫桑比克，水旱灾害严重，我国曾经有农业企业在莫桑比克林波波河流域投资的几万亩水稻，由于雨季水位暴涨河流决堤，几万亩水稻颗粒无收，给企业带来巨大损失。山东省对外农业投资额最大的东南亚地区则存在台风、洪涝、干旱、海啸、农业病虫害多发等自然灾害。土地资源丰富的中亚地区，虽然人均耕地面积是我国的十倍，但是降水少、荒漠化面积大等严重制约农业产业的发展。俄罗斯作为世界上最大的国家，土地面积广阔，农业生产发展较快，已成为世界上主要的粮食出口国之一，尤其是俄罗斯远东地区，人少地阔，农业开发潜力很大，与我国相邻，农业合作发展前景广阔，但是远东地区明显存在生长期短，农作物冷害寒害频繁等。另外全球气候暖、厄尔尼诺现象等都会导致全球极端气候频发，很容易使得农业投资遭受巨大损失。这些都是山东省农业对外投资面临的自然风险。

4. 社会风险

山东农业对外投资企业要实现长期的可持续发展，大多数情况下需要走本土化的道路，由于中国和东道国之间语言、文化、风俗习惯、宗教信仰、消费模式、企业管理理念、人们的休闲理念等等的不同，再加上诸如非洲的很多国家，疾病频发，生活工作环境比较恶劣。所有这些因素都给山东对外农业投资企业的正常运营带来多方面的困难。以非洲为例，非洲大多数国家疟疾和艾滋病多发，前几年还有埃博拉病毒的流行，严重影响人的身体健康，降低劳动生产率。根据世界卫生组织的统计，全球近 90% 的疟疾发生在非洲，撒哈拉沙漠以南的非洲妇女中 70% 感染艾滋病，所有这些都严重影响甚至威胁到中国在非洲的企业员工的生命安全。此外，中外法律制度体系的不同，对工资标准和劳动时间弹性管理的标准不同，甚至对东道国文化传统和宗教信仰的了解不足等都会导致管理者和劳动者之间的对立。中国对外农业投资的发展也会在一定程度上挤压东道国相关企业的生存和发展空间，这也会导致两国企业之间的对立。

5. 环境风险

农业对外投资运营过程中，种植业要用到化肥、农药等化学物质，使用不当或者过量使用会对自然生态环境造成影响和破坏；畜牧养殖生产过程中更是有药物使用、动物粪便排放与处理等涉及环境保护的问题，处理不当甚至会演变成社会问题；林业投资会涉及森林砍伐、环保主义者阻挠、土地退化等问题；海外渔业投资会涉及海洋污染、海洋生物保护等课题；海外农产品加工和农业服务业也存在废弃物排放、三废处理等问题。凡此种种，都是农业对外投资要面临的环境保护领域的问题与挑战。

四、山东省农业对外投资的策略建议

（一）坚持全产业链建设为主要战略

打造完善、高效、成熟的全产业链已成为跨国农业企业在全球市场竞争中的主要战略，构建农业全产业链在国际竞争中的地位日益突出。山东省农业在"走出去"时应学习发达国家跨国农业企业的发展经验，重视战略性物资的产业链构建，以粮食产业链建设为企业对外投资的立足点，不仅要重视粮食和主要农作物的种植、生产，还要注重加工、物流等综合体系的建设。企业在对外投资过程中应重视产业链各环节的整体建设，协同发展，以全产业链统领发展步伐，避免因产业链某一环节的短板阻碍企业整体可持续发展进程。同时，重视产业链整体建设并不意味着企业要同步、同时推进整条产业链"走出去"，而是分重点、有计划地制定部分环节优先发展、其他环节适时跟进的全产业链。同时，在东道国建设境外农业生产基地是推进农业产业链整体建设的关键环节，其他农业产业链环节的构建与改善都需要依靠生产环节的调整和发展而进行。就山东农业企业而言，在境外应尽可能借助经济手段获得农场、土地等生产资料，力争以市场化的方式推动相关投资项目的实施、运营和管理。此外，应强化中国国内生产支持环节与境外生产环节的协调与互动，利用境外生产项目带动中国相关农机、农资生产，将境外市场运营管理纳入企业运营规划中，借助国内优势资源支持东道国开展农业投资与生产。与此相对，还需关注农作物国际物流运输问题，完善的物流体系才能推动中国境外生产的农产品跨国流

动。对于"走出去"企业来说，低成本，高效的物流系统才能够激励企业开拓国际市场。因此，无论是满足企业自身发展需要还是辅助山东经济发展方式转型，山东农业"走出去"都应重视产业链中的生产和物流环节。

（二）重视"走出去"前的数据收集分析与风险评估

1.加强海外信息收集与分析能力

山东农业企业应加强海外信息收集与分析能力，及时获取东道国政治、经济、市场以及世界农业市场的信息动态，实时掌握农业产业信息变动，以便灵活调整"走出去"策略，有效整合国内、国外两种资源。同时，农业属于战略行业，除了受经济、市场等因素影响外，还受到社会、政治、文化、法律等因素的影响，有效的信息来源是对外投资过程中必不可少的条件。因此，具有一定规模和实力的山东农业企业应该针对重点投资地区和销售市场，提高信息收集和分析能力，如果可能，最好采用实地考察的方式，以便获得第一手资料，确保资料的准确性和完整性客观、科学、合理地评估企业"走出去"需要承担的风险以及可能引发的损失和预期收益，同时，提高商务谈判和公关能力，这一点对于希望在境外建立完整产业链、进行长期生产经营的农业企业尤为重要。

2.建立并完善有效的信息共享机制

强化政府信息服务功能，建立省级农业"走出去"公共信息服务平台，发布有关国家的国情信息及农业投资合作信息，为企业"走出去"提供决策参考，建立并完善山东省农业对外投资项目库，梳理境外农业投资项目所在国别、主导产业、招商要求、发展前景、风险识别等信息，并及时在平台发布，实现境外农业投资项目信息共享，促进山东省对外农业投资企业抱团走出去。同时鼓励相关事业单位和民间研究机构建立农业对外投资咨询与研究机构，使企业获取信息渠道多样化。

3.强化风险评估，建立绩效评价制度

建立风险评估机制，强化对山东省农业对外合作重点投资区域、国别政治、经济和社会重大风险示通报和风险评估十分重要，在帮助指导企业开展农业对外合作投资项目经济效益评估的同时，对项目投资东道国的政治、经济、社会等安全形势进行评估。督促企业开展境外项目安全风险治理，做好项目安全风险预测应对，建立完善风险防范机制，提升企业境外投资安全风险防范能力，切实维护企业境外合法权益。建立绩效评价制度，按照农业农村部制定的境外企业绩效考核办法，加强企业境外投资真实性、合规性审查，防范虚假投资行为，建立健全境外投资决策、财务管理和违规责任追究制度，指导境内企业加强对其控制的境外企业的监督管理，建立境外投资黑名单制度，加强政府部门间信息共享，对违规投资行为实施联合惩戒。

（三）注重向产业链周边行业扩散

农业企业在对外直接投资过程中不能局限于企业内部资源而忽略产业链上具有互补效应的其他企业，应该开展综合、全面的资源整合与利用。目前，山东农业企业在对外投资过程中多数依赖政府或自身力量争取项目的投资和经营权，投资方式过于单一，无法满足农业企业多样性的对外投资需求，同时，大部分农业企业都处于产业链上游，即生产环节，对产业链中下游的开发力度不足，从而导致山东农业企业在"走出去"的过程中，市场运作能力远低于生产能力，不利于企业的可持续发展。此外，山东农业企业往往实力较弱，无法与国外大型跨国公司竞争，所以，"抱团出海"是山东农业企业对外投资发展的有效途径之一。"抱团"合作要求各参与企业或形成联合体，或以企业经营互补的形式为参与企业提供专业化服务，从而提升产业链各环节的综合实力。大型农业企业均具有较强的产业链上中下游整合能力，具备规模经济效应，可有效规避对外投资初期的被动竞争局面，推动产业链资源初步整合。

（四）做好宏观层面的规划和引导

1. 做好农业"走出去"的规划。根据国家"开放包容、互利共赢，企业主导、政府引导，统筹谋划、重点推进，积极稳妥高效"和"着力扩大农业对外合作，开展农林牧副渔等领域互利共赢的投资合作"的指导原则，结合山东省农业对外合作工作目标，依托山东农业技术优势和蔬菜、水产、水果、粮食加工等千亿优势产业，按照农业供给侧结构性改革的需要，利用山东省地处"一带一路"重要节点的区位优势，制定面向新亚欧大陆桥、中蒙俄、中国—中南半岛，中巴，孟中印缅经济走廊农业对外合作"十四五"规划,科学规划山东省农业对外合作区域,国别和产业布局,引导企业有序开展农业对外合作,建设与产业规模相适应的国际生产、加工、仓储、物流等设施,引导和支持省内企业有序开展农业对外合作投资工作。从工作格局、政策体系、信息支撑上为农业对外合作保驾护航,让企业进行投资时有所参考,也让相关政府部门更好地指导企业的境外投资活动,以更好地促进山东省农业"走出去"。

2. 做好"走出去"企业的引导工作。引导企业树立风险意识,准确识别政治、税收、汇率、环保等方面风险,完善风险防范控制措施,改善经营环境;引导企业树立合作意识,加强协调沟通和团结协作,形成合力,共同发展;引导企业树立法律意识,认真遵守所在国法律法规,尊重当地文化、宗教和习俗,在法律范围内承担企业义务和社会责任,确保生产经营活动顺利开展并取得良好的经济社会效益。

3. 搭好农业"走出去"的平台。充分发挥政府在推进农业企业境外投资过程中的桥梁和平台作用,把政府开展的合作、援助项目与山东省企业"走出去"有效结合起来,为企业提供良好的境外投资环境。加快推进与重点国家之间的农业双边和多边合作谈判,积极争取和利用联合国粮农组织、国际农业发展基金会、世界粮食计划署等多边合作资源,拓展国际化发展的合作新形式与新内容,为山东省农业"走出去"创造机遇。

(五)夯实农业科技支撑

先进的农业技术和较强的应用推广能力是山东农业"走出去"的优势,也是实现长期可持续发展的前提条件。

1. 提高农业技术水平

山东省农业"走出去"应注重提高农作物种植、生产与加工等环节的技术水平。在对外直接投资项目中,提高技术有助于更好地掌握主动权,从而增强风险规避能力。对于农业不发达的发展中国家,引进来自中国的农作物生产与加工技术有助于提高其农产品产量和出口量,增加农民收入,同时,这也是山东省农业企业提高产品产量、丰富产品种类的有力保障。山东省农业企业对外投资可借鉴跨国公司的管理方式,在国内保留加工设备、种子生产等环节,确保产业链上游技术安全,同时,逐步将技术载体等中下游环节转移至国外。

2. 优先支持农业新技术的研发与推广

整合企业整体科研资源，以市场为导向，以东道国现实技术需求为重点，加强对农机装备、作物栽培、育种等研发投入力度，充分运用现代技术，提升农产品质量，强化种质资源库建设，优化对外农业开发的竞争力与可持续发展能力。基于中国农业"走出去"的成功经验，需要经历自主创新、研发体系改善、核心技术掌控、重点突破、品牌优势建立的发展过程。

3. 加强技术创新和储备

由于山东省农业对外投资目标国的自然条件参差不齐，即使在同一个国家，不同年度、季节、地区的生产条件差异性也较大，这就要求企业能够根据现实条件及时调整农药化肥、合理灌溉用水、完善农业基础设施、调整种养结构等。然而，目前山东省农业企业技术储备和技术创新仍有待提高，技术储备水平和技术创新能力是山东省农业企业"走出去"最重要的决定性要素。

4. 建立学习型组织

农业企业应加强国际化管理，探索建立学习型组织，认真研究中国加入WTO后的内外环境变化和经济全球化趋势，紧紧把握中国"走出去"的战略契机，通过学习国际市场运行规则和国内外先进企业的经营策略，全面提高自身竞争力。在知识经济时代，向同领域、同行业最优秀的企业学习是追赶国际先进水平的捷径，山东农业企业应积极向国外先进农业企业"取经"，在竞争中学习，在学习中提升实力。

5. 整合利用国内外智力资源

中国实行开放型经济新体制，逐步积累了一批外向型、高素质人才，中国农业科技水平稳步提高，基因技术与生物技术的引入显著改善了中国农业的研发能力。企业一方面可以从国内获取充足的智力资源，另一方面还应通过参股相关服务或研究机构、兼并等方式获取与利用国外智力资源，以技术差异突出山东农业企业海外竞争优势，确保知识的长期增长效益。

（六）加强农业对外投资的财税、金融支持

1 提供税收优惠，积极鼓励扩大投资范围

借鉴发达国家的经验，在税收方面出台税收延付、税收抵免和税收豁免等优惠政策，以鼓励企业对外农业投资。其中，为出口的生产资料、设备应该提供通关便利，减免不必要的税费。对缴纳了所得税的，在本国纳税额中予以抵扣，避免双重纳税。对供需缺口大的农产品返销国内时，免征进口税费。另外，对跨国农业企业在征税协定的国家已缴纳的法人税、所得税时在国内应减免，对于我国农产品资源开发战略性跨国农业企业，提供减少所得税缴纳比例方面的补助政策。

2. 用好金融工具

大型跨国公司之间的竞争既涉及产品、服务、技术，也包括金融。尤其是农业对外投资项目，投资目标国多为发展中国家。金融条件不完善、不成熟，可融性不高，在短期内实现商业化运作的难度较大。因此，山东农业企业应积极探索更持久、有效的金融支持方案。山东农业企业不仅要利用好自身金融资源，还要不断提升金融资源整合能力。随着"一带一路"倡议的不断深化，主流融资主体之间进行合作的广度和深度日益扩大，包括传统多边金融机构（世界银行、国际货币基金组织等）、开放性金融机构（亚洲基础设施投资银行、金砖国家新开发银行、国家开发银行）、政策性金融机构（中国进出口银行、中国农业发展银行）、专项投资基金（丝路基金、中非基金等）、商业性金融机构（商业银行、租赁、保险）等。同时，产业基金、商业财富管理机构、主权财富基金等机构的作用也日益凸显。山东农业企业应充分利用各类金融工具，不断提升产融结合水平，探索合作新模式，有效利用多种金融资源，切实解决融资难的困境。

为缓解企业海外投资前期高昂的市场开发成本，我国应对农业涉外项目建立金融支持与政策补贴体系。体系中应建立输出银行、海外投资公司为企业提供股权融资和贷款。设立农业对外直接投资建设基金，支持与投资计划有关的可行性调查、企业对外投资亏损、市场开拓前期费用和农产品资源回运费等。同时，通过专项基金补贴政策，鼓励企业开拓国际市场。在农业对外开发、供应链建设、产品促销体系建设等方面给予补贴。在发生突发性农作物灾害、反倾销应诉、贸易摩擦等方面对企业实施援助。对在国外加工农产品的企业和建立生产基地的公司给予优惠待遇。另外，可以借鉴美国等国家农业补贴方面的措施，如灾害补贴、货款差额补贴、直接收入补贴、反周期补贴、资源保育补贴和农产品贸易补贴等。

3. 建立并完善保险制度，降低对外农业投资风险

建立符合国情的对外农业合作保险制度，政策性金融部门应继续加强国家的保障作用，提高企业在对外投资方面的防御风险能力。同时，积极调动商业保险公司对企业海外投资中可能遇到的风险和壁垒设立专项险种，包括自然灾害损失风险、政治动乱危机风险、财产以外被没收风险、外汇货币不可兑换风险和战争事件风险等。通过加大保费补贴方式，鼓励保险公司提高对企业的投保额度，降低企业海外投资风险。

（七）大力推进本地化经营

在农业"走出去"过程中，项目和人身安全问题是备受关注的，要想稳步开展项目，一方面要与东道国政府、人民、各类组织建立良好的关系，另一方面要大力践行本地化经营，通过招揽东道国公司参与或入股等方式，将项目成败与东道国经济及人民的切身利益紧密捆绑起来，从而为中国企业的项目运营和人员安全提供切实有效的保障。具体做法包括：①稳健处理与东道国政府、行业协会、工会等组织机构的关系。②在谋求自身可持续发展同时，亦要扶持东道国企业发展，提高技术和竞争力。③从东道国招聘员工，通过培训提高劳动力素质和就业能力。

着力推进境外山东农业产业园建设。境外农业园区建设是农业"走出去"的重要方式之一，应积极引导园区建立开放型招商机制。提升区内企业的产业化水平，形成产业链配套，带动区内企业集群式发展，加快农业"走出去"步伐，提高农业企业的资源配置能力和竞争能力。根据山东省实际情况，建议将印度尼西亚、柬埔寨、马来西亚、老挝、缅甸、澳大利亚、巴西、阿根廷、巴拉圭、苏丹、埃塞俄比亚、马达加斯加、津巴布韦、坦桑尼亚、赞比亚等国家作为山东省重点投资和贸易国。在省委，省政府的领导下，省农业农村厅，省财政厅、省发展和改革委员会，省商务厅等相关政府部门大力支持山东省境外农业产业园园区建设，推动山东省有实力

的种业、农产品加工业、农机等企业进驻产业园，推动山东省具有比较优势的农业产业和企业"走出去"。引导和鼓励具有较强竞争力和"走出去"意愿的农业科研机构和种植、养殖、深加工、农用机械、农用物资等企业发挥自身优势，采取集群方式在境外农业园区发展，形成集聚效应。引导和鼓励园内企业探索建立产业化体系、政策体系、利益联结体系、组织体系、风险保障体系和支持保障体系等，打通农产品生产、加工、储存、流通、销售等环节，形成产业链协同发展机制。

（八）加强政策沟通，促进贸易便利化

通过强化政策互通，依托二十国集团、亚太经合组织、上海合作组织、金砖国家峰会等国际经济合作组织、农业多边合作平台等，就农业合作开展对话，建立有效的沟通和协商机制，促进政策对接和协调。通过政策互通，提升区域农业合作的深度和广度。完善农业对外交流的法律法规，在农业产业安全下，扩大农业开发合作。加大农业及配套体系的政策和资金支持，切实落实优惠政策创新，制定和落实扶持政策。各级政府注重农业开发项目的引资，运用多种有效形式吸引投资。丰富农业特殊要求的管理制度和服务，解决进口配额问题，建立特殊商品进口通道，简化手续，提高办事效率。加强产品检验检疫和标准认证方面的协调，积极参与国际标准的制定，注重和贸易国的交流对接，规范协调双方利益，最大限度地避免贸易争端。

（九）树立良好的社会形象

中国农业企业对外投资成功的重要途径之一就是在东道国树立良好的社会形象，积极参与东道国基础设施建设，主动承担社会责任，重视当地民生，快速融入东道国。

1. 积极参与基础设施建设

发展中国家基础设施不完善，导致经济社会发展缓慢，为了加速"走出去"步伐，中国农业企业在保证正常经营的前提下，可适度参与东道国基础设施建设，为东道国人民创造更好的工作和生活环境，也为提高经营便利性、扩大消费市场奠定基础。

2. 主动承担企业社会责任

企业社会责任涵盖内容丰富，包括保护环境、文化建设、可持续发展等。山东农业企业要想在东道国开展长期、健康的经营，一方面要尊重当地文化习俗和价值观，合法经营，兴建公益项目，努力回报东道国。另一方面要坚持可持续发展理念，将资源开发与资源培育相结合，既提高土地资源利用效率，避免浪费，又要促进地方经济和社会发展，实现互利共赢，得到东道国政府和人民的认可。

（十）优化企业组织结构

判断一个企业国际化水平高低的重要标准是企业的对外投资战略，而企业的组织结构在很大程度上决定了企业对外投资战略及其海外业务水平，因此，企业组织结构是企业国际化水平的重要表现，为加快农业"走出去"，提高国际化水平，企业应探索组织结构变革，释放发展潜能，用集团化协同方式统领集团内各子公司，用事业部制的组织结构建设海外业务部或国际公司，用刚柔并济的弹性管理刺激企业动力，用本地化思维提升企业适应能力，从而打造独具特色的企业组织结构，提高企业的创造性、激励性、适应性、能动性和协调性。

（十一）实施品牌战略

品牌是企业开拓国际市场的一面旗帜，一旦在国际市场站稳脚跟，就成为企业形象的市场定位，也是国际实力的象征。虽然农产品被广泛认为是同质的，差异化较难表现，但在单一市场内部，农业企业仍可利用产品或服务差异打造品牌优势，抢占规模经济效应。因此，品牌战略是农业产业化经营向更高水平发展的必经之路，由于国际农产品竞争日益激烈，品牌竞争逐渐成为农产品全球竞争的重心，山东农业企业应摒弃"农产品无须品牌"的旧有观念，强化品牌意识和差异化理念，在不断提升农产品质量的同时，积极培育农副产品品牌。山东农副产品以物美价廉著称，但缺乏有效的品牌宣传，给世界各国留有质次价廉的印象，为此，山东农业企业"走出去"既要注重产品质量，研发特色品种，也要加大品牌宣传力度，推动农产品出口由品质营销转变为品牌营销。

（十二）加强国际化人才培养和吸引力度

农业企业"走出去"急需具备海外运营管理经验、熟知国际规则的复合型人才。然而，当下中国农业企业急缺此类人才，增加了企业对外投资的难度和风险，限制了农业企业"走出去"的效率。因此，山东农业企业加快国际化进程的首要问题是吸引和培育国际化人才。一方面，企业利用丰厚的薪酬和发展平台等吸引懂管理、懂贸易、懂外语、有经验的复合型人才。另一方面，企业应建立自己的人才培养机制，培育企业归属感和责任感兼备的国际化人才，实现内部人才补充机制。政府要努力做好企业人才工作的相关服务工作，比如可以建立国际型人才培养专项资金，对符合条件的农业对外投资企业给予一定的资金支持，同时政府还要发挥好二传手和中间人的作用，促进企业与高等院校和科研院所的紧密合作，定向培养企业所需人才，并协助企业对相关国际化人才的招聘与引进。

（十三）打造山东特色的农业对外投资服务体系

1.建设山东省农业对外投资综合服务信息平台。山东省农业农村厅要联合各市农业农村局，协调直管部门（农业农村局）与商务、财政、金融，海关等部门配合，提高行政运转效率。

在利用好商务部"走出去"公共服务平台等对外投资平台资源的基础上，搭建山东省农业对外投资综合服务平台，汇集政策法规、国别（区域）投资指南、投资项目信息库及可公开统计数据等，打造山东省农业对外投资专家咨询智库，从高校、科研机构、政务部门聘请国贸、投资、决策咨询战略管理等领域的专家提供在线咨询服务，合力形成政企间有效的信息互通机制。

2.完善山东省对外开放合作部门联席会议机制。进一步完善发挥山东省对外开放合作部门联席会议机制，联席会议由山东省农业农村厅、发展和改革委员会、商务厅、财政部、税务局、林业局、海关等单位组成，统筹协调促进山东省企业农业对外投资工作，加强国际形势研判分析，推动政策措施落实，协调解决工作中遇到的问题，探索山东省特色企业农业"走出去"对接机制。

3.探索建立山东省农业对外投资监管监察体系。在农业对外投资热度持续高位的情况下，加大对山东省对外投资企业的监管，提质增效势在必行。由山东省农业农村厅牵头，对企业境外人员财产安全防范、境内投资主体业务，合格证明及证书等方面进行年度抽检，划定检查人员比例，规范检查内容和检查要求，明确公示途径和内容，全方位打造山东省绿色健康的对外投资环境。

第四章 "一带一路"背景下山东省农业
对外贸易研究

一、山东省农产品对外贸易的历史成就

（一）农产品出口额稳居全国第一。山东省作为我国第一农业大省，目前已经成为我国最大的农产品出口基地。2022年，山东省农产品出口值再创历史新高，全年山东省农产品出口1394亿元，较2021年增长12.6%，连续24年位居全国第一位。占全国农产品出口总值的21.3%。山东省农产品出口额占全国农产品出口份额比较大，从2000年至今，山东省农产品出口额一直稳居全国第一，并且每年的出口值都占全国农产品出口总额的五分之一以上，遥遥领先我国各省市，显示了作为农业第一大省的农业竞争力。

（二）农产品出口长期呈现稳定增长态势。从2000年至今，山东省农产品出口基本上呈现稳定增长态势，出口额从2000年的35.3亿美元，增长到2021年的191.7亿美元。2010年以前，我国刚刚加入WTO，我国农产品的竞争优势得以释放，加上农产品出口基数比较小，表现为出口值增长幅度比较大。2010年以后，山东省农产品出口增长速度有所放缓，但仍然呈现增长态势，只有2015年是负增长，但回撤幅度极小，只比2014年减少4.2亿美元，其他年份均呈现出增长态势。即使在新冠疫情三年期间仍然保持了农产品出口的稳定增长。

图 4-1 山东省 2000 年以来主要年份农产品进出口情况

数据来源：根据历年《山东省统计年鉴》整理

（三）农产品进出口比较平衡，贸易逆差不大

从新中国成立到 21 世纪初，我国农产品都是出口大于进口，尽管国内农产品供给经常出现严重短缺的情况，我国为了支持国民经济的发展，农产品成了重要的出口创汇商品。改革开放以来，特别是加入 WTO 以来，我国农业开放水平不断提高，统筹利用农业国内外两个资源两种市场的能力显著提升，农产品贸易结构发生了巨大变化，农产品贸易规模快速增长，我国农产品关税的降低叠加我国工业化和城镇化对农产品的巨大需求，我国农产品进口大幅度增长，在 2016 年我国已经成为全球最大的农产品进口国，进口主要是粮棉糖油等大宗物质，对改善我国人民的食物结构起到了很大的作用，每年我国进口的大宗农产品相当于 10 亿亩耕地播种面积的产出，增加了国内有效供给、减缓了国内水土资源不足的压力、满足了人民不断增长的消费需求，支撑了我国工业化、城镇化的快速发展。

我国农产品出口也发展很快，主要表现为蔬菜、水果、水产品等优势农产品的出口增加，但是由于国内消费的不断增长和国内资源禀赋的限制，我国的农产品出口远远不如农产品进口的增长速度快，从 2005 年开始，我国农产品对外贸易开始从顺差变为逆差，到了 2021 年，我国农产品出口843.5 亿美元，进口 2198.2 亿美元，对外贸易逆差竟然达到 1354.7 亿美元之多，当然这背后是中国制造业的崛起作为后盾。但是无论如何，巨额的贸易逆差，反映出的是我国大豆等大宗农产品对国外农产品市场的高度依赖，很大程度上，巨额的农产品贸易逆差是我国农业强国建设的一个短板。事实上，社会主义现代化强国的建设，要求我们主要农产品的供给不能立足于依赖国外市场。

图 4-2 中国近 2000 年以来主要年份农产品进出口情况

数据来源：根据历年《中国统计年鉴》整理

　　和全国农业对外贸易巨大逆差形成明显对比的是，近二十年来，山东省农产品对外贸易大多数年份都表现为贸易顺差，也就是出口大于进口。二十多年来，山东只有 2012 年、2013、2014、2021 年等少数几个年份农产品对外贸易表现为逆差，而且逆差额并不大，远远小于全国的农产品贸易逆差水平，比如山东农产品对外贸易逆差最大的 2014 年，逆差额为 112.4亿美元，同年我国农产品贸易逆差达到 505.8 亿美元，随后 2015 年，山东省农产品贸易逆差就缩小为 7.6 亿美元，接下来 2016-2020 年的五年间，山东省农产品对外贸易都表现为顺差，而全国农产品的对外贸易逆差则呈现出了越来越大的趋势，2020年全国农产品对外贸易逆差超过900亿美元，2021年更是超过1300亿美元，山东省2021年农产品外贸逆差只有27.3亿美元。在全国出现巨额农产品外贸逆差的情况下，山东省农产品对外贸易逆差不大甚至大多数年份还表现为顺差，这表明山东省农产品进出口贸易整体上是平衡的。

我国农业第一大省的农产品进出口贸易整体上平衡，其意义是非常重大的，一方面，山东省农产品进出口平衡对我们一个农产品外贸逆差大国而言，是一个贡献，山东省对缩小我国的农产品外贸逆差是有贡献的。另一方面，农产品对外贸易平衡在建设农业强省和农业强国的过程中是必不可少的环节，可以对我国建设农业强国提供"山东经验"、"山东模式"。另外，通过积极发展农产品出口产业，能够找到增强山东省农业产业竞争力的方向和路径。

（四）农产品对外贸易促进了山东省农业产业转型升级

山东省通过发挥比较优势，建立水产品、蔬菜、水果等出口基地，使得各种经济要素向着优势区域富集，各地区发挥地区优势，建立起了各具特色的农产品生产加工出口体系，提高了整体的社会劳动生产率，使得农业成为富有竞争力的产业，在山东潍坊等地农业在很大程度上摆脱了弱质产业的存在，成为区域发展的优势产业。不仅如此，农业对外贸易发达的地区，农村表现为产业兴旺、农民增收、农村基础设施先进、农村风貌良好、农村文化繁荣的景象，成为乡村振兴的"齐鲁样板"。

二、山东省农产品对外贸易的特点——以2018年的数据为例

2018年，山东省农产品进出口2134.1亿元，较上年（下同）增长1.2%，规模继续列全国第一。其中，出口1150.3亿元，略降0.2%，是全国首个农产品出口规模超千亿的省市，连续二十年领跑全国，占全国农产品出口比重达到20%以上；同时，进口983.8亿元，增长3%。主要特点有：

（一）一般贸易主导进出口。2018年，山东省以一般贸易方式进口农产品654亿元，下降5.6%，占当年山东省农产品进口总值的66.5%；以加工贸易方式进口185.9亿元，增长6.2%，占18.9%；以保税物流方式进口

143.9 亿元，增长 65%。2018 年，山东省以一般贸易方式出口农产品 878 亿元，下降 1.1%，占当年山东省农产品出口总值的 76.3%；以加工贸易方式出口 260.1 亿元，增长 1.9%，占 22.6%；以保税物流方式出口 12.1 亿元，增长 25%。

（二）民营企业为进出口主力。我国农产品开放度高，农产品生产加工规模偏小，因此在农产品进出口领域，民营企业发挥了机动灵活的资源配置作用。2018 年，山东省民营企业进口农产品 617.2 亿元，下降 3.9%，占进口总值的 62.7%；外商投资企业进口 256 亿元，增长 5.7%，占 26%；国有企业进口 109.1 亿元，增长 53.5%。2018 年，山东省民营企业出口农产品 814.5 亿元，增长 2.2%，占出口总值的 70.8%；外商投资企业出口 320.4 亿元，下降 6.2%，占 27.9%；国有企业出口 15.4 亿元，增长 12.3%。

（三）拉丁美洲、美国和澳大利亚为主要进口市场。由于中美贸易战的爆发，我国大豆等大宗农产品的进口改变了过度依靠美国等少数国家的状况，开始向拉丁美洲、俄罗斯等地寻求更多的进口源。2018 年，山东省自拉丁美洲进口农产品 321.6 亿元，增长 17.9%；自美国进口 165.8 亿元，下降 35.8%；自澳大利亚进口 80 亿元，增长 55.1%；三者合计占当年山东省农产品进口总值的 57.7%。日本、东盟和欧盟为主要出口市场。由于地缘相近，日本和韩国是山东省传统的最大的农产品出口市场，近年来市场份额有所下降，但仍然是山东省最大的农产品出口市场。随着东盟经济的发展，印尼、泰国等国家从山东进口农产品逐渐增多，成为山东省新的农产品出口市场。2018 年，山东省对日本、东盟和欧盟分别出口农产品 290.9 亿元、188.4 亿元和 179.1 亿元，分别下降 0.2%、增长 11.5% 和下降 2.2%，三者合计占当年山东省农产品出口总值的 57.2%。

（四）粮食、水海产品和棉花为主要进口商品。2018 年，山东省进口粮食价值 392.9 亿元，下降 15.6%，其中进口大豆 315.6 亿元，下降 18.9%；进口水海产品 198.8 亿元，增长 16.8%；进口棉花 91.5 亿元，增长 55.3%，三者合计占进口总值的 69.4%。此外，进口肉及杂碎 86.9 亿元，增长 59.1%，占 8.8%。

（五）水海产品和蔬菜为主要出口商品。2018 年，山东省出口水海产品

336.9 亿元,增长 3%;出口蔬菜 250.4 亿元,下降 17.8%,两者合计占出口总值的 51.1%。此外,出口鲜、干水果及坚果 83.4 亿元,增长 20.5%。 和 21 世纪初相比,山东省蔬菜、水果和水产品继续保持出口商品的优势地位,肉类、以花生为主的油料等出口比例逐渐下降,主要原因是肉类和油料作物和粮食作物一样,同属于土地密集型产品。一方面,国内省内对肉类和油料的需求不断增加,另一方面,由于资源禀赋的原因,山东省肉类和油料等商品在国际市场上的竞争力也在减弱。

三、山东省农产品出口市场结构及特征分析

表 4-1 山东省主要出口市场近年农产品出口额(单位:人民币:亿元)

	2011	2018	2019	2020	2021	2022
日本	182.6	290.9	305.5	283.8	284	308.9
欧盟	105.2	179.1	200.1	149.0	152.4	179.2
美国	63.1	116.4	88.4	110.0	118.2	136.9
韩国	61.3	147.1	141.0	129.7	136.4	166.0
东盟	55.6	188.4	217.1	255.4	234.4	247.8
俄罗斯	21.7	26.9	26.2	22.7	24.1	30.6
加拿大	11.8	18.8	20.2	20.0	19.57	25.3
阿联酋	10.0	10.0	12.0	13.8	14.0	19.1
中国香港	8.5	28.1	28.9	26.3	27.2	27.0
澳大利亚	6.0	17.5	19.2	19.4	20.1	23.9
合计	592.2	1023.2	1058.6	1030.1	1030.37	1164.7
出口总值	983.7	1150.3	1234.5	1257.4	1238.4	1394.0
合计占比	60.16%	88.95%	85.75%	81.92%	83.20%	83.55%

数据来源:中华人民共和国海关总署

(一)总体情况:日本、韩国、欧盟是山东省传统的农产品出口市场,东盟近年异军突起。

长期以来，发达国家一直是我国和山东省农产品出口的主要市场，近年来，随着新兴经济体的发展速度加快，我国农产品出口有着向东盟国家、"一带一路"沿线国家转移的趋势，新兴市场在我国和山东省农产品出口份额中的比重有越来越大的趋势，传统的日韩、美国和欧盟进口对山东省进口农产品的绝对数额虽然也在不断增长，但进口份额有不断下降的趋势，说明山东省农产品出口市场呈现出多元化发展的趋势，不再依赖于某几个传统市场，这是一个健康的趋势，有利于山东省农产品出口市场的平稳运行和发展。

具体来看，日本由于经济发展水平高，人口超过一亿，农产品市场空间大，日本国内多山，农业生产受到很大限制，距离山东省很近，所以几十年来，日本一直是山东省最大的农产品出口国。如果再加上韩国，两者合计占山东省农产品出口值的近三分之一，其重要性不言而喻。美国在2011年是山东省农产品出口的第二大市场，后来被东盟和韩国超过，尤其在2009年中美贸易战期间，山东省出口美国的农产品居然出现了近30%的跌幅。韩国2011年是山东省第四大农产品出口市场，2022年仍然是第四大市场，但是韩国对山东省农产品的进口额增长很快，由2011年的61.3亿元增长至2022年的166亿元，增长了1.5倍还多，属于山东省农产品出口市场快速成长的国家。东盟国家由于距离中国市场近，近年经济发展很快，东盟国家与山东省农产品市场的互补性也很强，所以东盟市场成了山东省农产品出口市场中最耀眼的明星，2011年，东盟十国从山东省进口农产品总额为55.6亿元，是山东省第五大农产品出口市场，然而，十一年后的2022年，山东省对东盟农产品出口达到了247.8亿美元，增长了近四倍，一举成为山东省农产品出口的第二大市场，成为山东省农产品出口市场发展最快的地区。山东省对香港和澳大利亚的农产品出口增长也比较快，11年增长近三倍，进口总额的位次排名也分别提升两个和一个位次。俄罗斯和中国农业生产互补性很强，农产品贸易有着非常广阔的前景，但是近十多年山东省对俄罗斯农产品出口额的增长并不大，11年只增长不到50%，这似乎与中俄双边贸易近年来比较活跃不太相称，可能与山东省与俄罗斯距离比较远，山东省出口的农产品特别是蔬菜水果等农产品需要保鲜等有一定关系。另外令我们想不到的是世界人口第一大国印度2022年从山东省进口农产品只有7.2亿元，我国的友好邻邦巴基斯坦，作为一个拥有2.3亿人的人口大国，2022年从山东省进口农产品也只有17.78亿元。然而南亚的另一个人口大国，拥有1.8亿人的孟加拉国表现十分抢眼，2022年从山东省进口农产品达到31.59亿元，超过俄罗斯、加拿大、阿联酋、中国香港、澳大利亚，一举成为山东省农产品出口的第六大贸易伙伴。从发展的角度来看，随着南亚三个人口大国经济的不断发展，由于其巨大的人口基数，未来市场空间很大，再加上南亚三国与我国和山东省农业资源和农业生产的互补性很强，今后值得重点开拓与南亚地区的农产品贸易。

从山东省十大农产品出口目的地的出口总额来看，山东省农产品出口市场呈现出既分散又集中的趋势，分散指的是传统日美欧市场份额在减少，集中指的是，前十大农产品出口目的地的出口总额占山东省农产品出口的比重由2011年的60.16%提升至2022年的83.55%，这实际上是一种非常健康的趋势，实际上，这十大农产品出口目的地已经把世界上前五大经济体都包括了，抓好这十大市场，山东省农产品出口的市场就有了根基。

（二）山东省主要优势农产品的出口市场结构

1. 海产品和水产品的出口市场结构

水产品是山东省出口额最大的农产品，一直是山东省出口的优势产品，日本是山东省最大的水产品出口国，2022年日本从山东进口水产品10.56亿美元，是唯一一个进口额超过10亿美元的国家，比第二位的美国多出4.45亿美元而稳居第一位。从国家分布来看，除了泰国和巴西两国之外，其他18个国家和地区均是清一色的发达国家和地区，包括中国香港。这些国家和地区几乎都集中在欧洲、北美和东亚地区，看起来经济发展水平高的国家，对水产品等高端食物的需求还是很旺盛的，要知道这些国家如日本、美国、加拿大、英国、法国、俄罗斯、瑞典等国家也都是渔业大国。这二十个国家从山东省进口水产品的额度都在1800万美元以上，二十个国家合计从山东进口水产品35.93亿美元，占山东省水产品出口总额的85%以上。

表 4-2 山东省水产品出口前二十位的目的地国家和地区（2022 年）

出口商品	出口国家	出口额（美元）
鱼、甲壳动物、软体动物及其他水生无脊椎动物	日本	1,056,319,859
鱼、甲壳动物、软体动物及其他水生无脊椎动物	美国	610,636,538
鱼、甲壳动物、软体动物及其他水生无脊椎动物	韩国	433,582,964
鱼、甲壳动物、软体动物及其他水生无脊椎动物	德国	365,729,551
鱼、甲壳动物、软体动物及其他水生无脊椎动物	英国	268,028,742
鱼、甲壳动物、软体动物及其他水生无脊椎动物	加拿大	144,205,613
鱼、甲壳动物、软体动物及其他水生无脊椎动物	法国	139,044,607
鱼、甲壳动物、软体动物及其他水生无脊椎动物	西班牙	77,952,411
鱼、甲壳动物、软体动物及其他水生无脊椎动物	中国香港	71,203,444
鱼、甲壳动物、软体动物及其他水生无脊椎动物	俄罗斯联邦	69,132,970
鱼、甲壳动物、软体动物及其他水生无脊椎动物	瑞典	60,390,257
鱼、甲壳动物、软体动物及其他水生无脊椎动物	马来西亚	50,337,152
鱼、甲壳动物、软体动物及其他水生无脊椎动物	荷兰	50,203,211
鱼、甲壳动物、软体动物及其他水生无脊椎动物	澳大利亚	49,136,328
鱼、甲壳动物、软体动物及其他水生无脊椎动物	中国台湾	31,314,330
鱼、甲壳动物、软体动物及其他水生无脊椎动物	比利时	31,146,075
鱼、甲壳动物、软体动物及其他水生无脊椎动物	泰国	25,982,416
鱼、甲壳动物、软体动物及其他水生无脊椎动物	葡萄牙	20,449,581
鱼、甲壳动物、软体动物及其他水生无脊椎动物	巴西	19,440,618
鱼、甲壳动物、软体动物及其他水生无脊椎动物	意大利	18,887,572

数据来源：中华人民共和国海关总署

2. 蔬菜的出口市场结构

2022 年从山东省进口蔬菜的国家竟然达到 155 个（2022 年山东省水产品出口贸易伙伴有 92 个国家），看来山东省不仅是全国人民的"菜篮子"，也是世界人民的菜篮子，山东省蔬菜出口辐射面之广由此可见一斑，可以这么说，山东省的蔬菜已经辐射到全球的每个角落，不仅如此，155 个国家中，从山东省进口蔬菜产品超过 1000 万美元的国家也达到了 32 个之多，也就是说山东省蔬菜出口覆盖面是比较均匀的，充分显示了山东蔬菜在全球的地位。为以后我省蔬菜产业出口的可持续发展提供了良好的基础条件。

2022 年日韩两国分别从山东省蔬菜进口额分别为 7.53 亿美元和 3.23 亿美元，位居第一和第二位，美国 2.92 亿美元居第三位。和水产品出口目的地主要是发达国家不同，山东蔬菜出口额前二十位的国家中，发展中国家占了八席，主要是东盟国家，还有巴西 2022 年也从山东省进口了 5332 万美元的蔬菜。南美洲的巴西、哥伦比亚、智利，非洲的塞内加尔，中美洲的岛国多米尼加共和国，大洋洲的澳大利亚和新西兰这些国家 2022 年从山东省的蔬菜进口额都在 1000 万美元以上。广大的亚非拉国家，几乎每个国家都有从山东进口上百万美元的蔬菜。我们是不是可以这样畅想，随着全球经济的发展和人民生活水平的提高，山东菜将更大数量、更大范围地摆上世界人民的餐桌，山东蔬菜将成为山东省最靓丽的那张名片，山东蔬菜生产与输出将成为山东人民参与全球粮农治理、提高全球人民福祉最好的方式和路径。

表 4-3 山东省蔬菜出口额超过 1000 万美元的目的地国家和地区（2022 年）

出口商品	出口国家	出口额（美元）
食用蔬菜、根及块茎	日本	753,261,378
食用蔬菜、根及块茎	韩国	323,840,977
食用蔬菜、根及块茎	美国	291,502,482
食用蔬菜、根及块茎	印度尼西亚	231,408,714
食用蔬菜、根及块茎	马来西亚	189,953,852
食用蔬菜、根及块茎	越南	168,316,802
食用蔬菜、根及块茎	泰国	105,896,208
食用蔬菜、根及块茎	菲律宾	94,602,585
食用蔬菜、根及块茎	阿联酋	81,116,861
食用蔬菜、根及块茎	荷兰	79,790,543
食用蔬菜、根及块茎	加拿大	61,455,583

出口商品	出口国家	出口额（美元）
食用蔬菜、根及块茎	巴西	53,322,042
食用蔬菜、根及块茎	巴基斯坦	50,061,661
食用蔬菜、根及块茎	英国	45,772,585
食用蔬菜、根及块茎	德国	45,028,797
食用蔬菜、根及块茎	沙特阿拉伯	41,889,827
食用蔬菜、根及块茎	澳大利亚	41,661,231
食用蔬菜、根及块茎	新加坡	39,540,428
食用蔬菜、根及块茎	俄罗斯联邦	35,914,430
食用蔬菜、根及块茎	孟加拉国	33,416,968
食用蔬菜、根及块茎	哥伦比亚	28,841,043
食用蔬菜、根及块茎	斯里兰卡	25,828,385
食用蔬菜、根及块茎	塞内加尔	22,583,512
食用蔬菜、根及块茎	西班牙	21,904,508
食用蔬菜、根及块茎	比利时	21,646,633
食用蔬菜、根及块茎	中国台湾	21,149,792
食用蔬菜、根及块茎	智利	16,966,668
食用蔬菜、根及块茎	多米尼加共和国	15,223,832
食用蔬菜、根及块茎	以色列	15,021,393
食用蔬菜、根及块茎	法国	11,337,609
食用蔬菜、根及块茎	新西兰	11,260,163
食用蔬菜、根及块茎	卡塔尔	10,383,713

数据来源：中华人民共和国海关总署

（1）大蒜出口的情况

大蒜是我国的特色农产品的代表，我国大蒜种植面积、产量、出口都居世界第一位，据 FAO 统计数据，2019 年全球大蒜主要产区为中国，大蒜产量为 2330.59 万吨。其次为印度，大蒜产量为 291 万吨，其余地区产量均低于 50 万吨。2020 年产量为 2075.7 万吨，占全球总产量的 74.0%。中国大蒜出口主要包括大蒜、大蒜干及加工蒜片等初加工产品，精深加工产品较少。2021 年，中国大蒜类产品出口 216 万吨，其中大蒜出口 191.6 万吨，占全球出口总量的 71.1%，大蒜干出口 23.0 万吨，占全球出口总量的 78.8%；加工蒜片出口 1.4 万吨，占全球出口总量的 66.7%。中国大蒜主要出口到东南亚国家。2021 年出口前五大市场分别为印度尼西亚、越南、马来西亚、菲律宾和泰国。其中，印度尼西亚 56.3 万吨，占出口总量的 29.4%；越南 22.9 万吨，占出口总量的 12.0%；马来西亚 14.1 万吨，占出口总量的 7.4%；菲律宾 9.1 万吨，占出口总量的 4.7%；泰国 8.1 万吨，占出口总量的 4.2%。

中国大蒜出口居全球首位，出口量领跑第二位的西班牙四倍以上，全球 7 成国家接受中国大蒜。在很多大蒜进口国家中，中国成为唯一的进口来源国，进口地位难以撼动。

全球大蒜看中国，中国大蒜看山东。2022 年全国出口大蒜 1,796,196,575 美元，其中山东省出口大蒜 1,176,431,623 美元，占全国出口量的 65.5%。前几年，山东省大蒜出口占比还要高，这几年，江苏、河南等地大蒜的产量和出口开始增加。即便是周围省市大蒜种植和出口有所发展，山东省大蒜出口量仍然比第二位的江苏省高 4 倍以上，山东省大蒜生产和出口全球第一的地位同样难以撼动。

表 4-4 全国各省市大蒜出口额（2022 年）

商品名称	注册地名称	出口额（美元）
鲜或冷藏的大蒜	山东省	1,176,431,623
鲜或冷藏的大蒜	江苏省	215,208,636
鲜或冷藏的大蒜	河南省	147,097,818
鲜或冷藏的大蒜	广西壮族自治区	76,907,224
鲜或冷藏的大蒜	云南省	31,848,443
鲜或冷藏的大蒜	广东省	26,594,912
鲜或冷藏的大蒜	内蒙古自治区	14,905,745
鲜或冷藏的大蒜	黑龙江省	11,966,066

续表

商品名称	注册地名称	出口额（美元）
鲜或冷藏的大蒜	福建省	11,065,257
鲜或冷藏的大蒜	湖南省	10,955,981
鲜或冷藏的大蒜	浙江省	10,685,009
鲜或冷藏的大蒜	四川省	7,972,040
鲜或冷藏的大蒜	上海市	6,198,101
鲜或冷藏的大蒜	新疆维吾尔自治区	5,736,563
鲜或冷藏的大蒜	山西省	5,711,484
鲜或冷藏的大蒜	安徽省	5,261,883
鲜或冷藏的大蒜	海南省	5,201,970
鲜或冷藏的大蒜	甘肃省	4,588,594
鲜或冷藏的大蒜	江西省	4,424,448
鲜或冷藏的大蒜	北京市	3,440,255
鲜或冷藏的大蒜	河北省	3,318,763
鲜或冷藏的大蒜	湖北省	3,063,586
鲜或冷藏的大蒜	陕西省	2,530,508
鲜或冷藏的大蒜	重庆市	2,424,485
鲜或冷藏的大蒜	西藏自治区	1,468,682
鲜或冷藏的大蒜	宁夏回族自治区	480,284
鲜或冷藏的大蒜	辽宁省	363,092
鲜或冷藏的大蒜	贵州省	274,712
鲜或冷藏的大蒜	天津市	70,411

数据来源：中华人民共和国海关总署

①山东省鲜大蒜和冷藏大蒜的出口情况

山东省 2020 年出口鲜或冷藏大蒜的国家和地区达到 129 个，覆盖范围同样非常广，几乎遍及世界的每一个角落。出口总额达到 1176431623 美元，印度尼西亚进口额超过 2 亿美元，越南进口额超过 1 亿美元，前四名都是东盟国家，东盟十国、孟加拉国等热带国家气候炎热，不适合大蒜的种植。

日本、韩国由于本国土地、人力资源等条件的限制，极大限制了大蒜的种植面积，从山东省进口大蒜都比较多。

表 4-5 山东省鲜大蒜出口超过 1000 万美元的国家和地区

商品名称	贸易伙伴名称	出口额（美元）
鲜或冷藏的大蒜	印度尼西亚	213,436,163
鲜或冷藏的大蒜	越南	110,670,371
鲜或冷藏的大蒜	菲律宾	81,316,211
鲜或冷藏的大蒜	马来西亚	71,656,536
鲜或冷藏的大蒜	阿联酋	58,771,490
鲜或冷藏的大蒜	荷兰	47,788,395
鲜或冷藏的大蒜	巴基斯坦	42,647,688
鲜或冷藏的大蒜	泰国	41,180,176
鲜或冷藏的大蒜	日本	40,425,707
鲜或冷藏的大蒜	沙特阿拉伯	36,312,263
鲜或冷藏的大蒜	韩国	35,836,555
鲜或冷藏的大蒜	孟加拉国	31,068,269
鲜或冷藏的大蒜	哥伦比亚	25,359,078
鲜或冷藏的大蒜	斯里兰卡	23,980,796
鲜或冷藏的大蒜	巴西	22,587,050
鲜或冷藏的大蒜	塞内加尔	22,474,392
鲜或冷藏的大蒜	加拿大	19,544,733
鲜或冷藏的大蒜	俄罗斯联邦	17,716,299
鲜或冷藏的大蒜	澳大利亚	13,793,887
鲜或冷藏的大蒜	英国	12,740,596
鲜或冷藏的大蒜	多米尼加共和国	12,571,406
鲜或冷藏的大蒜	新加坡	11,483,285
鲜或冷藏的大蒜	以色列	10,815,349

数据来源：中华人民共和国海关总署

②山东省干大蒜的出口情况

出口的干大蒜，和我们日常生活中所指的干蒜头不是一回事，出口干大蒜包括脱水、蒸干或冻干的大蒜产品。2022年山东省出口干大蒜的国家和地区达到96个，覆盖范围同样非常广，出口量达到167274210千克，出口额为472545445美元。和鲜大蒜的出口格局截然不同，山东省干大蒜出口额超过1000万美元的九个国家中，只有巴西是发展中国家，其他全是发达国家，其中美国从山东省进口干大蒜7万吨，进口额超过2亿美元而位居第一位，日本和德国从山东省进口干大蒜都超过1万吨，分别位居第二和第三位。干大蒜出口目的地和鲜大蒜出口目的地截然不同的原因，还是在于发达国家食品工业发达，预制食品在人们生活中的比重要大很多，所以对脱水蒜片、蒜粉等产品需求量就大。而发展中国家进口大蒜更多的是用于鲜食，两者需求区别很大。不同国家对大蒜及大蒜制品的需求差别，可以很好地指导山东省大蒜种植、大蒜加工、大蒜出口等大蒜全产业链发展的方向和格局。

表4-6 山东省干大蒜出口超过1000万美元的国家和地区

商品名称	贸易伙伴名称	数量（千克）	出口额（美元）
干大蒜	美国	69979597	200,377,879
干大蒜	日本	10331478	53,787,128
干大蒜	德国	10041605	24,854,796
干大蒜	巴西	9165717	22,848,804
干大蒜	加拿大	7535498	20,738,081
干大蒜	荷兰	5792728	15,113,601
干大蒜	马来西亚	2694623	14,240,265
干大蒜	比利时	4116370	10,958,460
干大蒜	英国	4206668	10,209,516

数据来源：中华人民共和国海关总署

3.山东省水果出口的出口市场结构

山东省不仅是全国的菜篮子，也是全国的果盘子。很长一段时间，山东省水果产量居全国第一位，近几年山东省的水果产量被广西壮族自治区超过。广西主要生产柑橘、杧果等亚热带水果，山东则是以盛产苹果、梨、桃等温带水果为特色，山东的水果一直在国内外市场上久负盛名，烟台苹果、莱阳梨、肥城桃、蒙阴蜜桃、费县山楂、威海无花果、峄城石榴、大泽山葡萄、新泰珍珠油杏、沾化冬枣、乐陵金丝小枣、胶东地区的樱桃等都是非常有名的地理标志农产品，品牌价值很高。拥有百年深厚底蕴的烟台苹果品牌价值高达150.34亿元，连续13年蝉联中国果业第一品牌！烟台苹果产业集群还成为山东省重点培育的两个千亿级农产品产业集群之一，产品深受国内外市场的青睐，2022年山东省苹果出口占全国苹果出口总额的61.1%。

山东水果一直以来就是山东省在国际市场上的优势产品，出口额仅次于水产品和蔬菜产品，位居第三。就全国而言，近几年随着人民生活水平的提高，我国水果进口呈现出大进大出的进出口格局，全国水果对外贸易出现逆差已经成为常态。我国进口水果品种主要是香蕉、杧果、榴莲、椰子等热带水果，还有南半球智利等国的车厘子和新西兰的猕猴桃。在全国水果进出口贸易逆差的大背景下，山东省水果出口就起着平衡我国水果出口逆差的重要力量而显得弥足珍贵。

2022年，山东省水果出口到113个国家和地区。与水产品、蔬菜出口目的地主要是发达国家为主不同的是，山东省水果类的出口额位居前列的目的地国家或地区主要是发展中国家，2022年印度尼西亚、菲律宾、泰国从山东省水果进口分别是2.50亿美元、1.56亿美元、1.44亿美元而位居前三位，前五名中四个东盟国家，只有第四名是美国。山东省水果出口额前十位的国家和地区中，七个是发展中国家。尼泊尔从山东进口了4500万美元的水果，让我们多了很多的想象，尼泊尔只是一个人口只有3000万人，人均GDP只有1200美元的世界上最不发达的国家之一，竟然从山东省进口这么多的水果，那么世界人口第一大国的印度呢？其他超过一亿人的十几个国家呢？是不是山东水果的出口潜力很远远没有充分开发出来呢？

表 4-7 山东省水果坚果出口前二十位的目的地国家和地区（2022 年）

出口商品	出口国家	出口额（美元）
食用水果及坚果；甜瓜或柑橘属水果的果皮	印度尼西亚	249692265
食用水果及坚果；甜瓜或柑橘属水果的果皮	菲律宾	156462986
食用水果及坚果；甜瓜或柑橘属水果的果皮	泰国	143774630
食用水果及坚果；甜瓜或柑橘属水果的果皮	美国	113782118
食用水果及坚果；甜瓜或柑橘属水果的果皮	越南	111244897
食用水果及坚果；甜瓜或柑橘属水果的果皮	孟加拉国	77961537
食用水果及坚果；甜瓜或柑橘属水果的果皮	马来西亚	63096597
食用水果及坚果；甜瓜或柑橘属水果的果皮	阿联酋	57540598
食用水果及坚果；甜瓜或柑橘属水果的果皮	日本	53843524
食用水果及坚果；甜瓜或柑橘属水果的果皮	德国	48066591
食用水果及坚果；甜瓜或柑橘属水果的果皮	尼泊尔	45484625
食用水果及坚果；甜瓜或柑橘属水果的果皮	新加坡	31537118
食用水果及坚果；甜瓜或柑橘属水果的果皮	俄罗斯联邦	26042541
食用水果及坚果；甜瓜或柑橘属水果的果皮	韩国	20379746
食用水果及坚果；甜瓜或柑橘属水果的果皮	荷兰	14404298
食用水果及坚果；甜瓜或柑橘属水果的果皮	中国香港	10904558
食用水果及坚果；甜瓜或柑橘属水果的果皮	乌兹别克斯坦	9649438
食用水果及坚果；甜瓜或柑橘属水果的果皮	澳大利亚	8524386
食用水果及坚果；甜瓜或柑橘属水果的果皮	墨西哥	8162946
食用水果及坚果；甜瓜或柑橘属水果的果皮	英国	7535815

数据来源：中华人民共和国海关总署

（1）山东省鲜苹果出口情况

2022 年山东省苹果出口占到全国出口总量的 61%，具有绝对优势。苹果产品的出口主要是鲜苹果和苹果汁的出口。2022 年山东省共出口鲜苹果 507361 吨，价值 63765 万美元。在山东省鲜苹果出口目的地国家和地区中，东盟国家和南亚国家为代表的发展中国家占据了绝对优势，进口额前十二名的国家和地区全部位于亚洲。印度尼西亚和菲律宾从山东省进口鲜苹果的数量都超过了 10 万吨，两国合计从山东省进口苹果接近 30 万吨，占山东省出口鲜苹果的六成。从山东省进口苹果前二十名的国家进口数量超过50.4 万吨，占山东省出口苹果总数的 95% 以上。

表 4-8 山东省鲜苹果出口额前二十位国家和地区（2022 年）

商品名称	贸易伙伴名称	数量（千克）	出口额（美元）
鲜苹果	印度尼西亚	143525576	173,248,591
鲜苹果	菲律宾	100170684	126,103,199
鲜苹果	泰国	65209218	94,178,143
鲜苹果	孟加拉国	69108430	74,495,999
鲜苹果	尼泊尔	32746453	43,173,542
鲜苹果	越南	30900837	40,225,041
鲜苹果	马来西亚	32357532	39,107,098
鲜苹果	新加坡	12234752	17,208,628
鲜苹果	阿联酋	5758533	7,478,302
鲜苹果	中国香港	3501907	5,616,009
鲜苹果	沙特阿拉伯	1937454	2,242,973
鲜苹果	斯里兰卡	1451446	1,665,767
鲜苹果	美国	765190	1,554,791
鲜苹果	澳大利亚	811377	1,430,076
鲜苹果	智利	827820	1,412,944
鲜苹果	加拿大	729449	1,119,907
鲜苹果	卡塔尔	824590	1,098,526
鲜苹果	乌兹别克斯坦	467170	904,793
鲜苹果	东帝汶	738244	851,683
合计		504066662	633,116,012

数据来源：中华人民共和国海关总署

（2）山东省苹果汁的出口情况

除了鲜苹果，苹果汁也是重要的出口商品，2022 年，山东省向 44 个国家共出口苹果汁 129802 吨，出口总额 150333713 美元。和鲜苹果的出口情况不同，从山东省进口苹果汁前十名的国家中，有七个是发达国家和地区，前三名分别是日本、美国和南非，三个国家从中国进口苹果汁都在 2 万吨以上，三个国家从山东省进口苹果汁超过 7 万吨，占山东省出口苹果汁数量的一半以上。第十一名到第二十名的国家是以东盟和南亚国家为主的发展中国家。

表 4-9 山东省苹果汁出口额前二十位国家和地区（2022 年）

商品名称	贸易伙伴名称	数量（千克）	出口额（美元）
其他苹果汁	日本	27071308	31,158,759
其他苹果汁	美国	24289905	29,633,254
其他苹果汁	南非	21130866	23,861,942
其他苹果汁	土耳其	16094535	17,463,831
其他苹果汁	澳大利亚	8674135	10,375,084
其他苹果汁	加拿大	6534825	7,371,540
其他苹果汁	沙特阿拉伯	3603600	4,471,181
其他苹果汁	中国台湾	2757116	3,321,551
其他苹果汁	俄罗斯联邦	2809400	3,220,170
其他苹果汁	印度	3077800	3,085,789
其他苹果汁	越南	1699405	2,001,955
其他苹果汁	泰国	1543650	1,679,967
其他苹果汁	韩国	1414050	1,607,606
其他苹果汁	印度尼西亚	1225400	1,540,655
其他苹果汁	尼泊尔	818250	1,320,404
其他苹果汁	新西兰	1074200	1,265,923
其他苹果汁	马来西亚	865975	1,029,342
其他苹果汁	多米尼加共和国	763400	810,522

续表

商品名称	贸易伙伴名称	数量（千克）	出口额（美元）
其他苹果汁	德国	506000	556,600
合计		125953820	145,776,075

数据来源：中华人民共和国海关总署

东盟和南亚国家同属于热带，并不生产苹果等温带水果，和山东省的互补性很强，从山东省进口苹果是自然而然的事情。山东省对发达国家出口鲜苹果并不是太多，可能有三个原因：第一，绝大多数发达国家都处于北温带苹果主产区，日本、美国、加拿大、英国、法国等国家都是苹果生产大国，和山东省在苹果生产的方面互补性不强。第二个原因也有可能是山东省生产的苹果质量和规格不能很好地满足发达国家市场的需要。第三个原因可能由于关税壁垒等原因，使得山东省的鲜苹果向发达国家的出口受到一定的阻力。苹果汁出口以发达国家为主，应该是由于下面的两个原因：一个是发达国家食品工业发达，人民生活水平高，对苹果汁的需求量比较大，而发展中国家由于食品工业不够发达，人均收入比较低等原因限制了对苹果汁的需求量。还有一个原因可能是山东省苹果汁的生产成本要比发达国家生产成本低，从而吸引了很多发达国家从山东省进口苹果汁。发达国家和发展中国家对苹果及苹果汁进口的不同，对于指导山东省苹果产业健康持续发展有着很好的指导作用。

4. 山东省肉类出口情况

肉类已经不是山东省农产品出口的优势产品，在这里列出这个数据主要是为了和山东省肉类进口进行一下对比，能更形象的说明山东省农产品进出口的结构。2022 年山东省肉类出口目的地只有 15 个国家，出口总额只有 30,581,216 美元，只占山东省农产品出口总值的千分之一左右，到了可以忽略不计的程度。

表4-10 山东省肉类出口额出口情况（2022年）

商品名称	贸易伙伴名称	出口额（美元）
肉及食用杂碎	格鲁吉亚	10,368,586
肉及食用杂碎	俄罗斯联邦	5,907,082
肉及食用杂碎	德国	3,261,571
肉及食用杂碎	比利时	2,698,759
肉及食用杂碎	美国	1,897,278
肉及食用杂碎	巴布亚新几内亚	1,877,480
肉及食用杂碎	法国	1,231,583
肉及食用杂碎	捷克	1,095,961
肉及食用杂碎	荷兰	859,551
肉及食用杂碎	黑山	483,008
肉及食用杂碎	白俄罗斯	416,482
肉及食用杂碎	亚美尼亚	305,569
肉及食用杂碎	刚果（金）	98,080
肉及食用杂碎	索马里	54,336
肉及食用杂碎	乌克兰	25,890
合计		30,581,216

数据来源：中华人民共和国海关总署

四、山东出口型农业的趋势特点及发展对策

山东是农产品出口大省，多年来一直保持了持续发展的势头，出口额从2000年的27.9亿美元攀升到2011年的153.7亿美元，再到2022年超过200亿美元大关，二十年增加了七倍多。山东农产品出口额多年占全国的1/4，占全省农业增加值的25.7%、全部产品出口额的12.2%，在全省经济发展特别是农村经济发展中处于十分关键的地位，发挥了重要作用。随着世界经济新格局的形成和国内产业加速升级，山东出口型农业也呈现出一些新的趋势和特点。

（一）山东省出口型农业的发展趋势

1.出口产品特色化、优势化趋势明显

多年来，山东出口的五大优势农产品中，出口额最大的是水产品及其制品，这些产品大多是来进料加工，几乎不占用国内农业资源；其次是蔬菜及其制品，其中大蒜、生姜出口合计占到山东省蔬菜出口总额的一半以上；果品及制品出口是山东省出口额第三位的农产品，其中苹果及苹果汁占山东省果品及制品出口额的三分之一以上；还有家禽生肉及其制品，花生及其制品的出口也是山东省出口额比较大的农产品。以上5类产品占全省农产品出口总额的80%以上，基本都是山东的地产优势和特色产品，出口竞争力相对较强。近几年，大豆、棉花、植物油等土地密集型产品进口快速增长，山东农产品进出口结构比较合理。

2.产业相对集中、集群化发展趋势明显

近年来山东农产品出口企业出现了集群发展的现象，企业分布趋于集中，相互间联系越来越密切，焕发出较强的生机和活力。例如原莱芜市的莱城区是远近驰名的生姜产区，区内分布着规模以上的加工出口企业100余家，目前全区的生姜加工贮藏能力已是当地生姜年产量的两倍。这些企业与国外客户联系密切，企业之间形成了多种多样的合作关系，有力促进了当地生姜产业的快速发展。早在2011年，莱城区农产品出口5.7亿美元，农民种植生姜人均收入超过4500元。其他还有莱阳、安丘的蔬菜出口企业群，金乡的大蒜出口企业群、莒南的花生出口企业群、昌乐昌邑的禽肉出口企业群等。企业集群发展，有利于企业间横向合作，有利于与国外客商联系，有利于产业技术进步和整体竞争力提升，发挥了很好的规模和示范效应。

3.市场不断拓展、多元化布局趋势明显

日本＋韩国、欧盟和美国是山东农产品出口的三大传统市场，对其出口额占全省农产品出口总额的一半以上。东盟自贸区全面启动以后，中国和东盟的经贸往来日益密切，并且呈现快速发展态势，中国和东盟的经贸合作可谓天时地利人和全都占齐了，因此东盟一跃成为我国最大的贸易伙伴。从发展的趋势看，东盟有可能超过日本，成为山东省最大的农产品出口的地区。山东省农产品对于美国出口呈现波动性增长的趋势。对中东、拉丁美洲、非洲、俄罗斯等新兴市场的出口，虽然绝对出口额并不是很大，但是增长前景喜人，呈现出很好的发展势头，显示出我国"一带一路"倡议的良好效果。总之，山东省农产品出口市场多元化的趋势越来越明显。

4. 出口市场贸易壁垒复杂化、质量安全要求越来越高的趋势明显

以 2006 年日本实施"肯定列表制度"为标志，国际农产品贸易的技术壁垒开始从微观技术层面转向宏观制度层面，开始从单纯的数量和质量控制扩大到低碳、汇率、知识产权等领域，从而对农业生产和管理提出了一系列更高要求。贸易壁垒的提高和复杂化，既有国外加强农业保护的因素，也反映了世界各国特别是发达国家对农产品质量安全和环境友好的期望和要求，反映了人们追求绿色种植、福利养殖、环境友好、和谐发展的新趋势。可以预期，随着人们对农产品优质化、营养化新追求的发展，国际贸易技术壁垒还会更加严格。越来越高的贸易壁垒客观上对农业生产和管理产生强有力的"倒逼"机制，要求我们必须加快农业生产和管理方式的转变，尽快实现农业管理转型和产业升级。

（二）山东省出口型农业发展正在孕育中的五个转变

1. 在产业形态上更加注重农工贸融合，出口型企业由过去单纯贸易型向产业链式经营、一体化发展的综合经济体转变。

以前计划经济时代，对农产品的质量要求不是太高，农产品出口基本上属于单纯贸易型，即先找订单，根据订单要求再去采购合适的商品，贸易商和生产者的关系总体上比较松散。随着国际市场特别是发达国家对农产品质量的要求越来越严格，传统的贸易型的农产品出口模式已经不能满足需要，贸工农一体化，出口企业建立自己的生产基地，严格控制有毒有害化学品的使用，生产过程全程监管的模式越来越多，催生了一大批全产业链经营的一体化综合性农业出口加工企业。从山东目前的情况看，出口超过 500 万美元的企业，基本上都建立了自己的农产品生产基地并进行全生产过程的严格管控的模式。这种经营方式融一、二、三产业为一体，既保证了出口农产品的质量安全，又对农业产业化发展起到了示范带头作用。

2. 在产品定位上更加注重产品质量，出口产品由过去的数量型增长向

数量质量并重、越来越偏重质量转变，发展方式开始由数量主导型转向质量主导型。

过去由于对产品质量要求不高，农产品出口基本上是数量主导型，企业主要通过增加出口量来赚取外汇。但近几年不论是国外还是国内，对农产品质量提出了越来越高的要求，且不同质量的农产品价格差异很大。比如同样是鲜苹果的出口，进入发达国家超市的精品苹果的价格可能是进入发展中国家大众消费的鲜苹果价格的几倍甚至几十倍。在这种情况下，很多出口型企业开始调整产品定位，通过自建基地、自管基地提高农产品质量，培育产品特色，主打高中端市场，通过提升质量提高销售价格，增加出口综合效益。目前看，企业通过发展方式的转变，不断挖掘质量提升方面的潜力，综合效益更大，有着十分广阔的发展前景。

3. 在发展策略上更加注重产业转型升级，出口型企业的有机构成不断提高，开始由过去的劳动密集型向劳动密集、技术密集和资本密集协调发展转变。

改革开放之初，得益于农村众多的富余劳动力，山东省农产品出口走的是一条劳动密集型发展的路子，主要靠农村大量廉价的劳动力的投入生产低成本的农产品。随着我国工业化和城镇化的发展以及我国人口结构的改变，我国劳动力价格不断攀升，低工资的优势不再，而且不论是工业还是农业，"用工荒"、"用工贵"、"招工难"等现象频发，过去的发展模式受到严重挑战，在这种情况下，加大新技术、新设备的投入，增强农产品整个生产过程中的技术改造和产业升级，提高产业的自动化和智能化程度，提高农业出口企业的劳动生产率已经是大势所趋。现在不论是田间生产还是农产品的加工车间，许多过去的人力活手工活逐渐被机器和智能化设备所代替，极大地减少了企业用工量，山东省农业企业发展进入劳动密集型、技术密集型和资本密集型融合发展的新时代。

4. 在营销方式上更加注重品牌经营

以前山东省农产品出口主要是卖原料、拼资源，农产品附加值不高。随着市场逐渐重视产品的质量和品牌，企业的自主创新意识、品牌意识逐步增强，很多农产品出口企业开始投入人力物力进行自有品牌的培育，加强企业研发、营销、检测等方面的建设，企业资源开始向"微笑曲线"的两端延伸和布局，使得山东省出口农产品的附加值和盈利能力都有显著提高。

5.在行业组织建设上更加注重横向联合与协调发展，由过去的单打独斗、相互压价向集体协商、合作共赢转变，产业整体效率和发展秩序得以恢复和提升。

以山东省淄博市博山区的桔梗生产为例，淄博市博山区池上镇是全球最大的桔梗生产基地之一，主要出口韩国，用于蔬菜加工。在2008年以前，由于加工企业间争抢韩国客商，互相压级压价，造成恶性竞争，导致市场混乱，桔梗出口价格不断走低，农民收入减少，产品质量得不到保证，逐渐失去韩国客商的信任，到头来两败俱伤，农民、出口商和韩国进口商都没有得到好处，出口市场逐渐萎缩。近年来在政府的引导下，由出口企业牵头成立了"淄博市博山区桔梗产业协会"，制定了行业规范，实现资源、信息和技术的共享，仅仅两三年的时间，博山桔梗又重新占领了韩国百分之七十的市场，农民收入也呈现大幅度增长。在协会的带领下，博山桔梗种植面积逐渐恢复，市场秩序逐渐理顺，企业、农民、政府、韩国客商都收到了满意的效果。像这样的农产品生产销售的协会组织近几年在山东发展很快，一些区域性强的特色农产品大多在龙头企业和政府的帮助下成立了行业协会，实现共同发展，对推动山东省农业产品出口产业的健康持续发展发挥了很好的作用。

（三）加快推进山东省出口型农业转型升级的发展对策

山东省农产品出口出现的趋势和转变，标志着农业产业转型升级的步伐在加快，对带动山东省农业产业整体产业升级、再创山东省农业发展的新优势意义重大，今后山东省农产品出口应该做好以下几个方面的工作。

1.加强对出口型农业发展的规划指导

根据国际市场农产品的需求变化情况，结合各地农业生产的资源禀赋，以及当地一二三产业的发展格局，制定省级和市县级的农产品出口发展规划，明确不同地区的发展重点，制定出具体的工作措施，本着有所为有所不为的原则，发挥好各地区的独特优势和区域生产布局。

2. 支持出口型企业生产基地建设

农产品种植环节是农产品质量保证的第一道关口，也是最重要的一个环节。各地政府和相关企业必须高度重视农产品生产基地建设，确保农产品生产的质量安全不出问题，切实把生产基地作为企业生产的"第一车间"。农业部门要把出口型企业的生产基地建设纳入当地社会经济发展规划和农业发展规划，政府部门要从政策优惠、标准制定、技术服务等方面基于支持和倾斜。

3. 全力打造企农结合、互利共赢的经济共同体

农工贸一体化企业的出现，是通过基地建设为载体，把农民和企业的利益直接捆绑在一起，企业要进一步做大做强，实现长远发展，必须高度重视农民的利益，必须注意建立企业和农民的利益共同体，重点是保障农民利益，相关企业要通过合同协议，依法依规保障农民的土地承包收益、打工收益、股金分红收益等。

4. 促进出口农产品的品牌建设和企业升级改造

积极协调多方面政策支持，加大对知名品牌的宣传和培育。鼓励企业开展技术改造。引进先进的加工设备、配套生产线和自检自控设施，不断提高企业技术创新、质量检测和管理营销能力。对规模较大、实力较强的出口型企业，支持其与国际上的技术研发中心、跨国公司或大财团开展投资合作，快速提升企业的生产管理能力和市场占有水平。

5. 推进出口型行业组织建设

由政府和龙头企业倡导和牵头，积极推动不同行业的农产品出口行业协会组织建设，提高行业自律和可持续发展能力。认真制定行业内部的规章制度，规范行业运行借鉴博山区桔梗协会的发展经验。积极推动不同行业协会组织建设，提高行业自律和协调发展能力，加强对行业协会业务人员的相关培训，推动农产品行业协会规范化制度化发展。

6. 加强协调配合，形成农产品贸易促进合力

发挥产业管理优势，密切与出入境检验检疫、海关、商务等相关部门的联系合作，加强信息资源共享，建设省级和市级的农产品出口联席会议制度建设，从不同方面研究出台优惠支持政策，切实形成促进出口型农业

转型升级的强大合力。

五、山东省农产品进口市场结构及特征分析

（一）山东省肉类进口的市场结构

在山东省出口农产品我们列出了 2022 年全省肉类出口只有 3000 万美元，在山东省进口农产品的分析中我们先列出山东省 2022 年肉类进口的情况，这样更便于比较。

山东省肉类进口和出口形成巨大反差，2022 年山东省进口肉类达到 5167916272 美元，进口额是出口额的 169 倍之多。肉类和粮食、棉花等一样，同属于资源密集型农产品，生产肉类尤其需要消耗粮食等饲料资源，也就是消耗水土资源，进口资源密集型农产品符合我国人多地少的国情，有利于充分利用国内国外两种资源、两个市场，统筹国内外两种资源，实现国内外资源禀赋与产品交换的优势互补，有利于减轻省内资源环境的压力，重塑绿水青山的美好环境；有利于提高国外资源的开发力度，促进全球农业的可持续发展。

山东的肉类进口来自 29 个国家和地区。巴西是山东省最大的肉类进口国，巴西拥有世界上最多的可耕地资源，是世界上农产品出口潜力最大的国家，也是世界上大豆、牛肉等最大的出口国之一。山东省 2022 年仅从巴西一国进口肉类即超过 20 亿美元。新西兰、阿根廷、澳大利亚、美国、乌拉圭，分列山东省进口肉类的前六位，这六个国家是清一色的新大陆国家，人少地多，农牧业资源丰富，是全球主要的肉类输出国，今后我国和山东省肉类进口主要来自南北美洲和大洋洲的格局不大可能改变。众多的欧洲国家，农业发展水平高，肉类产量大，是世界上仅次于新大陆的肉类出口区，2022 年山东省从西班牙、丹麦、荷兰三国的肉类进口额都在 1 亿美元以上；从俄罗斯进口的肉类总值也接近 1 亿美元，法国、智利、英国、白俄罗斯、加拿大、玻利维亚、爱尔兰、乌克兰、哥斯达黎加、墨西哥等 10 个国家对中国的肉类出口额也都超过了 1000 万美元，由此可见，山东省肉类进口的市场分布也还是极其广泛的，明显呈现出既分散又集中的进口来源格局。

山东省肉类进口来源还有一个非常鲜明的特点是：肉类进口全部来自新大陆的南北美洲、大洋洲以及欧洲。这是一个很有趣的现象，值得我们思考：全球面积最大占全球面积三分之一的亚洲，没有一个国家向山东省出口肉类。全球第二大洲非洲，只有非洲的塞尔维亚和纳米比亚两个国家合计向中国出口了 360 万美元的肉类，几乎可以忽略不计。这值得我们更清晰地认识亚洲和非洲的农业特别是畜牧业发展水平，两个大洲发展畜牧业的资源禀赋，特别是非洲都算得上人少地多，和新大陆国家的资源禀赋有相似性，但是农业发展水平却大相径庭，相去甚远。亚洲当然是由于人口多，亚洲占了世界 60% 的人口，人地矛盾比较突出。非洲主要是生产力发展水平的制约，这当然也从另一个角度说明非洲农业生产还有巨大的发展潜力。

表 4-11 山东省肉类进口额来源情况（2022 年）

商品名称	贸易伙伴名称	进口额（美元）
肉及食用杂碎	巴西	2,014,925,639
肉及食用杂碎	新西兰	517,855,091
肉及食用杂碎	阿根廷	503,946,944
肉及食用杂碎	澳大利亚	403,410,336
肉及食用杂碎	美国	372,859,628
肉及食用杂碎	乌拉圭	331,212,837
肉及食用杂碎	西班牙	275,360,375
肉及食用杂碎	丹麦	150,245,464
肉及食用杂碎	荷兰	138,895,254
肉及食用杂碎	俄罗斯联邦	97,851,098
肉及食用杂碎	法国	84,476,289
肉及食用杂碎	智利	59,681,861
肉及食用杂碎	英国	47,024,039
肉及食用杂碎	白俄罗斯	38,792,278
肉及食用杂碎	加拿大	33,907,573
肉及食用杂碎	玻利维亚	24,042,797

续表

商品名称	贸易伙伴名称	进口额（美元）
肉及食用杂碎	爱尔兰	14,640,647
肉及食用杂碎	乌克兰	14,336,004
肉及食用杂碎	哥斯达黎加	13,026,587
肉及食用杂碎	墨西哥	11,220,818
肉及食用杂碎	奥地利	9,095,689
肉及食用杂碎	葡萄牙	2,821,131
肉及食用杂碎	塞尔维亚	2,666,316
肉及食用杂碎	意大利	1,406,765
肉及食用杂碎	巴拿马	1,315,517
肉及食用杂碎	瑞士	1,245,427
肉及食用杂碎	纳米比亚	1,003,756
肉及食用杂碎	匈牙利	463,275
肉及食用杂碎	芬兰	186,837
合计		5,167,916,272

数据来源：中华人民共和国海关总署

（二）山东省大豆进口的市场结构

1. 我国进口大豆的情况

表4-12 1985—2021年我国大豆进出口变化情况

年份	大豆进口		大豆出口		净进口量（万吨）
	进口量（万吨）	占粮食进口（%）	出口量（万吨）	占粮食出口（%）	
1985	0.1	0.0	115.1	12.4	-115.0
1990	0.1	0.0	91.0	15.6	-90.9
1995	29.4	1.4	37.5	36.6	-8.1
2000	1040.9	76.8	21.1	1.5	1019.8
2005	2659.0	71.2	40.0	2.0	2619.0

续表

年份	大豆进口		大豆出口		净进口量（万吨）
	进口量（万吨）	占粮食进口（%）	出口量（万吨）	占粮食出口（%）	
2010	5480.0	88.2	16.0	7.6	5464.0
2015	8162.9	67.6	13.0	14.3	8149.9
2019	8858.6	83.2	11.7	3.6	8846.9
2020	10032.7	70.3	8	2.3	10024.7
2021	9652.0	58.7	6	1.8	9646.0

数据来源：《中国统计年鉴》及《海关统计年鉴》

大豆是原产于我国的农作物，粮油兼用，蛋白质含量最高的粮食作物之一，也是全球最重要的油料作物，养殖业最重要的饲料蛋白源。在 2000年以前，我国大豆一直是净出口，是我国农产品重要的换汇物质之一。2000 年之后随着我国加入 WTO，我国制造业的勃兴、城镇化的发展带来了农产品巨大的市场需求；我国居民消费水平的提高，对肉、蛋、奶的需求大幅提升，而大豆不但是主要食用油脂和蛋白食品的原料，也是重要的饲料原料。中国制造业巨大贸易顺差的出现，也大大支撑了我国农产品的进口。我国加入 WTO，也是我国农业关税大幅度降低的过程。加入世界贸易组织之后，我国的农产品关税水平只有全球水平的 40% 左右，所以中国农产品市场成了一个高度开放的市场，加入 WTO 对很多农产品进口相当于国门大开。我国对小麦、稻谷、玉米等三大主粮作物实施进口关税配额制度，但大豆没有实行进口关税配额制度。长期以来，我国的大豆生产成本都大大高于美国、巴西等土地资源丰富的国家。入世二十多年来，国外大豆大量涌入中国市场，客观上对我国的大豆生产造成了一定的冲击，但是从另一个角度看，大豆的大量进口，客观上满足了我国人民对食物结构改善和提升的需求，减轻了国内土地资源的压力。

1995 年之前，我国大豆供给基本立足自给自足，少量出口，用于换汇。2000 年我国净进口大豆超过 1000 万吨，此后我国大豆进口迅速增加。2010 年，我国大豆进口超过 5000 万吨，以后一直维持在 5000 万吨以上。

2020 年，我国大豆净进口超过 1 亿吨，占全球市场大豆贸易总量的 60% 以上，而同年我国大豆总产量不足 2000 万吨，也就是说我国的大豆对外依存度超过 80%，大豆成为我国主要的粮食进口品种，每年占粮食总进口量的 75% 左右。进口的 1 亿吨大豆相当于 5 亿亩以上的播种面积，如果取消进口立足自给，这在中国当下无论如何是无法满足种植需求的，尽管我国一直在实施"大豆振兴计划"等大豆扩种措施，最近两年又开始鼓励豆粮间作，但这都不能从根本上解决问题。可以预见，今后相当长的一段时间内，中国的大豆消费都将以进口为主，这也是我们国民经济发展和农业发展需要必须面对的一个问题。当然，大豆进口在我国制造业比较强盛的背景下，也有很多好处，比如在使我们国家土地资源得到休养生息的同时，大豆进口还可以平衡我国和一些国家的贸易顺差，比如，美国作为世界上最大的大豆生产国，中美货物贸易顺差每年都有 3000 亿美元之巨，中国对美国的贸易顺差过大，也是近年来中美贸易磨擦的主要原因，而从美国适度进口一些农产品，就有利于平衡中美贸易顺差过大的情况。

我国大豆进口的问题之一是大豆货源过度依赖于美国、巴西、阿根廷等少数几个国家，来自上述三国的大豆占到我国大豆进口总量的 90% 以上，而且受制于世界各国农业发展的实际情况，要改变这种供应格局难度很大。这样就使得我们在大豆进口中容易受制于别国，在全球农产品供大于求的今天，问题还显示不出来。一旦由于战争、自然灾害等原因，导致世界粮食市场供需紧张，我们在大豆等农产品进口方面就很容易受制于人。

2. 山东省大豆进口额及市场来源

表 4-13 至表 4-18 是近六年山东省大豆进口额及来源地的情况

表 4-13　山东省大豆进口额及市场分布（2017 年）

商品名称	贸易伙伴名称	进口额（美元）
其他大豆，不论是否破碎	巴西	2,726,278,036
其他大豆，不论是否破碎	美国	2,429,201,270
其他大豆，不论是否破碎	阿根廷	230,002,608
其他大豆，不论是否破碎	乌拉圭	170,611,646

续表

商品名称	贸易伙伴名称	进口额（美元）
其他大豆，不论是否破碎	加拿大	164,824,313
其他大豆，不论是否破碎	乌克兰	2,232,134
合计		5,723,150,007

数据来源：中华人民共和国海关总署

表4-14 山东省大豆进口额及市场分布（2018年）

商品名称	贸易伙伴	美元
其他大豆，不论是否破碎	巴西	3,241,242,436
其他大豆，不论是否破碎	美国	1,338,309,031
其他大豆，不论是否破碎	阿根廷	133,213,738
其他大豆，不论是否破碎	加拿大	46,939,207
其他大豆，不论是否破碎	乌拉圭	33,099,214
合计		4,792,803,626

数据来源：中华人民共和国海关总署

表4-15 山东省大豆进口额及市场分布（2019年）

商品名称	贸易伙伴	美元
其他大豆，不论是否破碎	巴西	3,473,883,238
其他大豆，不论是否破碎	阿根廷	263,957,075
其他大豆，不论是否破碎	美国	192,574,578
其他大豆，不论是否破碎	乌拉圭	47,497,294
其他大豆，不论是否破碎	加拿大	35,662,660
其他大豆，不论是否破碎	乌克兰	4,196,521
其他大豆，不论是否破碎	俄罗斯联邦	238,808
合计		4,018,010,174

数据来源：中华人民共和国海关总署

表 4-16　山东省大豆进口额及市场分布（2020 年）

商品名称	贸易伙伴	美元
其他大豆，不论是否破碎	巴西	2,762,173,611
其他大豆，不论是否破碎	美国	1,256,725,517
其他大豆，不论是否破碎	阿根廷	146,622,270
其他大豆，不论是否破碎	乌拉圭	70,522,745
其他大豆，不论是否破碎	乌克兰	5,073,430
其他大豆，不论是否破碎	加拿大	4,229,350
其他大豆，不论是否破碎	俄罗斯联邦	1,471,418
合计		4,246,818,341

数据来源：中华人民共和国海关总署

表 4-17 山东省大豆进口额及市场分布（2021 年）

商品名称	贸易伙伴	美元
其他大豆，不论是否破碎	巴西	3,641,246,427
其他大豆，不论是否破碎	美国	1,748,221,522
其他大豆，不论是否破碎	阿根廷	40,161,448
其他大豆，不论是否破碎	乌拉圭	31,314,051
其他大豆，不论是否破碎	加拿大	20,299,963
其他大豆，不论是否破碎	俄罗斯联邦	1,343,932
其他大豆，不论是否破碎	乌克兰	1,091,734
其他大豆，不论是否破碎	坦桑尼亚	105,105
合计		5,483,784,182

数据来源：中华人民共和国海关总署

表 4-18 山东省大豆进口额及市场分布（2022 年）

商品名称	贸易伙伴	美元
大豆，不论是否破碎	巴西	3,723,615,882
大豆，不论是否破碎	美国	1,663,370,756
大豆，不论是否破碎	加拿大	150,121,858
大豆，不论是否破碎	阿根廷	149,151,329
大豆，不论是否破碎	乌拉圭	80,325,116
大豆，不论是否破碎	贝宁	7,113,299
大豆，不论是否破碎	乌克兰	7,052,723
大豆，不论是否破碎	俄罗斯联邦	6,305,982
大豆，不论是否破碎	坦桑尼亚	896,546
合计		5,787,953,491

从山东省近六年大豆进口额及来源国家的情况看：山东省大豆进口有以下几个特点：

（1）进口额度大。近六年每年进口额都稳定在 40 亿美元以上，2022 年进口最多，达到近 58 亿美元。作为一个省的单项农产品进口额度超过 50 亿美元，放在全球的哪个角落都不算是一个小数字。2022 年，山东省进口大豆 865.4 万吨，占全国 2022 年进口大豆 9108.1 万吨的将近 10%。山东省 2021 年大豆产量是 54 万吨，进口量是山东省本地大豆产量的 16 倍。

（2）山东省大豆进口高度集中于巴西、美国两个国家。近六年每年从巴西和美国的大豆进口占比达 90% 甚至 95% 以上，纵观六年山东省大豆进口情况，大豆进口来源国有五六个增加到九个，先是俄罗斯、乌克兰成为山东大豆进口的来源地，后来非洲的贝宁、坦桑尼亚也开始向山东省出口大豆，但是这四个国家向山东省出口大豆的数量还是很小，不能从根本上改变山东省大豆进口对南北美洲少数几个国家的依赖。

（3）大豆进口数量受到国际政治关系的影响。2017 年，山东省从美国进口大豆超过 24 亿美元，仅次于从巴西进口的 27 亿美元；2018 年，特朗普开始挑起中美贸易战，山东省从美国进口大豆锐减至 13 亿美元，而从巴西的大豆进口额则上升至 32 亿美元；2019 年，中美贸易战达到最为激烈的时候，山东省从美国大豆进口额更是锐减至 1.9 亿美元，不足 2017 年的十分之一，阿根廷替代美国，成为山东省大豆进口额的第二大国。2020—2022 随着中美贸易关系的改善，山东省从美国大豆进口额又恢复至 10 亿美元以上。

（三）山东省水产品进口额及市场结构

表 4-19 山东省水产品进口额及市场分布（2022 年）

商品名称	贸易伙伴名称	进口额（美元）
鱼、甲壳动物、软体动物及其他水生无脊椎动物	俄罗斯联邦	1130383464
鱼、甲壳动物、软体动物及其他水生无脊椎动物	美国	474603169
鱼、甲壳动物、软体动物及其他水生无脊椎动物	挪威	463975819
鱼、甲壳动物、软体动物及其他水生无脊椎动物	厄瓜多尔	364646135
鱼、甲壳动物、软体动物及其他水生无脊椎动物	加拿大	241256089
鱼、甲壳动物、软体动物及其他水生无脊椎动物	格陵兰	165803063
鱼、甲壳动物、软体动物及其他水生无脊椎动物	新西兰	147712259
鱼、甲壳动物、软体动物及其他水生无脊椎动物	阿根廷	93653408
鱼、甲壳动物、软体动物及其他水生无脊椎动物	冰岛	74160981
鱼、甲壳动物、软体动物及其他水生无脊椎动物	西班牙	61875278
鱼、甲壳动物、软体动物及其他水生无脊椎动物	智利	55459098
鱼、甲壳动物、软体动物及其他水生无脊椎动物	秘鲁	44610694
鱼、甲壳动物、软体动物及其他水生无脊椎动物	法罗群岛	26051261
鱼、甲壳动物、软体动物及其他水生无脊椎动物	乌拉圭	22850472
鱼、甲壳动物、软体动物及其他水生无脊椎动物	爱尔兰	22567964
鱼、甲壳动物、软体动物及其他水生无脊椎动物	丹麦	22321007
鱼、甲壳动物、软体动物及其他水生无脊椎动物	荷兰	15526373
鱼、甲壳动物、软体动物及其他水生无脊椎动物	爱沙尼亚	14829642
鱼、甲壳动物、软体动物及其他水生无脊椎动物	法国	14185867
鱼、甲壳动物、软体动物及其他水生无脊椎动物	德国	12490991

商品名称	贸易伙伴名称	进口额（美元）
鱼、甲壳动物、软体动物及其他水生无脊椎动物	澳大利亚	11855851
鱼、甲壳动物、软体动物及其他水生无脊椎动物	墨西哥	11653939
鱼、甲壳动物、软体动物及其他水生无脊椎动物	英国	10493570
鱼、甲壳动物、软体动物及其他水生无脊椎动物	葡萄牙	6600358
鱼、甲壳动物、软体动物及其他水生无脊椎动物	摩洛哥	4606792
鱼、甲壳动物、软体动物及其他水生无脊椎动物	毛里塔尼亚	4163763
鱼、甲壳动物、软体动物及其他水生无脊椎动物	索马里	4000179
鱼、甲壳动物、软体动物及其他水生无脊椎动物	委内瑞拉	3555567
鱼、甲壳动物、软体动物及其他水生无脊椎动物	拉脱维亚	3095881
鱼、甲壳动物、软体动物及其他水生无脊椎动物	巴西	2496518
鱼、甲壳动物、软体动物及其他水生无脊椎动物	莫桑比克	1197433
鱼、甲壳动物、软体动物及其他水生无脊椎动物	塞内加尔	1078748
鱼、甲壳动物、软体动物及其他水生无脊椎动物	波兰	867425
鱼、甲壳动物、软体动物及其他水生无脊椎动物	库克群岛	360792
鱼、甲壳动物、软体动物及其他水生无脊椎动物	苏里南	323102
鱼、甲壳动物、软体动物及其他水生无脊椎动物	南非	285330
合计		3535598282

数据来源：中华人民共和国海关总署

2022 年山东省进口水产品 35.4 亿美元，略低于本省水产品出口额 37.5 亿美元，水产品在山东省属于大进大出略有顺差的农产品。

2022 年山东省从俄罗斯进口了 11.3 亿美元的水产品，进口超过 1 亿美元的目的地国家和地区还有美国、挪威、厄瓜多尔、加拿大、格陵兰、新西兰。从山东省水产品进口来源看，主要来自发达国家或者工业化程度比较高的国家，这也非常好理解：国际水产品市场进出口主要是海产品，远洋捕捞需要大马力的渔船，渔船的制造需要良好的制造业基础，而且远洋捕捞渔船一般价格比较昂贵，因此远洋捕捞一定程度上属于重资产行业和具有一定科技含量的产业，广大亚非拉发展中国家由于工业化程度比较低，制造业水平比较落后，也没有资金购买渔船等生产工具，甚至没有合格的从事远洋捕捞劳动力，种种原因使得发展中国家一般远洋捕捞产业都不怎么发达，而制造业发达的美国、俄罗斯、日本、加拿大以及欧洲诸国往往都是远洋渔业发达的国家。这些国家也就成了世界上水产品的主要供应国。

我国是世界上最大的海洋捕捞生产国，2022年，我国海洋渔业捕捞总量达到1268万吨，占到世界总产量的15%，但是由于我国经济的快速发展，人民对于海鲜的消费量一直在增长。2022年，中国人均消费海产品达到了41公斤，远远超过世界平均水平。在我国，水产品国际贸易属于逆差比较大的产品（2022年出口122亿美元，进口189亿美元，由于本统计只包括鱼类和软体动物等，没有包括海生植物进出口，所以数据小于国家统计局公布的有关海产品进出口数据）。

山东省属于海洋渔业大省，2021年，山东省海产品产量高达737万吨，稳居全国第一位，这里面海水养殖占了80%，山东省相当于为全国人民人均提供10斤的海鲜，另外山东省海产品加工业也比较发达，为产品的增值提供了良好的基础。山东省在海产品进出口贸易中表现为顺差，再一次为平衡全国的水产品贸易逆差起到了良好的作用。

（四）山东省棉花进口情况

表4-20 山东省棉花进口额前二十位的国家和地区（2022年）

商品名称	贸易伙伴名称	进口额（美元）
棉花	巴西	511,439,443
棉花	美国	495,136,836
棉花	苏丹	48,653,968
棉花	澳大利亚	24,752,174
棉花	墨西哥	12,197,149
棉花	布基纳法索	11,811,748
棉花	阿根廷	2,781,034
棉花	乌干达	1,812,639

续表

商品名称	贸易伙伴名称	进口额（美元）
棉花	英国	981,901
棉花	意大利	765,734
棉花	莫桑比克	627,337
棉花	坦桑尼亚	405,982
棉花	尼日利亚	393,817
棉花	津巴布韦	388,786
棉花	希腊	374,941
棉花	赞比亚	244,080
棉花	哥斯达黎加	229,722
棉花	瑞士	203,835
棉花	德国	122,895
棉花	葡萄牙	29,234
	合计	1,113,353,255

数据来源：中华人民共和国海关总署

2022 年，山东省进口棉花 11.13 亿美元，一共来自 27 个国家，其中自巴西进口 5.11 亿美元，自美国进口 4.87 亿美元，从两国合计进口棉花占到山东省棉花进口量的 90%，又是高度集中于这两个国家，和大豆进口的情况有点类似。

值得一提是非洲国家，苏丹、布基纳法索两国向山东省出口棉花都在 1000 万美元以上。乌干达、莫桑比克、坦桑尼亚、尼日利亚、津巴布韦、赞比亚等非洲国家也加入对山东省棉花出口的行列，这种情况一定程度上与山东省农业企业走出去，到非洲国家进行棉花产业种植加工的投资增大有很大关系。实际上，从气候资源禀赋的角度来看，非洲绝大多数国家气候干燥、耕地面积广阔，人力资源丰富，非常适合棉花产业的发展，到非洲发展棉花产业是山东省农业对外合作的重要发展内容之一，利用山东省的农业技术，发挥非洲国家可耕地面积广阔、人力资源丰富的优势，实现优势互补、强强联合，最终实现东道国农业产业大发展，我国取得投资收益的双赢局面，是山东省参与全球粮农治理的良好途径。

（五）山东糖料进口

表 4-21 山东省糖料进口额前二十位的国家和地区（2022 年）

商品名称	贸易伙伴名称	进口额（美元）
糖及糖食	巴西	413,496,795
糖及糖食	危地马拉	18053036
糖及糖食	美国	5921543
糖及糖食	乌克兰	842060
糖及糖食	丹麦	289288
糖及糖食	墨西哥	234138
糖及糖食	加拿大	171114
糖及糖食	德国	103902
糖及糖食	俄罗斯联邦	86929
糖及糖食	法国	83860
糖及糖食	波兰	66216
糖及糖食	西班牙	39790
糖及糖食	意大利	27925
糖及糖食	荷兰	24401
糖及糖食	澳大利亚	19036
糖及糖食	哥伦比亚	16150
糖及糖食	英国	3338
糖及糖食	比利时	3208
糖及糖食	奥地利	53
合计		439,482,782

2022 年，山东省从 19 个国家进口糖及糖食物 4.39 亿美元，其中进巴西一国就达到 4.13 亿美元，占到山东省糖料进口的 90% 以上，也就是说，山东省糖料进口高度依赖巴西一国，比大豆、棉花等农作物的进口源还要

集中。从发展的角度看，俄罗斯、乌克兰、中亚地区的甜菜糖的发展空间还是很大的。当然非洲撒哈拉沙漠以南地区，巴西以外的广大南美洲国家甘蔗糖的发展空间更大。

六、山东省农产品进口发展对策

（一）扩大主要进口农产品的进口源

我国和山东省的农产品进口，很多依赖某个或者某几个国家或地区，而且我们农产品进口表现为进口数量多，额度大，某些农产品如大豆进口占到全球大豆总贸易量的 60% 以上。某种程度上，我国在粮棉糖油肉等资源型大宗农产品的进口有着刚性的需求，即便是我国大力调整农业产业结构，短期内仍然难以改变进口为主的格局。农产品进口高度依赖于某个或某几个国家，很容易受到国际政治经济局势的影响，对我国农产品的进口和供给造成很大的冲击，所以要尽量改变这种格局，通过各种方式尽可能建立更多的进口贸易伙伴。以大豆为例，目前我们大豆进口高度依赖于巴西、美国两个国家，今后可以重点发展阿根廷、俄罗斯、加拿大、澳大利亚、哈萨克斯坦、巴拉圭以及非洲的苏丹、埃塞俄比亚、坦桑尼亚、莫桑比克、津巴布韦、南非等国。棉花除了美国和巴西，可以重点发展印度、吉尔吉斯斯坦、土库曼斯坦、苏丹、津巴布韦等国。糖料进口山东省绝对依赖巴西一国，今后可以重点发展泰国、印度尼西亚、刚果、尼日利亚等雨林国家的蔗糖进口。

（二）实施农业"走出去"战略，建立国外农产品生产基地

实施农业"走出去"战略，实施农业对外投资，可以充分利用山东省相对比较发达的农业技术及农业装备制造，开发利用国外尤其是广大亚非拉国家广袤的可耕地资源，农产品可以当地销售，也可以运回国内销售，深度融入全球农业产业链，建立国外稳定的农产品供应基地。东南亚的缅甸、老挝、柬埔寨、印度尼西亚等国与我国山水相邻，地理相近，这些国家相对人少地多，人均耕地都在 1 公顷左右，水热条件极好，农业生产全年都可以进行。东南亚国家一直是山东省对外农业的重点区域，截至 2019 年底，山东省共有 12 家境内企业在东盟国家设立了 14 家境外企业，资产

总额达到 5.7 亿美元，当年投资流量 4.9 亿美元，投资存量高达 11.9 亿美元，占山东省农业对外投资存量总额的 57.73%。东盟国家在热带木本作物、水稻、甘蔗、木薯、玉米、棉花等农作物的发展潜力很大。

非洲和我国有着长期的农业合作，主要表现为我国对非洲国家多种形式的农业援助。自从新中国成立之初，对非农业援助就是我国农业外交的重要内容。近年来，对非农业投资，建立农业产业园区，成为重要的农业合作方式。截至 2019 年底，山东省在非洲的农业投资存量接近 2 亿美元，占山东省农业对外投资总额的 9.54%。非洲是世界上农业经济最不发达的一个大洲，但是农业资源异常丰富，非洲和南美洲同为世界上耕地资源潜力最大的两个大洲。全球约有一半的未利用可耕地分布在非洲，即使已经耕种的土地，由于非洲农资非常缺乏、生产方式非常落后，农业增产的潜力也非常大，近几年从中国引进玉米、水稻、棉花等农作物品种，使得当地的农业产量有很大的提高。山东省近几年在苏丹、津巴布韦等国家开展了棉花、玉米、水稻等农作物的种植，既提高了当地农业生产水平，增加了当地人的就业，又收获了农产品的供应及经济效益，达到了双赢的效果。从发展的角度看，山东省进口的粮棉糖油肉等大宗农产品，在非洲有着最大的发展潜力。不仅如此，对非农业投资还可以在解决非洲人饥荒的前提下，增加对我国的农产品供给，典型的双赢。

（三）出台政策建立对国内农业产业的保护机制

中国在加入 WTO 时，在农业关税领域做了很大的让步，以至于入世之后，我国农产品进口关税只有世界平均水平的 40% 左右，大豆等农产品又没有进口关税配额限制，而美国、巴西等国的大豆生产成本只有我国的一半左右，在国内市场国门大开的情况下，大豆大量涌入中国。虽然这客观上极大程度上改善了我国农产品尤其是蛋白和油料的供应，改善了人民生活。但是事情总有两面性，大量进口大豆的直接结果是我国的大豆产业一蹶不振，而进口的大豆既便宜质量又好，成为我国各个大豆加工企业的首选。我国每年进口 1 亿吨左右的大豆，甚至超过了国内市场的需求，形成了大豆过度进口的现象。一方面是大豆大量进口，另一方面是国内大豆从生产到加工各个环节的严重亏损，导致我国大豆种植的不断萎缩。这种现象应该引起我们的重视，我们既要适度进口，满足国内的需求，又要对国内大豆产业进行扶持，以免我国国内的大豆产业面临灭顶之灾。这样从种植、销售到加工各环节的扶持政策就变得非常有必要，这几年我国实行的扩大大豆种植补贴，鼓励多种形式的豆—粮间作等政策，既符合生态农业的科学原理，又能够提高农业生产效率，代表着我国大豆产业振兴的方向。

第五章　山东省农业对外投资典型案例研究

一、中国山东国际经济技术合作公司：海外产业园区建设

（一）公司概况

中国山东国际经济技术合作公司（以下简称"山东国经公司"）是 1984 年经国务院批准成立的大型综合涉外企业。山东国经公司一直坚持从实际出发，积极探索，按国际惯例运作，抓住"规模、层次、市场、人才、信息、效益"六大要素，业务领域不断拓展，经营规模不断扩大，经营层次不断提高，取得了较大的发展。2008 年，山东国经公司成为山东省最大国有企业山东高速集团的全资子公司，业务涵盖国际承包工程、对外经济技术援助、境外投资、人力资源合作与交流、留学服务、对外劳务等，是山东高速集团的国际化战略平台，也是山东省重要的对外交流合作窗口。目前，集团注册资本 150 亿元，年经营收入近 400 亿元，利税总额 34 亿元，资产总额突破 3500 亿元，资产规模居山东省省管企业第一位，经营业绩位居山东省省管企业和全国同行业前列。山东国经公司自 1984 年起，相继承建了援刚果（金）农业项目、援厄瓜多尔农业项目、援斐济农业项目等与农业有关的国家重点援外项目以及世界银行的农业灌溉工程等项目。

（二）中国 - 苏丹农业合作区基本情况

2008 年，山东国经公司与山东省农业科学院承建了中国—苏丹农业合作开发区。中国—苏丹开发区位于苏丹加达里夫州法乌镇，由山东高速集团全资子公司山东国际投资建设。合作区采取"一区多园"的发展模式，依托苏丹优越的农业资源条件，通过全产业链开发，打造以棉纺产业为主、

油料加工为辅、农资农机生产服务及畜牧业养殖与屠宰加工产业为配套的国际产能合作区。目前，合作区已完成投资 3000 余万美元，棉花种植面积 7333 公顷，引进了良种繁育、棉花加工等配套产业，初步形成了集繁育、生产，加工、贸易为一体的产业链条，棉花产量、加工量、良种繁育量及贸易额均位居苏丹国内前列。合作区研发的棉花品种及其栽培技术已在苏丹大规模推广应用，种植面积达 60 万公顷，占苏丹棉花种植面积的 90% 以上，到 2023 年，山东国际规划建设 8 个产业园区，总投资估算约 3.78 亿美元，总规划面积约 21 万公顷，棉花种植规模将达到 8 万公顷。

（三）合作区运营情况

1. 建设情况

（1）成立高级别合作区协调委员会

该委员会由苏丹政府发起成立，苏丹财政部、农业部、投资部以及中苏合作委员会为成员，负责综合协调合作区建设、招商引资、优惠政策等，积极推动园区建设与中苏农业合作。

（2）合作区生产规模进一步扩大

合作区棉花合作种植面积由 1 个灌区（拉哈德灌区）7333.3 公顷，扩大到 2 个灌区（拉哈德灌区、纽哈勒法灌区）1.4 万公顷，2019 年已建成年加工 1.5 万吨皮棉的轧花厂 3 座，当地最先进的种子加工厂 2 座，占全苏丹规模化棉花种子加工总量的 60% 以上；同时建设了剥绒车间、农机维修车间、仓储、生活、办公区和种植营地等配套设施。

（3）推动设立农机服务公司

该公司由四川吉峰农机、中国一拖集团有限公司和苏丹拉哈德灌区合资设立，主要在苏丹开设农机组装生产、销售和作业服务等。

2. 合作区带动效果

（1）对国内企业"走出去"的带动作用

根据合作区上、中、下游发展规划设计，积极与中国企业园区开展合作共建园区，引领中国企业"走出去"。合作区在技术上以山东农业科学院为龙头，引进有能力及合作趋向的科研机构参与，进行大联合互动式研发，引领中国科研单位"走出去"。

在农机服务上与一拖集团、日照五征、潍坊福田、四川吉峰农服公司展开合作，拟打造苏丹最大的农机服务公司平台，为合作区进一步扩大生产规模及产业聚集提供良好的农机社会化服务，进一步带动国内农业机械等下游产业环节，已与青岛圣美尔集团和济宁萌山恒顺公司就食用油榨油厂项目签署合作协议，共同打造中非农业合作新产业、新模式、新业态，为中非产能提升合作空间创建平台、经验和智慧，带动中国企业"走出去"。

（2）合作区建设对苏丹的带动作用

合作区在加强加快发展的同时，还引领相邻区域和周边地区的和谐协作发展，带动周边共同致富，创造就业和经济发展，营造了良好的氛围和发展环境，参与当地社区服务，体现企业社会责任。

示范中心通过品种引进、技术示范和培训推广，使当地棉花、玉米、花生、油葵作物单产成倍增长。示范中心主推的棉花品种，已连续6年占苏丹棉花种植面积的90%以上，因地制宜的技术合作引领苏丹全国的棉花种植面积由2010年的不到15000公顷提高到目前的10万公顷。作为苏丹农业领域投资规模最大的中资企业，山东国际推行的"公司＋灌区＋农户"种植模式得到苏丹政府的高度认可，在苏丹产生了广泛影响，带动1500农户致富及15000多人就业，提升了当地的生活水平，带动了周边棉花种植，对提高苏丹棉花种植和加工水平产生了积极影响。

3. 合作区规划

合作区根据内部化理论，将充分利用苏丹农业资源、中国农业技术、公司资本和中国市场的优势，建设中国—苏丹农业合作开发区和中国农业"走出去"示范区，逐步建立农产品国际产销加工储运体系，其重点工作有：

（1）物流仓储基地

在苏丹港建立一个10公顷的仓储物流园区，承担进出物资中转仓储及部分加工出口业务。

（2）科技平台

与示范中心和国内、当地科研单位联合建立科技平台，建立一个2666.7公顷的优良棉花品种试验和繁育核心基地，在当地完成2~3个新品种的注册并加以推广。

（3）搭建6个产业合作平台

①与现有灌区合作并逐步扩大到周边灌区，推广"公司＋农户＋灌区"模式，逐步扩大棉花及其他作物的种植面积。

②与国内纺纱公司进行纺织合作并建设纺纱厂。

③与灌区及国内成熟企业合作建立食用油榨油厂。

④与灌区及国内配套装备企业合作，在当地成立农业装备销售、农机租赁及服务公司。

⑤与灌区探讨畜牧及其他项目合作。

⑥在雨养区与当地或其他国家有经验公司合作建立棉花种植加工基地，推动南南合作。

（四）投资风险与规避

1. 密切关注目标市场，避免市场经营风险

选择合适的目标市场，是企业经营能不能成功的关键性因素，山东国经公司选择投资苏丹，是建立在多年的调研的基础之上逐步形成的，是建立在详尽的目标市场的宏观经济环境与微观经济数据的充分收集与分析处理的基础之上做出的战略决策。通过深入分析苏丹农业具体的政策信息、通过实地考察确定农业市场推广的具体区域，考察过程中研究人员能够很好地融入当地人民的日常生活，与当地人密切交往，从而了解当地的民俗风情与生活习惯，这些都有助于企业运营过程中的风险化解。

2. 防控自然、社会和政治风险，减少投资成本

农业企业"走出去"面临的风险不仅包括自然风险，还包括社会风险和政治风险。自然风险的规避要求投资目标国气候变化比较平稳，自然条件有利用农业生产的经营。社会风险的规避要求企业与当地人能够很好地沟通与合作，同时要求投资目的国农业基础设施比较完备，农资市场供应比较有保障，农业保险等有所发育。规避政治风险则要求投资目的地国政策环境比较稳定，农业市场管理比较规范等。

3. 把控种苗问题，避免种植风险

种植业中的种苗问题主要体现在种子质量与幼苗质量，种子质量要求所选的品种符合投资目的国的气候，而且能够获得较高的产量。幼苗质量

主要与农机农艺措施有关，比如如果有育苗移栽环节，则要求育出的种苗比较健壮，而且移栽之后能够较快地适应大田的生态环境，如果是直播种植则要求种植过程中要密切关注幼苗生长过程中的温度、湿度、病虫害等环境问题，避免因幼苗缺失或生长不良导致种植业的失败。此外，农作物种植品种能否符合当地市场的需要，以及规模种植条件下如何保证种苗的高质量也是企业能否获得较高的经济效益的关键性因素之一。

（五）案例启示

在海外从事农业合作多年，山东国经公司经历了风风雨雨，成功与挫折相伴，在摸索中总结，在曲折中前行，积累了一些农业对外合作的经验。归纳起来，有以下几点启示。

1. 确定最合适的国家，尽量避免主要风险

山东国经公司之所以选择在苏丹进行农业合作与投资，主要基于以下几个原因：苏丹作为非洲最大的国家，耕地面积广阔，热带草原气候干湿季明显，水源比较充足，光照条件好，土地平坦，适宜机械化耕作，联合国曾经评价苏丹适合作为"世界粮仓"。从政治和外交环境而言，苏丹国与中国长期以来非常友好，加上苏丹农业区民风淳朴，中国在苏丹国投资石油产业也为两国经济交往奠定了很好的基础，随着南苏丹石油资源的减少，政府越来越重视农业的发展，把农业作为其国民经济可持续发展的重要领域，在农业生产方面，中国和苏丹有着非常好的互补性，中国的农业技术和苏丹的自然条件及丰富的人力资源可谓是珠联璧合。正是在这种天时地利人和的条件下才容易取得农业对外投资的成功。

2. 筛选最适宜的产业，科学排定先后次序

从 2007 年开始准备投资苏丹农业开始，山东国经公司就与山东农业科学院等相关科研单位一起，累计派出 20 多批次的农业专家团队，对苏丹农业进行有针对性的综合考察，考察内容涉及粮食作物种植、经济作物种植以及畜牧业发展，行程数万公里，足迹遍及苏丹十几个州。最后经过实事求是、认真仔细的可行性研究，最终确定以棉花种植作为突破口，全方位综合性地在苏丹开展农业投资的产业格局。

3. 摆正最合理的定位，认真准备基础工作

山东国经公司在农业对外投资的过程中，定位十分准确，这也是其能够获得成功的重要前提，其合理定位主要体现在以下几个方面：首先，公司投资的农业项目要有较高的技术含量，公司和相关合作单位山东省农业科学院农业技术储备十分丰富，很大程度上做到了人无我有，这样就避免了被模仿的风险，一定程度上避免了恶性竞争的存在。其次，项目投资的设备和农业设施，其配置力求一定的先进性，比如棉花生产过程中工厂化育苗、膜下滴灌、水肥一体化等技术，其设备及生产技术放眼全球都是有一定竞争优势的。第三，在充分利用现有的基础设施、土地资源、农业关键技术及管理技术等因素力争达到较高的农业生产水平的同时，将中国的先进的种质资源和耕作技术与苏丹人民的生产习惯相结合，这样才能做到易于推广、根基牢固。第四，最基础也是最重要的工作，坚守承诺、不忘初心、做好本职工作也就是造福两国人民，服务我国农业外交的大局。

4. 加强最必要的联系，充分利用各方资源

从山东国经公司在苏丹十几年的工作经验来看，在苏丹投资经营，管理风险最大，其次为经济风险，第三是气候土地风险，第四是法律风险，而政治风险最低，这与苏丹的实际情况基本吻合，相关的风险是可以通过自身的努力，分门别类地进行有效的规避与化解。因此，作为投资企业应加强经营管理，选择合作条件好和基础设施较完善的产业基地，提高产品质量，积极开拓国内外市场，尽快提高项目收益以便最大限度地规避风险。而如何做好这些工作，就不可避免地需要与各方交流，作为苏丹中资农业企业会长单位，山东国经公司历来注重加强与中国驻苏丹使馆、经商处的联络，及时了解最新政策、信息与时局动态，避免走弯路；重视与当地灌区、农协等机构和组织的沟通，使投资项目的开展建立在最务实、最稳固的基础上；重视强化与当地农业主管部门和农业科研单位的合作；重视与其他中资、外资企业的积极合作，使各方资源为我所用。

5. 树立最务实的心态，积极融入当地社会

能否真正融入当地社会，是农业对外投资能否做大做强的根本。因此山东国经公司在苏丹的农业投资，尽量雇佣当地人，解决当地的就业问题，

同时在当地树立良好的口碑。即使是管理人员，也是大部分从当地人选取并加以培训，这样能够扩大公司的影响力，同时还可以有效地减少管理成本。在土地使用、环境保护、安全消防等方面完全遵守当地的法律法规和行业惯例。履行企业社会责任，当企业运营产生一定的效益后，按照有关承诺，回馈当地社会与人民，做一些公益慈善项目，构建和谐的投资环境，从而有利于农业对外投资项目的长期稳定发展。

二、锦昉棉业科技有限公司

（一）公司基本情况介绍

锦昉棉业科技有限公司（以下简称"锦昉棉业"）成立于 2009 年，注册资金 5086 万元，总资产 7.01 亿元，是中国棉花纺织协会竞争力百强企业，山东省唯一一家集棉花原种繁育、高产攻关、棉纱纺织、棉种加工、对外投资、现代物流为一体的科技型企业，也是潍坊市农业产业化重点龙头企业。2015 年，公司进口付汇 1.98 亿美元，实现年销售收入 11 亿元，利税 3100 万元。

（二）公司对外农业投资概况

2011 年，锦昉棉业与津巴布韦玛克史朴私人有限公司在津巴布韦合资成立锦玛克津巴布韦棉花（私人）有限公司（以下简称"锦玛克公司"），锦昉棉业投资 3000 万美元，持有 75% 的股份，是中国山东省首家在津巴布韦从事棉花生产的企业。2013 年，锦昉棉业在巴基斯坦旁遮普省投资成立圣山南亚资源有限公司，锦昉棉业投资 1 亿美元，获得 70% 的股权。上述两家企业主要从事棉花种植、加工、棉纱生产与销售。2015 年，锦玛克公司实现销售收入 1300 万美元，利润 90 万美元；圣山南亚资源有限公司实现销售收入 1.7 亿美元，利润 1100 万美元。

（三）金融机构在"走出去"过程中所起的作用

1. 实施全流程融资服务

高密市银行机构调整优化工作机制和信贷结构，为"走出去"企业提供一条龙服务。

（1）信贷支持

国家政策性银行提供贷款。2011年，国家开发银行为锦昉棉业提供了1200万美元项目贷款，用于企业境外投资，利用国家开发银行提供的贷款，锦昉棉业得以在津巴布韦成立合资企业，成为山东省第一个"走出去"的农业企业。2016年，中国农业发展银行积极与锦昉棉业对接，推行棉花流转项目贷款。

国有银行支持融资。中国建设银行高密支行、中国银行高密支行充分发挥国际结算业务和海外布局优势，提升境内外机构联动灵活性，实时为锦昉棉业增加贸易融资授信额度。2013~2015年，中国建设银行高密支行、中国银行高密支行分别为锦昉棉业发放5000万元和1.5亿美元的贸易融资贷款，支持公司转口贸易付汇和一般贸易进口。同时，中国农业银行高密支行、中国工商银行高密支行也开展对锦昉棉业的授信地方商业银行配套流动资金。2012~2015年，恒丰银行、高密农商银行、潍坊银行、齐商银行、交通银行等机构共为锦昉棉业提供了2.75亿元流动资金贷款，用以满足公司对流动资金的需求。

（2）多样化融资产品支持

由于离岸转手买卖先收后支产生时间差，银行机构为锦昉棉业量身订制了融资贸易产品，开展美元信用证、人民币远期信用证、国内外汇贷款、海外代付、进口押汇等境内外融资工具。比如，潍坊银行和中国银行高密支行相继推出"开立进口信用证＋海外代付／进口押汇"融资方式，增加锦昉棉业的融资期限，切实提高了锦昉棉业的对外贸易发展速度。

2. 直接融资支持

金融机构还积极推动、协助锦昉棉业在中国境内外发行债券和股票募集资金，提升公司直接融资比例，优化公司负债结构。2012年，齐鲁证券高密分公司成功为锦昉棉业发行了第一期2亿元的中小企业私募债，债券年化利率为10%。2015年，国海证券再次为锦昉棉业发行第二期2亿元中小企业私募债。同时，金融部门还帮助锦昉棉业的境外公司上市，从而借助境外发行股票融资，减少公司融资成本。目前，锦昉棉业已筹划其境外合资公司圣山南亚资源有限公司在巴基斯坦上市，并已着手准备前期工作。

3.落实优惠政策

2015 年，锦昉棉业为自己境外公司在高密农村商业银行开立 NRA 账户，并争取了 300 万美元的短期债务月指标在该账户核算，促进企业利用外债途径加速境内外公司资金融通，解决"走出去"企业融资难的问题，缩减融资成本。同时，各类银行实施汇率、利率优惠政策，减少企业生产经营成本。中国银行高密支行实行进口押汇报价优惠以及开立 20% 信用保证金。潍坊银行对锦昉棉业推行承兑费用减半、开证手续费减半及减少 100 个基点的美元结售汇汇率，高密农村商业银行为锦昉棉业提供优惠利率的流动资金贷款，比同类贷款优惠 10% 的利率，减少 110 个基点的结售汇汇率。基于此，在推动企业"走出去"的同时，银行和企业可以实现互利双赢的局面。

（四）公司农业对外投资经验总结

1.掌握地方政府和金融部门的支持政策

从锦昉棉业"走出去"的过程来看，地方政府的大力扶持与其成功有着密不可分的关系。潍坊市委、市政府出台了《关于推进现代农业综合改革试点的实施意见》，鼓励农业企业赴境外建设生产基地、开发资源、加工农产品。高密市政府颁布《关于支持外贸进出口企业发展意见》，主动为企业搭建融资平台，提供"走出去"全程的融资担保。只有在详细掌握地方政府扶持"走出去"农业企业政策的条件下，企业才能有的放矢，获取广泛的投融资资源。2014～2015 年，高密市国有资产经营投资有限公司为锦昉棉业提供了 8.15 亿元和 5.70 亿元的融资担保支持，极大降低了企业融资门槛。2014～2015 年，高密市政府对锦昉棉业资源回运费补助 90 多万元，有效减轻了企业的负担。

2.联合银行机构推进金融创新

一方面，企业积极向各类银行机构寻求合作，引导商业银行加强金融服务，为企业境外投资提供资金支持。由于商业银行可在外汇局核准余额内方便使用备用信用证和融资性保函，且无须外汇局审批，企业应与商业银行沟通，让银行对企业海外投资抱有充足的信心，鼓励银行开展备用信用证、低风险融资性保函、委托放款等内保外贷工具，提高企业对外投资便利化水平。另一方面，企业可尝试开辟境外融资渠道，如债务重组、债权转让、海外直接与间接融资等新颖的融资方法，并与银行机构合作，推动境外公司上市发行股票。

3. 建立金融风险防控体制

企业应加大对金融风险的监管力度，严格企业货物贸易外汇收支分类管理，及时获取、掌握企业发展变化，强化规范化经营。同时，企业应制订应急预案，建立金融风险防控体制，重点关注境外投资资金链的运作和供应情况，加强对境内外资金跨境流动和关联度的预警监测，有效预防对外投资风险。

三、山东五征集团——五征东非（乌干达）农业发展有限公司

（一）公司概况

山东五征集团作为全国机械工业重点骨干企业，成立于1960年代，从最初的五莲县拖拉机站，发展成为现在的三轮车、汽车、环卫装备、农业装备和现代农业五大制造产业为一体的综合农业机械装备制造集团，年产值超过130亿元，企业员工人数超过14000人。

早在2010年，五征集团响应党中央关于援疆工作的号召，在新疆喀什建设了万亩现代农业科技示范园，在种植业、养殖业、农机装备、农业技术推广等方面都取得了很好的成绩，取得了良好的经济和社会效益，积累了农业生产经验和农业生产人才，以此为基础，五征集团响应习总书记"一带一路"倡议，于2016年成立了五征东非（乌干达）农业发展有限公司，建立现代农业示范园，在东非高原推广玉米、水稻等粮食作物和其他经济作物的规模化种植，同时推广现代农业种植技术与现代农业机械。

（二）示范区建设进展

1. 农业投资经营情况。五征东非（乌干达）农业发展有限公司在非洲的经营业务前期业务主要是建立现代农业示范园，推广中国先进的玉米、水稻种植技术和优良品种，引进中国的现代农业机械，同时充分利用乌干达优越的热带草原的气候条件，积极拓展畜牧业项目和渔业项目；后期项目是在前期种植业和养殖业的基础上，积极发展农产品加工业，建立农产

品种植 - 收购 - 加工 - 出口为一体的全产业链经营模式，保障项目的稳定性和高收益性。公司一期开发项目土地达到 200 公顷，位于乌干达卡永地区的基奥加湖畔，交通便利、气候适宜、降水丰沛、土地肥沃，非常适合农业项目开发。公司从中国引进大型农业机械及配套设施 60 多台套，公司正常运营所需要的职工生活区、办公区、仓库、晾晒场等设施均已经建设完备，公司规划目标是建立农业科研基地，为农业发展提供系列解决方案。山东农业科学院、云南农业大学玉米研究所、隆平高科等农业科研单位已经建立了业务联系，计划打造集良种推广、科研培训、农户帮扶、农产品加工销售为一体的综合性农业科技产业示范区。

2. 对当地经济和社会发展的带动作用。投资四年以来，公司分别试验和大规模种植了玉米、大蕉、木薯、西瓜、咖啡、芝麻等农作物品种，雇佣当地员工实施田间管理的具体工作，增加了当地人的工资收入，同时加强对农户的帮扶和人才培养，根据当地的生产条件，建立合理高效率的农业生产流程，帮助 200 多户农户实现种植效益的提高，较好地履行了企业的社会责任。今后公司计划通过三到五年的努力，为当地培养 500 ～ 1000 名农业机械化人才和农业技术人才，提高当地人农业生产技能的同时，增加他们的收入。

3. 主要做法和途径

（1）积极与当地农业部门和技术部门建立合作沟通机制，进行积极而且富有成效的合作沟通机制。

（2）与当地政府合作，定期组织农民协会、种粮大户就农业种植技术、农产品品种引进、农业病虫害防治、农业机械操作等进行观摩、学习和沟通，提高当地整体的农业生产效率。

（3）帮扶有带头能力的农业大户，在良种引进、种植技术、病虫害防治等方面对有影响力的农业大户给予帮助，提高农业技术推广的力度和速度。

（4）联系大的粮食采购商，帮扶园区周边百姓提高粮食价格，增加农民收入。

（5）尽量雇佣当地人员，积极解决当地人的就业问题，树立公司良好的形象和口碑。培养当地管理人员，这样既能减少公司的管理成本，又能够扩大公司的社会影响力。

（6）积极开展与当地农业公司的生产合作，在园区周边推广咖啡、西瓜等经济作物，并且规划建设咖啡加工厂，增加农产品的附加值。

（三）下一步发展规划

农业示范领域：根据规划中"农业产业＋农户帮扶＋人才培养"的方案，发展规模化示范农业，建立高效率的农业产业园区；推行农户帮扶机制，带动更多的当地人实现共同富裕；培养当地人才，为当地工农业发展提供更加强大的技术支撑。

1. 高产农作物良种培育基地。项目实施后将建成 5000 亩的玉米及其他农作物育种基地，重点进行高产、抗旱、抗虫的玉米和水稻等农作物品种的培育、制种及推广。

2. 农业技术培训中心。依托公司的农业基地，建设农业技术和科研中心，为当地农民提供理论和实践学习的场所，向当地人传授现代农业技术，开展农业植保、农业机械操作与维修、农产品加工等的培训、示范、应用和推广。

3. 全程机械化作业示范区。建立五千亩规模种植全程机械化作业示范区，为周边农业开发设计方案，制定适合乌干达非洲高原农业发展的一整套农业技术标准，实现开荒 - 深耕 - 平地 - 播种 - 管理 - 收获全过程机械化农业生产。

4. 农户帮扶。最大限度减轻农户生产的负担，助力农业技术推广，对农户实施垫付 30% 的资金，用于良种购买、农药化肥购买和农机作业等。农业收获结束后，公司优先以高于市场价格收购粮食，再扣除前期垫付费用，然后支付客户余额，这样可以使穷人能够获得更多的从事农业生产获得收益的机会。

项目建设周期 5 年，总投资 1 亿元，项目完成后，建成集农机农艺技术推广、良种培育、农作物种植示范、植保机械应用、收获仓储模式推广、农作物深加工、农产品交易等于一体的农业示范中心。建成占地 20 公顷农业产业园区，发展粮食食品深加工产业，并规划发展养殖业等辅助产业，实现收益。

（四）存在问题

1. 当地政府效率低。由于农业生产基础设施建设投入比较大，加上当地政府办事效率低，导致园区建设速度慢。其次当地农业生产的物质资料缺乏，政府也没有实质性的农业支持政策。来自自然条件的困难又提高了生产成本，由于当地常年温度比较高，农作物杂草等常年生长，农作物病虫草害控制起来就非常困难，导致农药成本很高。

2. 安全问题。乌干达政局相对稳定，但是由于反对党不断加强系列反对活动，导致社会治安不断恶化，针对中国企业的持枪抢劫事件不断增加。

3. 种子出口问题。因当地培育良种需要周期很长，我国国内良种出口在国外进行试验、示范和推广面临巨大的审批障碍，导致无法将优良玉米品种引种到海外，直接影响到"走出去"农业企业的经营效益和长远发展。

4. 技术支撑问题。乌干达的气候、土壤等自然条件与中国差别很大，农业生产习惯和农业耕作方式也有很大不同，在中国应用的非常成熟的农业生产技术及农作物品种不一定能够很好地适应乌干达的实际情况，因此需要两国国家农业部门提供必要的农业技术人员进行技术指导和有关的科学攻关试验。

5. 示范区享受优惠政策较少，影响力不大等问题。示范区成立至今，尚未享受到较多扶持政策，且在国内国际影响力较小，不能有效地吸引企业入园共同参与示范区建设。

6. 运营企业资金不足，"走出去"保障不足的问题。农业项目投资周期长、见效慢，企业面临较大资金压力。

7. 人员流动问题。为减少企业成本，员工需要长期驻外，这样就减少了他们与亲人之间的交流与相处，导致人员流动性大。此外，培养驻外人才需要很长的时间、人才流失等无形中给企业带来了损失。

四、山东冠丰种业科技有限公司

（一）企业基本情况简介

山东冠丰种业科技有限公司是在原冠县种子公司的基础上经股份制改造，与山东农科院玉米研究所共同出资组建的股份制种业企业，集农作物种子科研、生产、加工、销售于一体的高新技术企业，山东冠丰种业科技有限公司组建后，逐步建立了现代企业管理制度，完善了法人治理结构，建立健全了各项规章制度，公司在各个方面都得到了飞速发展，良种生产、经营规模迅速扩大，种子质量控制达到了规范化、标准化水平，科研育种卓有成效。先后被评为"农业产业化国家重点龙头企业""中国名牌产品企业""中国种业骨干企业""国家创新型企业""国家企业技术中心""博士后科研工作站""院士工作站""国家农业生物育种战略联盟理事长单位"和"山东省最具发展潜力民营企业"等。公司拥有自主知识产权和商业开发权的作物新品种30多个，销售网络遍及全省20多个省，在行业内拥有很高的信誉。

冠丰种业是目前国内唯一的种子企业国家重点实验室——"主要农作物种质创新国家重点实验室"的依托单位，并分别在山东冠县和北京中关村建立了两个现代化的生物育种研发中心。在北京通州、山东冠县、吉林长春、新疆阿勒泰、宁夏青铜峡、河南信阳、海南三亚等7个不同生态区建立了综合试验站，拥有包括中国工程院院士在内的一大批种业科技人员，基本研发力量位于国内种业公司前列。

（二）投资油棕项目的驱动因素。2007年公司开始涉足新能源领域，成立了山东生物柴油集团有公司，建成了年产10万吨生物柴油生产线，生产出的产品一直供不应求。为将产业链向上游延伸，公司通过调查咨询，最后确立了单产面积最高的油棕作为其原料来源，油棕单产是大豆的10倍，是油菜的6倍，远远高于目前广泛种植的其他油料作物。但是油棕是热带作物，只能在赤道附近种植，世界上只有东南亚、非洲和南美亚马孙等地可以种植，公司决定实施农业"走出去"战略，利用自身农业种植的优势，在海外建设大型油棕种植基地。经过多方考察论证，最后决定在巴西投资建设5万公顷油棕种植加工一体化项目。在巴西投资建设油棕基地的有利条件有以下几个方面：一是巴西允许土地私有，国外购买者也可以永久获得土地所有权；二是巴西的油棕产业开发刚刚起步，又加上巴西拥有世界上面积最大的热带雨林地区，土地资源丰富，开发潜力巨大，而东南亚等国由于经历了长期的开垦，油棕种植基本饱和，大面积的土地已经不容易找到；三是巴西作为人口大国，棕榈油供应市场比较短缺，公司在巴西生产的棕榈油及其产品，除了运回国内，还可以在巴西就地销售。所以公司将油棕基地选择在巴西的理由是很充分的。

（三）企业跨国发展的路径。公司的油棕种植基地项目于 2009 年得到国家发改委、商务部、国家外汇管理局等主管部门的审核批复，并于 2010年正式实施。项目由中方独资建设，一期项目建设 5 万公顷油棕种植基地，配套建设 35 万吨棕榈油加工厂一座，一期工程完成后，公司会继续追加投资，逐步扩大种植面积。公司已经在巴西帕拉州首府贝伦注册成立了"冠丰集团（巴西）有限公司"，并聘请棕榈研究专家为总经理，建立了一支稳定的专家型队伍，固定管理人员达到 12 人，招聘临时工人 300 多人，极大地保证了项目的顺利实施。公司在土地整理、土壤改良、育苗、栽种等环节都坚持高标准、严要求、高质量，取得了很好的效果，保证了项目的顺利实施。

（四）企业经营状况及经济效益

油棕是多年生木本油料作物，优良品种可以一次种植连续收获 35 年，土地永久买断，可以循环利用。油棕生产不分季节，全年都可以连续生产，生产上管理要求很粗放，基本没有病虫害，每年施肥 2-3 次就够了。第一批种植的油棕优良品种已经达产，每公顷土地可以生产鲜油棕 30 吨左右，产油量可以达到 6 吨以上。已经种植的 2300 公顷销售收入即可达亿元，纯利润超过五千万元。公司还利用油棕林地间隙种植木薯，每公顷土地可以生产鲜木薯 35 吨左右，也可以获得比较可观的经济效益。由于该项目雇佣了当地数百人就业，对促进当地就业、增加地方政府税收都起到了非常积极的作用。当项目全部达产后，总就业人数可以达到 7000 人以上，带动 3 万多人脱贫致富，同时也大幅度提高了政府的税收。

（五）企业跨国发展遇到的问题及政策建议

1.问题。该公司在对外投资农业的过程中遇到的主要问题是人才问题。该项目所在地巴西是葡语国家，在我们国内学葡语的人很少，语言这一关就非常难过，另外还要求精通国际贸易，熟悉巴西政治、经济，了解当地的风土人情等，这样的人才非常稀缺。其次还有资金问题，人民币与巴西雷亚尔的直接兑换问题、签证问题等。

2. 建议。尽快出台"走出去"发展的政策措施，提供技术保障、资金保障与投资培训，进一步加大对"走出去"企业尤其是农业资源类企业的扶持力度。

由政府牵头加强双边谈判，促进服务贸易与投资自由化。应由政府牵头积极加强同单个国家的双边谈判，在商签贸易、经济合作、投资保护、避免双重征税、司法协助、领事保护、社会保险、检验检疫等方面达成共识，继续推动双边服务贸易与投资自由化，为企业开拓国外市场营造良好的制度和法律环境。

加强人力资源开发方面的投入。政府应对中小企业进行教育培训给予政策扶持，如在中小企业管理机构内设立中小企业培训中心，制定长期的中小企业教育培训计划，举办不同形式的经营管理培训班等。

五、青岛瑞昌棉业有限公司

（一）企业概况：

青岛瑞昌科技产业有限公司（原青岛瑞昌棉业，以下简称"瑞昌科技"）成立于 2004 年，是一家从事非洲棉花、纺织品及其他农产品贸易的企业，拥有完整的采购、运输及人员管理体系，具有丰富的对非投资、管理及贸易经验。截止到 2017 年年底，瑞昌科技的资产总额为 8530 万元，2017 年营业收入总额 5000 万元，利润总额 288 万元，主营的皮棉产品销售以中国、非洲、东南亚等市场为主，远销欧美，因其良好的适纺性深受纺织企业青睐，产品供不应求。

2009 年，青岛瑞昌棉业有限公司与中非发展基金等于 2010 年共同出资6472 万美元在香港注册成立中非棉业发展有限公司，主要致力于棉花种子研发、棉花种植及收购加工、纺织、食用油生产等，投资国家覆盖马拉维、莫桑比克、赞比亚、津巴布韦，建立了集棉花种植、收购、加工、运输、销售为一体的农业生产基地，以"公司＋农户"的方式开展棉花生产，设三级服务推广体系；在非洲合同种植、收购、加工棉花，是中国走进非洲、发展非洲最优秀的农业企业。

（二）企业对外直接投资驱动因素。非洲仍有大片待开发的土地。中国经过30多年的改革开放，已到了工业化中后期，建设用地比例高，土地过度开发、承载接近极限，耕地地力下降、衰退严重；而大多数非洲国家则处在工业化起步阶段，农业的发展还停留在刀耕火种时期，还有大片土地可以开垦，农业具有巨大的发展空间。非洲劳动力潜力巨大、成本低廉。随着中国经济的飞速发展，劳动力成本越来越高，这促使农业高成本、高投入、机械化，农产品价格暴涨。以棉花为例，由于种植成本高、劳动力投入多、比较效益低，棉花播种面积正逐年减少。而非洲劳动力资源丰富、成本低廉。基于以上两点因素，中国和非洲在农业合作上有广阔空间，潜力巨大，对双方都有利。中国在农业种植、加工和仓储等方面都有非洲需要的资金、设备、技术和管理经验；非洲有丰富的人力和自然资源，大片适合农作物生长的土地，特别是东南部非洲。对非农业合作可以发挥我所长，开发非洲土地资源，带动当地就业，增加农民收入，提高政府税收，满足各自所需，互利互惠、合作共赢，把中非发展真正结合起来，实现共同发展。

（三）对外援助历程

目前，瑞昌科技已在赞比亚、马拉维、莫桑比克和津巴布韦等东南部非洲国家累计投资逾1.3亿美元，建有7个轧花厂、2个种子加工厂、2个榨油厂以及1个在建的纺纱厂，年育种6000余吨，收购籽棉10万余吨，榨油6000余吨，惠及各地农户20余万户，利用数十万公顷的土地，使100多万人受益。公司的投资项目不仅带动了非洲各国棉花产业的发展，也为当地人民提供了充足的生活保障和就业机会，受到所在国及中国政府的高度赞扬。

瑞昌科技重视技术本地化理论，在非洲实行"公司＋农户"的生产经营模式，自身不拥有土地，只有极少量土地用于棉种研发和种植技术的示范推广。其具体做法是以"六统一"服务方式为纽带，"三级"推广服务体系为保障。"六统一"服务方式包括统一供种、统一技术指导、统一物资供应、统一产品回收、统一产品加工、统一产品销售；"三级"推广服务体系是指在地区、县、村三级配备技术推广人员，其主要职责是对种植户进行管理，包括签订种植合同，发放种子、化肥、农药和农机具等各项农资，组织耕种和技术指导，进行产品收购等，为农户提供全程服务。该经营模式在非洲各国均取得了很好的效果，以"六统一"为纽带、"三级"推广服务体系为保障的棉花产业链，将公司和农户紧密地联系在一起，形成风险共担、利益共享的有机整体，带动了所在国农民的种植积极性，形成了农户依赖公司、公司受惠于农户的鱼水关系，深受广大农民的喜爱。目前公司雇佣当地各级经理 1300 多人，工厂员工 2000 余人，各类临时性员工7000 余人，全面践行本地化理论。

1. 中非棉业马拉维棉花公司

在马拉维政府制定的"马拉维成长与发展战略"中，作为中国在马拉维投资的首个产业项目，中非棉业马拉维棉花公司是中马新型战略伙伴关系的新举措、新方法，为马拉维提供了一种全新的发展模式和理念，并为中马之间的经贸合作架起桥梁，带动了马拉维的经济发展，同时也吸引了更多的中国企业到马拉维进行投资与发展。瑞昌科技随后又收购了美国嘉吉公司在马拉维的棉花加工厂，成为马拉维最大的棉花种植加工企业，每年与 6 万多户农户签订棉花种植合同，给当地人民提供了充足的就业机会。

2. 中非棉业赞比亚有限公司

中非棉业赞比亚有限公司创建于 2003 年，是集棉花种植、加工，销售，育种、棉油提炼为一体的大型企业。目前赞比亚有限公司建有 2 个棉花加工厂，年加工籽棉能力 4 万吨；1 个榨油厂，年产精炼食用油 4000 吨；1条稀硫酸脱绒棉种加工生产线，年加工良种 3000 吨。

3. 中非棉业莫桑比克有限公司

中非棉业莫桑比克有限公司位于贝拉市，获得专属土地面积 70 万公顷，辐射人口逾 25 万人，是莫桑比克三大棉花种植加工企业之一，年产皮棉达6000 余吨，此外，依托贝拉港的港口优势，公司还建有一个自有物流中心，在满足自身运输需求的同时，还可为更多的在非投资企业提供便利的物流服务。

4. 中非棉业津巴布韦有限公司

2014 年，中非棉业利用自身优势，整合资源，并购了津巴布韦的 2 个棉花公司,成立了中非棉业津巴布韦有限公司,正式进入津巴布韦棉花市场,一举成为津巴布韦的第二大棉花企业,涉及种植面积 10 万多公顷。

5. 非洲农业合作园区

紧握境外经贸合作园区政策机遇,瑞昌科技依据国际生产折中理论,于 2013 年在赞比亚规划建设"赞比亚农产品加工合作园区"。目前已在奇帕塔(Chipata)和佩塔乌凯(Petauke)地区建成总面积 0.642 平方千米的园区,实现"三通一平"等基础设施建设,厂房、仓储、办公场所和公共服务配套用房建筑面积约 2.6 万平方米,具备生产经营所需的完善的水、电、交通运输等配套条件。园区已引进 5 家具备中资成分的农产品生产加工企业,累计投资近 3000 万美元,累计完成产值 3800 余万美元,生产领域涵盖棉花加工、育种、种子加工、食用油生产、食用菌种植、加工等。同时,赞比亚农产品加工合作园区于 2014 年成功获批山东省首批境外经贸合作园区,并于 2017 年 5 月入选农业部首批境外农业合作示范区项目。此外,瑞昌科技计划依据区位经济理论。以非洲东南部赞比亚为基点,建设辐射覆盖至全非洲的大型综合农业物流园区,将"赞比亚农产品加工合作园区"打造成为中国"走出去"农业产业型园区里的龙头企业。

6. 农业技术示范中心

2011 年 10 月,瑞昌科技获批承担商务部援助马拉维农业技术示范中心项目。该示范中心以马拉维湖沿岸"农业绿色带"建设为契机,利用中国实用的农业技术优势,结合当地的资源优势,为马拉维农业生产发展提供新品种、示范新技术、培训新农民,进而为增强马拉维国家的粮食安全和提高农民生活水平做出贡献。为了抓住中非合作新机遇,瑞昌科技计划在非洲各国充分延长棉花产业下游产业链,投资 8000 万美元建纺纱厂,发展纺织产业。

投资、并购。目前,该公司已在非洲投资超过 6400 万美元,在马拉维、赞比亚、莫桑比克、津巴布韦建设有轧花厂、种子加工研发基地、榨油厂、物流中心。同时,通过兼并成熟企业的方式实现公司跨越式发展。2011 年公司收购美国嘉吉在马拉维的棉花加工厂,成为马拉维最大的棉花面加工企业,这也是中国在马拉维投资的首个产业项目。2014 年公司并购津巴布韦的 2 个棉花公司，一举成为津巴布韦的第二大棉花企业。

延长产业链、多种经营。公司充分利用在非洲实行的"公司＋农户"的生产模式及在三级服务推广体系下遍布各村县的网络，在继续做好棉花种植、收购、加工、销售的同时，按照现代化农业主产的要求，围绕上下游产业链布局，沿棉花产业链向前延伸到棉花良种选育、加工、研发，向后短伸到纺纱、织布、印染。同时，积极寻求多种经营，由原来单一的棉花产品，扩展至其他农产农业技术示范中心。凭借在非洲投资农业领域取得的经验及良好声誉，中央领导、商务部对公司高度重视，交由公司承担援助马拉维农业技术示范中心项目。目前，项目已经完成，并圆满通过竣工验收，取得了极高的社会效益。

（四）企业经营状况及经济效益

目前，公司已在非洲有稳定的收购和供应渠道，农业资源能满足可持续开发、加工和贸易的需要，形成了完整的棉花产业链条。在马拉维、赞比亚、莫桑比克、津巴布韦等国建有 7 个轧花厂，3 个种子加工研发基地，2 个榨油厂，年育种 6000 余吨，收购籽棉 10 万余吨，榨油 6000 余吨，惠及各地农户 20 余万，利用土地数十万公顷，逾 100 万人因此受益。但是，由于农业项目投资周期长、见效慢、风险高，收益不确定、不可控，企业运营过程中存在很多困难。公司正通过多种方式努力克服，积极通过多种思路开拓经营。

（五）企业跨国发展遇到的问题及政策建议

除了希望国家在贷款、保险等方面给予政策支持外，还希望能解决进口配额的问题。目前，国内棉花市场需求日益增加，而进口需要配额。公司希望能得到进口配额，从而与国内市场接轨，得到同等国民企业待遇。

六、山东中垦美晶米业有限公司

（一）公司概况

山东中垦美晶米业有限公司是 2015 年 1 月在原山东美晶米业有限公司的基础上改名组建成立的国有控股企业，总部位于山东省鱼台县经济开发区，公司是集科、工、贸于一体的高新技术企业、国家公众营养与发展中心发芽糙米生产研发基地、山东省农业产业化龙头企业，拥有山东省稻米精深加工工程技术中心、山东省企业技术中心，是山东省的稻米加工国有企业，2010～2016 全国大米加工 50 强企业。

公司现有员工 358 人，其中专业技术人员占总人数的 40%，下属大型水稻种植专业合作社 3 家，拥有优质水稻种植基地 10 万亩、有机水稻种植基地 6000 亩。公司通过了 ISO9001 国际质量管理认证和 HACCP 食品安全质量管理体系认证，多次荣获省市县荣誉称号。

公司拥有世界先进的全自动大米生产线，以及拥有自主知识产权的发芽糙米生产线和国内首创的全自动蒸米生产线，休闲食品生产线，先进的设备，保证了产品的生产质量。通过公司全体人员的不懈努力，产品市场销售旺盛。2012 年投资的五常市北京米业有限公司。加工生产的五常稻花香系列产品深受广大客户的青睐，一定程度提升了公司的品牌形象。2012 年公司运作的柬埔寨稻米产业综合开发项目已顺利投产。实现了公司北部、中部、南部主要优质水稻产区生产加工能力的布局战略规划。公司拥有 15 万吨的标准化仓储设备，为保证供应能力提供了有力保障。

公司产品现已形成以"美晶"品牌为主导。包括有机五常贡米、泰国香米、发芽糙米、糙米卷、营养休闲食品、富硒米、荷香米、湖产杂粮等 30 余个单品。"美晶"产品分别获得"山东省著名商标"、"中国农业博览会金奖大米"、"绿色食品"、"中国放心米"、"无公害农产品"等称号。

经过近几年的快速发展，山东中肯美晶米业有限公司逐步发展为以山东省济宁市为运营总部，美晶米业柬埔寨有限公司、黑龙江美晶米业有限公司、北京米业鱼台有限公司、五常美晶米业有限公司、山东北京食品有限公司、山东湖生记食品有限公司、山东金昌茂有限公司以及下属农业合作社为支点，采用发展稻米全产业链的经营模式，采取稳健高效，低成本扩张的经理念，形成了集团化，国际化的国有控股跨国粮食企业。

（二）对外投资基本情况

山东美晶米业自 2012 年开始从柬埔寨考察，并主动联系国家开发银行申请了 4500 万美元的贷款，在柬埔寨购买了 1200 公顷的实验用地、30 万公顷的工业用地，投资兴建稻米产业综合开发区。该项目从稻米加工入手，向上通过水稻种植示范与周边农户建立企业加农户的合作模式，锁定粮源。向下延伸至精深加工环节。形成了绿色循环的发展模式。2015年1月，山东美晶米业与中国农垦合作成立了山东中肯美金米业有限公司。充分发挥中国农垦的平台与资金优势，以及山东北京米业有限公司在营销渠道和管理制度方面的优势，尽快将稻米产业综合开发区建成，把市场做大。2015年1月。公司开始投资柬埔寨稻米产业综合开发科技园区，项目开始初见成效。

（三）对外农业投资进程

受国家鼓励企业"走出去"战略的影响，2012年刘来法总经理率领公司有关人员到柬埔寨进行投资前的考察，之后刘总又带人先后11次到柬埔寨进行实地考察，回国后又经过反复研究论证后认为：一是柬埔寨历来与中国的政治关系良好，国内的政治环境也相对稳定，选择柬埔寨进行农业投资的政治风险比较小。二是柬埔寨土地资源非常丰富，土地肥沃，水稻的产量高品质好，而且土地成本低。三是以柬埔寨为主的东南亚农业市场商机无限，发展前景广阔。鉴于此，山东美晶米业最初就制定了用五常带动全国，用柬埔寨带动东南亚的战略目标。通过向国家开发银行贷款的方式在柬埔寨投资稻米产业综合开发科技园，科技园拥有1200公顷的实验用地和30万公顷的工业用地。山东美晶米业还拿出500公顷的土地，与袁隆平院士团队合作，做繁育基地，其余的土地准备作为高产示范。项目于2013年开始建设，当年在实验用地种植的优质水稻——"茉莉香型"的稻米获得了成功，并争取到两万吨的稻米进口配额运回国内市场，收到良好的经济效益和社会效益。项目的成功也招来了中垦公司的关注，他们提出投资1.5亿元，与山东美晶米业合作打造稻米帝国的设想，此时恰逢山东美晶米业有限公司开发建设稻米产业综合开发科技园的关键时期，能够利用中垦集团央企平台的雄厚资金支持。二者于2014年底达成合作协议，山东中垦美晶米业有限公司成立，实现了在政府支持下对柬埔寨稻米产业综合开发科技园的直接投资。

（四）境外生产经营状况及经济效益。

按照规划设计，科技园包括1200公顷实验用地和30万公顷的工业用地，项目全部建成投产后，将会带来每年超过千万美元的经济效益。在山东美晶米业柬埔寨有限公司设立之初，柬埔寨稻米产业综合开发科技人员的工作中方管理人员有 5~6 人。柬方工作人员有 150 人，公司人员最多时达到 180 多人。2014~2015 年两年时间里，年销售收入在 500 万美元左右。但是自 2016 年开始由于管理体制和运行机制方面的原因，柬埔寨稻米产业综合开发科技园建设没有得到应有的投入，致使该项目建设陷入停滞，经济效益积极下滑，公司经营也濒临亏损状态。

（五）企业面临的风险与困难

1. 柬埔寨当地虽然水资源丰富，但是农业发展所需要的水利设施相对缺乏，发展初期的设施投资额比较大，企业面临的最大问题就是融资问题。

2. 山东美晶米业自于中国农垦合作之后中国农垦直接控股了企业，最初的运营管理团队进行了重组，但由于受管理体制和运营机制的制约，审批过程缓慢，程序复杂，管理效率低下，难以适应市场化经营的要求，致使新的团队工作积极性和主动性不高，原有的设想无法得到落实，企业自身的创新能力和灵活性的优势也无法得到发挥。2016 年提出清算分家，但由于国企控股一直无法得到落实。

（六）企业的经验与体会

1. 在对外投资过程中，要及时主动联系国家开发银行等政策性融资机构，争取企业投资过程中所需要的资金与政策支持。

2. 做自己最熟悉的行业。对外投资风险要比国内高，只有做自己比较熟悉的行业，才能有效地避免一些不必要的风险。

3. 对接国家的发展政策。我国一直鼓励与支持农业"走出去"，因此我们要研究国家的相关政策，以获得各方面的支持。此外，还要选择与中国友好的国家进行投资，以获得政治因素所带来的红利。

4. 多做调研工作。提前做好准备。在对外投资前，要与当地的政府有关部门进行多次交流与对接，尽可能多地与他们进行座谈，充分了解当地的实际情况。

5. 制定好战略目标。明确自身的定位，在投资过程中要方向明确，切忌盲目投资。

6.承担起当地的社会责任。企业在发展过程中要承担起自身的社会责任，在国内如此，在国外一样。

七、如意集团：整合全球资源

（一）公司简介：山东如意集团（以下简称"如意集团"）始建于1972年，是全球知名的新型技术纺织企业。如意集团始终矢志不渝地坚持发展纺织服装产业，坚持"高端化、科技化、品牌化、国际化"的战略，赢得了国际国内的技术领先优势。通过整合国际、国内的有效资源，提升了企业的国际影响力，旗下企业已遍及法国、日本、澳大利亚、新西兰、印度、英国、得国、意大利等国家和地区以及国内的山东、重庆、新疆、宁夏等地区。集团下属4个上市公司，在13个国家拥有19个全资和控股子公司，13个高端制造工业园、13个品牌服装企业、30多个国际知名纺织服装品牌及5800家品牌服装销售店，位列中国企业500强第288位。中国制造业500强第126位、中国100大跨国企业第50位，综合竞争力居中国纺织服装企业500强第1位。

（二）海外投资历程：近年来，如意集团在国家"走出去"政策的指引下，充分利用国际、国内两个市场，整合全球资源，向产业链两端延伸，成为拥有毛纺、棉纺两条完整产业链的创新型纺织服装企业，提升了企业在国际市场的竞争力。

针对原料价格波动和供应紧缺的实际，如意集团加快了对澳大利亚优质羊毛和棉花等原料基地的收购，将产业链向前端延伸，为企业长远发展提供了强有力的原料保障。

2013年，如意集团投资2.49亿美元，收购了位于澳大利亚昆士兰州的卡比农田后，大力拓展棉花产业链，同时收购了附近唯一的轧棉厂，并在此基础上开展棉花种植，探索其他商机，积极进行多元化经营。卡比棉田拥有33483公顷土地，是南半球较大的棉花生产基地，经过多年的深耕细作，其平均单位产量远高于其他的澳大利亚种植者，亩产皮棉最高达到230千克。除棉花外，卡比棉田还种植其他多种经济作物，如小米、高粱、向日葵、大豆和鹰嘴豆等。在采用现代化种植技术的同时，卡比棉田还与当地研究机构保持密切的合作关系，不断提高种植水平，有效降低了棉花等农作物生产的相关成本。提升了采购、物流和管理的效率。自收购以来，卡比棉田已连续多年喜获丰收，成为如意集团重要的利润增长点。另外，鉴于卡比棉田先进的种植技术和管理水平，如意集团计划未来借助卡比棉田在澳大利亚棉花产业的巨大影响，与中国国内就棉花种植及贸易开展合作交流，实现双赢。

如意集团基于自身羊毛产业发展需要，于2011年投资1724.16万美元收购了澳大利亚罗伦杜牧场。罗伦杜牧场位于澳大利亚牧场集中的维多利亚州西部伊莱思地区，气候宜人，淡水资源丰富，土地肥沃，最负盛名的澳大利亚美利奴羊毛产地就在此地区，罗伦杜牧场占地约1000公顷。内有多条天然河流穿越，并建有人工湖泊，这些丰沛的淡水资源及大片草地为养殖培育美利奴羊提供了极为优越的环境。通过收购罗伦杜牧场，如意集团引进了优质超细绵羊种源和国际先进养羊业的管理机制，减轻了对国际羊毛市场的依赖，提高了养羊业和毛纺业的发展水平，保证了可靠的羊毛来源以及稳定的原料质量，带动了如意集团超细顶级全毛精纺面料、服装加工生产等相关业务。鉴于澳大利亚优越的投资环境和现有羊毛产业的良好基础，如意集团将依托罗伦杜牧场，稳固集团在全球超细羊毛研发培育领域的领军地位。作为全球独家的超细羊毛基地，在传统畜养方式上，罗伦杜牧场将与国内外相关大学和科研机构开展合作，共同研发。运用高科技手段，实现产业升级及相关人才培养，提高牧场的经济和社会效益。

如意集团通过在澳项目，在棉纺产业和毛纺产业实现了从种植到品牌的全产业链发展模式，并通过在澳产业辐射全球主要棉产地和毛产地，赢得了国际纺织原料市场的话语权。澳大利亚作为如意集团主要的海外投资基地之一，通过上述投资发展措施，为企业创造了良好的效益，成为如意集团全球化布局的优势投资区域。

八、张裕集团：全球布局仍在路上

（一）公司简介。始于1892年的中国烟台张裕集团有限公司（以下简称"张裕集团"）是中国最大、历史最悠久的葡萄酒生产与经营企业。目前，张裕集团在中国有 8 间酒庄、10 间工厂，在海外有 5 间酒庄，有职工 4000 余人，主要产品有白兰地、保健酒、香槟酒、葡萄酒、粮食白酒、玻璃制品、中成药和矿泉水，产品畅销中国并远销泰国、韩国、新加坡、马来西亚、比利时、荷兰、美国等 20 多个国家和地区，在企业品牌影响力、销售渠道控制力、产品资源等方面具有极强的优势。自我国加入世界贸易组织（WTO）以来，外国葡萄酒大量流入中国、在中国的市场份额日益上涨。面对这一情况，张裕集团迅速做出判断，转战全球市场，积极布局，有效整合资源。2013 年，张裕集团以 4000 余万元收购了法国富朗多家族干红有限公司，自此开启了全球各葡萄酒主产国逐一并购的步伐。2015 年，张裕集团以 2625 万欧元收购了西班牙爱欧集团 75% 的股权，爱欧集团成立于 2002 年，是西班牙里奥哈葡萄生产区前五大生产商之一，拥有包括"爱欧公醇"品牌在内的葡萄酒。2016 年，张裕集团出资 333 万欧元收购法国卡思黛乐公司持有的蜜合花农业公司 90% 的股权，该公司拥有"苔思藤"和"蜜合花"两个屡获世界大奖的品牌。2017 年，张裕集团出资 408 万美元，与智利蓝姆博公司合资成立智利魔狮酒庄，共同收购智利贝斯酒庄下属子公司，这是中国在智利的第二大投资项目，也是"一带一路"倡议与智利的有效对接。贝斯酒庄拥有 4 个国际知名的葡萄酒品牌，其产品远销 40 余个国家和地区，出口欧洲国家的份额占比超过 50%。2018 年，张裕集团斥资 1 亿元（约折合 2061 万澳元）收购了澳大利亚歌浓酒庄公司 80% 的股权。歌浓酒庄位于澳大利亚克莱尔谷葡萄酒产区，连续 7 年被评为"双红五星酒庄"，2013 年评为"澳大利亚年度最佳酒庄"，2017 年以总分第一名被德国《选择》杂志评为"全球五大顶级酒庄"之一。

（二）对外投资历程。根据国际生产折中理论，张裕集团选择区位优势突出的葡萄生产区进行投资活动，并随着海外并购的增多，对各海外子公司的优势进行判断、分类及整合，加强海外子公司之间的协调。例如，爱欧集团在西班牙具有较强的市场优势，张裕集团及其他海外子公司的产品就可借助这一渠道进入西班牙，这比建立自己全新的销售网络要有效得多，成本亦低得多。同时，张裕集团对并购的澳大利亚、智利、西班牙、法国等酒庄的技术团队进行融合，将生产技术在内部共享，提高其务实操作能力。此外，国外酒庄的管理模式也对张裕集团有极强的借鉴作用，如智利魔狮酒庄的零库存管理方式让张裕集团眼前一亮。该酒庄规定，在 100 多位经销商订货完成后，酒庄才会进入生产环节，并保证 4 周内交货，且从外部采购生产成品到出厂销售的周期不超过 4 个月。由此，张裕集团在综合考虑区位优势后，积极主动获取和吸收生产技术、管理模式、销售渠道优势，构建内部消化机制，将所有权优势转变为内部化优势，从而完善对外直接投资过程，降低海外经营管理风险，提高可持续发展潜力。

2013 年，张裕启动国际化战略，布局全球优秀产区。至今，张裕已经收购了法国富郎多干邑酒庄、西班牙爱欧公爵酒庄、法国蜜合花酒庄、智利魔狮酒庄、澳大利亚歌浓酒庄、法国拉颂酒庄六大酒庄，打造了"跨越新旧世界，纵横南北半球"的全球布局。目前，张裕在全球已拥有 25 万亩葡萄园，实现横跨亚洲、欧洲、美洲、大洋洲等 4 大洲优质产区的原料基地布局，旗下产品销往 77 个国家，成为全球布局最深、最广的葡萄酒企业之一。事实证明，逆向出海战略，为张裕和中国葡萄酒带来了新的机会。自 2001 年起，张裕公司实现了快速发展。公开数据显示，到 2021 年，张裕营收占到了整个中国葡萄酒行业的 43.8%；到 2022 年上半年，这一数字达到了 50.69%，龙头地位更加巩固。

张裕的国际化战略，正是希望借助"以全球谋中国，以整体谋局部"，通过国际市场影响力的提升，来提升中国葡萄酒在国内市场的竞争力，最终将张裕打造成更多消费者认可的国际品牌。品牌提升不是一蹴而就的，张裕人知道，中国葡萄酒若要增强品牌影响力，就要聚焦到旗舰战略品牌，集中力量打造能让消费者记住的拳头产品。正因如此，张裕开始持续对旗下的品牌进行梳理，做好头部品牌。龙谕葡萄酒、张裕解百纳、可雅白兰地日益发挥出强劲的市场影响力。目前，龙谕葡萄酒已出口至英国、德国、意大利等 44 个国家，被誉为"中国葡萄酒王"；可雅白兰地自 2020 年第一次出口德国后，已先后进入欧洲 13 个国家销售；张裕解百纳畅销至全球30 国，并已进入欧洲 5000 多家超市销售。三大品牌正共同撑起世界葡萄酒"中国风味"的重要版图。品牌让张裕在世界葡萄酒版图中占有一席之地，更让张裕的国际地位直线上升：2020 年及 2021 年，张裕两度被世界知名品牌价值评估机构 Brand Finance 评为全球最具价值葡萄酒品牌第二名；连续三年荣获柏林葡萄酒大赛"最佳葡萄酒生产商"特别大奖，成为中国产区唯一获得该项荣誉的企业。以张裕为代表的"中国酿造"，正以出其不意的方式改写着世界葡萄酒行业的格局。

在 2022 年中国葡萄酒技术质量发展大会上，中国食品工业协会副会长兼秘书长马勇对张裕给予极高评价，"经过岁月洗礼，'张裕'已经成为我国葡萄酒行业最具影响力的品牌。"他认为，当前，在酒类行业头部品牌带领整个品类和产区的复兴效应越来越凸显，张裕对中国葡萄酒的引领，有能力也有责任做到茅台对酱香酒的引领作用。

百年风雨历程，塑造百年辉煌。在张裕迎来成立 130 周年之际，一个有着厚重根脉、蝶变升级的张裕，将承海纳百川之志，怀揣朝气蓬勃的心态，以全新的形象勇立潮头，引领中国葡萄酒在世界舞台酝酿新的芬芳！

在中国的葡萄酒品牌中，张裕可谓是最具"国际化"的品牌之一。在做好本土市场的同时，多年来，张裕也在积极"走出去"，谋求全球化战略布局。

其实，从某种程度上说，张裕的"国际化"是与生俱来的。不同于大多数国产葡萄酒品牌，张裕在创立的那一刻就包含着中西结合的基因。

张裕创立之初，作为投资人的张弼士便从国外引进了 124 种酿酒葡萄，聘请多名国外酿酒师，按照外国工艺进行酿造。张裕葡萄酒自投放市场后，便采取向南洋推销的经营策略。那时，张裕酒在南洋和北美洲、中南美洲的华侨集中地区已经打开销路，连俄国商人也多有定货。张裕葡萄酒早在 19 世纪就已经出口海外了。

1915 年在旧金山世博会上，张裕"红玫瑰葡萄酒"、"雷司令白葡萄酒"、"可雅白兰地"和"味美思"一举荣获 4 枚金质奖章，标志着中国葡萄酒在 20 世纪初就已经具有挑战国际水平的品质。

时间进入 21 世纪，张裕的国际化进程加速。在全球化布局中，张裕采取了"两条腿"走路的策略，一是大力收购海外的酒庄和葡萄园，二是加大旗下产品在海外市场的布局。这两大拓展方式相辅相成，使得张裕的国际化之路走得颇为稳健。

张裕的全球葡萄园面积也拥有绝对的优势。根据 意大利米兰投资银行 (Mediobanca) 在 2020 年发布一份葡萄酒行业报告称，张裕在全球拥有 22910 公顷葡萄园，是全球葡萄园最大葡萄园面积的拥有者。张裕在国内外拥有的葡萄园总面积超过了法国波尔多的梅多克产区 (16500 公顷)。

在推动旗下产品"出海"方面，张裕同样表现出色，尤其是其标志性大单品张裕解百纳。目前，张裕解百纳已进入欧洲 5000 家卖场销售，全球累计销量超 5 亿瓶，成为名副其实的"中国品味"代表产品，以特有的"中国味道"征服了世界消费者。

不难看出，张裕的全球化布局以市场为导向，稳扎稳打，既不冒进，也不放过任何一个机会。张裕通过资本收购和品牌持有布局全球最主要的五大葡萄酒主产国，进而实现了市场和品牌扩张，推动了张裕本土品牌在海外市场的发展。目前来看，不仅在国产葡萄酒行业，即便在整个酒类行业，张裕的国际化布局程度也堪称领先。

（三）张裕集团"走出去"的重大意义

曾经，我们是"引进来"，在现代化葡萄酒发展的初期，我们引进成熟市场的品种、酿造方式以及设备，但如今，随着中国葡萄酒产业的发展，我国的葡萄酒产业正在深度融入全球化。

全球化时代，对葡萄酒企来讲，不仅要求自身拓展国内市场，在有基础的条件下，积极开拓国际市场，也具有十分重要的意义。

事实上，积极拓展国际市场是一条好路，但却不是一条好走的路。近些年，也有一些葡萄酒企业踏出国门，或销售产品，或海外收购，但很多都没有收到很好的成效。那么，张裕公司能够走出国门，成功打入国际市场，又有哪些独特优势呢？

首先是企业实力，只有具备足够的实力支撑，企业才拥有向外拓展的底气。2021 年，张裕实现营业收入 39.53 亿元，同比上涨 16.42%；实现净利润 5 亿元，同比上涨 6.21%。在 13 家上市葡萄酒企中，张裕营收占比高达 71.5%，利润更是远超葡萄酒上市企业的整体利润，张裕在国内葡萄酒行业的龙头地位越来越突出。

其次是品质突出。在酿造工艺上，张裕建立了一套独特的酿酒师体系，在总酿酒师和酒种首席酿酒师的领导下，每个主推品牌均设有首席酿酒师、酿酒师、助理酿酒师、初级酿酒师，形成一个扇形的酿酒师梯次团队，对所分管品牌担负质量的最终责任。此外，张裕还推出酿酒师互访制度，全球各个酒庄的酿酒师都可以互相交流沟通，提升酿酒技术水平。

品质的坚持，让张裕在国际知名葡萄酒大赛上，拿下数百个大奖。在2019 年 MUNDUS VINI 世界葡萄酒大赛上，龙谕被评为"中国最杰出葡萄酒"；2020 年，在全球权威媒体 Drinks Business 举办的"全球葡萄酒盲品赛"中，张裕解百纳超越众多知名国际畅销葡萄酒品牌，夺得冠军。

中国葡萄酒走向国际市场，是挑战，同时也是机遇。对企业自身而言，积极拓展海外市场若取得不错的成绩，对于品牌提升市场知名度，扩大国际影响力大有裨益，也会为品牌其向上发展形成更有利的优势。另一方面，对中国葡萄酒产业而言，也是个契机，代表着中国葡萄酒向国际市场的进军。中国葡萄酒行业需要以张裕为代表的葡萄酒企业积极走出去，进而提升中国葡萄酒产业的国际地位，开辟中国葡萄酒国际席位。

九、山东俚岛海洋科技股份有限公司—斐济—中国渔业综合产业园

（一）公司概况。山东俚岛海洋科技股份有限公司位于山东省荣成市俚岛镇，是农业产业化国家重点龙头企业，是养捕加并举、渔工贸综合经营的股份制企业，拥有自营进出口权，总占地面积 300 万平方米，建筑面积15 万平方米。现有员工 2300 人，固定资产 3.2 亿元。公司下设海水养殖、远洋捕捞、海带加工、脱脂鱼粉、渔船修造、冷藏加工、鱼藻综合育苗、包装纸箱制作、建筑工程安装、进出口业务等骨干生产项目，是全国农产品加工示范企业，全省海带养殖加工示范基地。

2015 年俚岛公司决定在斐济劳托卡市建设斐济—中国渔业综合产业园，该国区占地面积 11.99 公顷，总建筑面积 24397 平方米，以渔业基地为突破口，建设成集渔业码头、船油料物资供给，渔货仓储加工，免税仓储物流、综合办公及船员培训服务，近海养殖示范等于一体的渔业产业园。

（二）农业对外投资进程，

斐济是西南太平洋中心的一个岛国，200 海里专属经济区的面积达 130

多万平方公里。斐济周边渔业资源异常丰富，最重要的经济鱼种为金枪鱼。长期以来，世界各地的远洋渔船纷纷前来"淘金"。目前，在斐济周边海域从事金枪鱼捕捞的各国渔船稳定在 200 条左右。其中，中国渔船有 120 艘左右，我省渔船 35 艘，全部来自威海。

21 世纪初，俚岛公司就开始尝试"走出去"，期间也吃了许多苦头，走过许多弯路，也交了许多学费，由于对斐济的鱼讯、补给、市场销售乃至手续办理等情况都是两眼一抹黑，俚岛公司只好把赴斐济的前期全部业务委托给一家台湾地区代理公司办理。当时，台湾地区公司要求一下签 10 年的合同，还许以种种优惠条件。但俚岛公司坚持只签了 3 年的合同。事实证明，正是这个决定，使得俚岛公司较早地摆脱了代理公司的全面控制。

对渔业公司来讲，发展远洋渔业，船上的事情好办，船下的事情难办。我国距斐济的航程单程即需 40 天，捕获的金枪鱼只能就地销售。捕捞船加油、加水、修船、食物供给等后勤保障也只能在当地解决。不像捕鱼作业这么简单，销售和后勤保障需要与斐济当地人打交道，没有一定的人脉资源和长期的市场积累，单条渔船乃至单个的渔业公司都没有足够的筹码与当地销售商和供应商谈判。

瞅准了这个商机，一些代理公司逐渐将捕捞船的后勤保障和市场销售垄断起来。斐济的金枪鱼市场分为两部分：10% 左右的极品金枪鱼被日本公司收购，空运回国做成生鱼片；绝大部分的金枪鱼需要就地加工成罐头。在斐济作业的全部中国渔船的金枪鱼销售被一家台湾地区公司垄断。由于缺少竞争，这家公司存在一定的压质压价现象。在购买燃油方面，这家台湾地区公司除收取一定的劳务费外，燃油供应商还付给他们一定的返利，这无疑加大了渔船的成本支出。这家台湾地区公司对金枪鱼市场的垄断难以撼动，俚岛公司在后勤保障方面则不断探索与斐济供应商打交道。三年合同到期后，俚岛公司的后勤保障方面，基本可以自主解决，省下了不菲的代理费。渔业企业的收益与自身的辛苦付出难成正比，大量的利益被代理公司攫取，在后勤保障方面没有自主权，造成经营成本增加，这使得建设自己远洋渔业基地的呼声不断增强。

扎根斐济拓展生存空间。在斐济作业的山东渔船数量最多，而俚岛公司就有 10 艘船在斐济作业，作业的时间也将近 10 年，积累了一定的经验。因此，山东俚岛海洋科技股份有限公司萌生了牵头建设斐济远洋渔业基地的想法。为此，俚岛公司做了大量的前期调研工作，基地选址初步确定在斐济西部维提岛的劳托卡市。劳托卡是斐济第二大城市，该地距作业渔场较近，距机场只有 20 分钟的车程。俚岛公司与当地一家华人投资的船务代理公司进行了洽谈，达成了合作意向，建设用地将由该船务公司提供。

整个项目计划投资 2.05 亿元，分两期建设。一期投资建设急需的超低温冷藏厂、渔船修造厂、包装加工厂和办公楼等设施。二期计划投资 1.5 亿元，建设渔业码头和其他后勤设施。渔业基地建成后，可以服务我省、我国渔船，为远洋渔业发展提供有力支持和保障，提高渔船的综合效益，还可以辐射整个中西太平洋地区，凭借基地在修造船、码头、冷藏加工等方面的综合优势，为我国与其他国家在此海域作业的金枪鱼捕捞渔船提供服务，创造良好的经济效益。此外，基地建成后，为我省与相关国家洽谈入渔配额、增加渔船数量创造了有利条件，可以逐步扩大作业渔场、增加渔船数量，使中西太平洋海域成为我省稳固的远洋作业渔场。

2013 年 10 月，威海组团赴斐济、印度尼西亚开展以渔业为主的经贸促进活动，并就山东俚岛海洋科技股份有限公司投资 3200 万美元与台湾地区中斐渔业有限公司合作建设"中国·威海俚岛斐济大洋渔业基地"项目进行了调研。

远洋渔业基地包括码头、船舶修造厂、冷藏加工厂、办公大楼、船员休息场所等，建成后将集捕捞、运输、加工、仓储等于一身，促使威海远洋渔业向一条龙的产业链模式转化。

斐济—中国渔业综合产业园项目已通过农业农村部国际合作司牵头组织的项目评审，并于 2017 年 7 月 31 日正式被认定为全国首批 10 个"境外农业合作示范区"建设试点之一。园区审批手续已完备，项目开工建设的先期工作已就绪，项目已经准备开工建设。

（三）境外生产经营状况及经济效益。园区尚处于筹建状态，公司现有的 16 条金枪鱼捕捞船常年在中西太平洋海域进行捕捞作业，并以斐济为基地进行靠泊、卸载、维修和补给，预计该项目的经济效益和社会效益十分可观。

（四）面临的困难和风险。当前农业农村部，各级政府和主管部门在项目审批、政策性贷款融资、企业"走出去"风险防范等诸多方面提供了大力支持和帮助，公司作为民营企业势单力薄，融资难是当前面临的最主要问题，需要支持和协助。

同时，公司虽可以申请融资贷款，但融资贷款要求条件苛刻且中间环节繁杂，必须要严格的贷款担保，又必须在符合要求的商业银行发放贷款，这加重了企业的贷款难度和贷款负担。

（五）经验与体会。一是必须充分了解投资国的历史传统和生活方式。很多国家的风俗习惯与我国大相径庭，合作初期，要做足这方面的功课，这也是推动双方业务合作进程的一种最佳工作方式。二是在投资论证时，一定要对投资国法律政策做充足的了解，建立健全相应的风险防范机制，尽可能规避法律纠纷。

十、山东百佳食品有限公司

（一）公司概况。山东百佳食品有限公司坐落于山东冠县工业园，既是公司总部，也同时在该厂区拥有直营工厂。公司是我国销售额最大的调味品原料供应商，其客户来自全球 23 个国家或地区，是全球主导型调味品原料供应商，

（二）农业对外投资进程。为响应国家"走出去"战略政策，也出于公司自身发展和扩大出口的需要，2016 年，山东百佳食品有限公司出资 361 万美元并购了美国百佳公司（原美国 FDP 公司）。并在原有的 5600 平方米物流配送中心的基础的上扩大规模，增加到目前的 15000 平方米，并且增加了对外服务功能，对国内外的企业提供海运、清关，物流、仓储、配送、收付款、售后服务等。

2017 年，山东百佳食品有限公司投资并购了美国精厨食品公司和美国联合食品公司。截至 2017 年底，该公司共并购了 3 家美国公司，建立了海外仓储分拨中心和销售中心，增加了山东百佳公司的销售收入。

2019 年，山东百佳食品有限公司投资并购了印度大山公司及荷兰味舍

公司。

（三）境外生产经营状况及经济效益。通过收购上述 5 家国外企业，2019 年山东百佳集团的全球年销售额已近 6200 万美元，年利润总额约 400 万美元。

（四）面临的困难和风险。随着业务的增长，对外投资占用了大量的流动资金，由此产生了流动资金压力。

（五）经验与体会。一是在对外投资收购活动中，首先要选择具有资格的公司，并对要收购的目标进行资产效益分析和调查。二是要对项目背景进行分析，并做出长期规划。项目并购后，应主要依靠原有的采购、销售渠道，采购原料，逐步由集团公司的国内公司提供，由国产原料逐步替代目标公司从其他国家采购的原料产品，扩大国内公司的出口额。三是要对外部环境进行细致分析。例如，对目标公司所在国的政策进行分析，其政策是否会倡导制造业回流，而自身的目的应是加强本土制造业，提高就业率；此外，分析并购是否存在政府审查，是否影响国家安全，是否存在限制的高新技术。四是对市场需求进行预测。近些年来，世界经济贸易陷入缓慢增长，对各行各业的发展造成了一定的困难，企业必须对自身所处的行业做出科学合理的判断。山东百佳食品有限公司对食品加工行业发展的基本判断是，近十年来，食品消费一直保持着较快速度增长，而随着商贸全球化、人的口味个性化的发展，从多个方面对食品消费提出更多的要求，食品生产应该更细分化、多样化。五是要对目标公司收购后的财务指标做出评价，例如，收购后收入预测、投资产出对比、投资回报率和投资回收期。

参考文献

[1] 陈龙飞 . 山东省经济地理 [M]. 北京 : 新华出版社 ,1992.

[2] 冯建昆 . 泰王国经济贸易法律指南 [M]. 北京 : 中国法制出版社 ,
2006.

[3] 高贵现 . 中非农业合作研究 [M]. 郑州 : 河南人民出版社 , 2016.

[4] 韩世栋 . 出口蔬菜生产与营销技术 [M]. 北京 : 中国农业出版社 ,2010.

[5] 何君 , 胡冰川 , 靖飞 , 等 . 对外农业投资项目案例教程 [M]. 北京 : 中国农业出版社 , 2019.

[6] 农业农村部对外经济合作中心 . 境内外农业合作园区典型案例解析 [M]. 北京 : 中国农业出版社 ,2020.

[7] 农业农村部国际合作司 , 农业农村部对外经济合作中心 . 中国农业对外投资合作分析报告 (2019 年度地方篇) [M]. 北京 : 中国农业出版社 , 2020.

[8] 农业部国际合作司 , 农业部对外经济合作中心 . 中国对外农业投资合作分析报告 2015 年 度总篇 [M]. 北京 : 中国农业出版社 , 2016.

[9] 农业农村部国际合作司 , 农业农村部对外经济合作中心 . 中国对外农业投资合作分析报告 2016 年度总篇 [M]. 北京 : 中国农业出版社 , 2017.

[10] 农业农村部国际合作司 , 农业农村部对外经济合作中心 . 中国对外农业投资合作分析报告 2017 年度总篇 [M]. 北京 : 中国农业出版社 ,2018.

[11] 农业部农业贸易促进中心 . 企业贸易研究 2009-2013[M]. 北京 : 中国农业出版社 , 2014.

[12] 沈红芳 , 何军明 , 林梅 . 东南亚的工业化、外国直接投资与科技进步 [M]. 厦门 : 厦门大学出版社 ,2014.

[13] 宋洪远 . 中国农村经济分析和政策研究 2013-2016[M]. 北京：中国农业出版社，2016.

[14] 宋洪远，张红奎 . 中国企业对外农业投资战略研究 [M]. 北京：中国发展出版社，2014.

[15] 张宏明，李智彪 . 非洲发展报告 No.18 中国企业在非洲成效、问题与对策 2015-2016[M]. 北京：社会科学文献出版社，2016.

[16] 张文山 . 东盟国家的产业政策与法律制度 [M]. 南宁：接力出版社 ,2005.

[17] 郑军健 . 中国 - 东盟商务年鉴 2009[M]. 南宁：广西人民出版社 ,2009.

[18]《一带一路沿线国家法律风险防范指引》系列丛书编委会 . 一带一路沿线国家法律风险防范指引泰国 [M]. 北京：经济科学出版社 ,2016.

[19] 中国农业博物馆 . 中国重要农业文化遗产大观 [M]. 北京：中国农业出版社，2018.

[20] 蔡鸿毅，刘合光 . "一带一路"战略下山东省农业对外投资现状及发展建议 [J]. 农业展望 ,2017(04):81-87.

[21] 高贵现，朱月季，周德翼 . 中非农业合作的困境、地位和出路 [J]. 中国软科学 ,2014(01):36-42.

[22] 谷秋锋，杨兴礼，郭巧梅 . 中国 - 伊朗农产品贸易互补性分析 [J]. 贵州农业科学 ,2011,39(03):220-224.

[23] 孔维府，江鹏飞，李兴佐 . 中国古梨树群农业文化遗产现状及发展 [J]. 果树资源学报 ,2022(03):1-7.

[24] 李仁良 . 从文化角度分析促进中国企业在泰国投资的可持续发展策略 [J]. 东南亚纵横 ,2011(10):54-57.

[25] 李艳君 . 中国农业对外合作：现状、问题与对策 [J]. 中国经贸导刊 ,2016(30):42-44.

[26] 李玉胜，刘敏，贾鹏 . 乐陵小枣甲天下 [J]. 走向世界 ,2013(05):54-57.

[27] 李治，王东阳，胡志全 . "一带一路"倡议下中国农业企业"走出去"的现状、困境与对策 [J]. 农业经济问题 ,2020(03):32-36.

[28] 刘洋 . 中国对非洲农业直接投资的现状、问题及出路 [J]. 世界农

业 ,2017 (03):175-180.

[29] 刘英 . 山东省对外农业投资的发展问题研究 [J]. 山东经济战略研究 ,2018(03):38-41.

[30] 邵桂兰 , 王仕勤 . 中国和澳大利亚农水产品产业内贸易实证分析 [J]. 中国海洋大学学报 (社会科学版). 2011(01):46-51.

[31] 宋洪远 ; 张红奎 . 我国企业对外农业投资的特征、障碍和对策 [J]. 农业经济问题 , 2014 (09):4-10.

[32] 王晓亮 . 从雷沃欧洲战略解局中国农机国际化之路 [J]. 农机市场 , 2015(12):37-38.

[33] 王子才 . 山东对外农业投资合作的进展及发展思路 [J]. 经济动态与评论 ,2017(07): 187-208+255.

[34] 杨雪 . 雷沃重工全球"借脑" [J]. 农经 ,2016(10):75-78.

[35] 杨逢珉 , 杨金超 . 中国农产品出口日韩市场的比较研究 [J]. 国际商务研究 , 2013(05):5-15.

[36] 杨秋菊 , 常伟 . 汇率波动视角下中国农产品贸易竞争力研究 [J]. 金融与经济 ,2015(08):16-21.

[37] 赵勇 . "一带一路"背景下山东省对外农业投资的风险及对策建议 [J]. 山东经济战略研究 , 2017 (12):46-48.

[38] 郑慧 . 中国农业对外投资的战略思考 [J]. 经济研究参考 2017 (39):56-63.

[39] 周晓瑞 . 中国农业领域对外投资的发展现状及完善途径 [J]. 对外经贸实务 ,2016(09):79-81.

[40] 周尊考 , 于永健 , 刘鲁嘉 . 农业大省基础稳固 提质增效成果斐然 ——党的十八大以来山东农业发展成就巡礼 [J]. 山东经济战略研究 , 2017(11):23-27.

[41] 朱伟林 , 刘合光 , 陈珏颖 . 中国主要优势农产品出口分析及展望 [J]. 农业展望 ,2018,14(05):81-87.

[42] 陈建志 . 突破!中国玉米育种国外"开花结果"[N]. 农村大众 , 2021.03.10(01).

[43] 王金虎 . 希森马铃薯成功 "远嫁" 哈萨克斯坦 [N]. 经济日报，
2018.08.27(04).

[44] 王玉芳，田杰；辛学平，安丘高品质农产品 "世界共享" [N]. 潍坊
日报 ,2021.05.29(01).

[45] 戎宁 . 我省农产品出口连续二十年领跑全国 [N]. 农村大众，
2019.01.17(01).

[46] 沈俊霖 . 瑞昌棉业：让 100 万非洲人受益 [N]. 青岛日
报 ,2017.06.08(01).

[47] 孙中金，田杰，辛学平 . 引领现代农业双循环的 "安丘样板" [N].
农村大众 ,2021.09.22(01).

[48] 张婷 .70 年，我省 "三农" 工作取得辉煌成就 [N]. 农村大众，
2019.09.23(04).